연수에서 알려주지 않는

"신규교사 생존법"

신규교사 생활백서

신규교사 생활백서 팀

🦻🦻에듀니티

우리는 이렇게 헤맸다.

신규교사 생활백서

우리의 이야기는 가상의 교실에서 시작됐다. 임용 수업 실연 스터디를 하며 우리는 처음 만났다. 그때의 우리는 칠판에 학습 목표를 또박또박 적고, 학생 중심 협력 수업을 유연하게 설계하며, 디지털 기기와 에듀테크를 매끄럽게 다루는 완벽한 교사를 연기했다. 학습자의 속도를 기다리고, 작은 말에도 공감하며, 필요한 지점을 정확히 짚는 모습은 그야말로 세상에서 가장 수업을 잘하는 교사 그 자체였다. 가상세계의 학생들도 마찬가지였다. 적당히 실수하면서도 교사가 마련한 성장의 비계를 차근차근 밟아 나가는 학생들, 상상 속에서만 존재하는 이상적인 아이들이었다.

운 좋게도 우리는 모두 합격이라는 결과를 얻었다. 하지만 학교에서 마주한 현실은 우리가 가상의 교실에서 연출해 온 장면과는 전혀 달랐다. 교사로서 맞닥뜨리는 일들은 전공 책, 교육학 책 어디에서도 답을 찾을 수 없었고, 우리는 실수하고, 부딪히고, 다시 배우며 하루하루 헤쳐나가야 했다. 그렇게 풋내기 신규교사는 어느새 풋내나는 경력 교사가 되어갔다. 처음 교무실에 들어섰을 때의 공기는 아직도 생생하다. 학생 때는 '똑똑' 문을 두드리며 조심스레 들어가던 미지의 공간이었지만, 이번에는 그 문을 교사로서 밀고 들어가야 했다. 기대와 긴장감이 한꺼번에 밀려왔다.

"선생님, 나이스 인증서가 아직 안 나와서 일단 여기에서 할 일 하시면 돼요."

해야 할 일은 잔뜩 있어 보였지만, 정작 할 줄 아는 일은 거의 없었다. 분주히 돌아가는 프린터기, 타닥타닥 들리는 키보드 소리. 나만 빼고 모두가 제자리를 알고 있는 듯한 공기. 옆자리 전화벨이 울리면 못 들은 척해야 했다. 당겨 받는 법조차 몰랐기 때문이다. 그러다 내 자리 전화가 울렸다. '여보세요는 아닌 것 같은데… 뭐라고 해야 하지?'

품의는 무엇인지, 공문은 어디서 어떻게 작성해야 하는지 묻고 싶었지만 선뜻 말을 꺼내지 못했다. 연수에서 이미 배웠어야 할 것 같았고, 이 정도는 스스로 알아서 해야 하는 일처럼 느껴졌다. 질문 하나만 던지면 해결될 일이라는 걸 알면서도, 그 질문이 도움을 청하는 말이 아니라 아직 준비되지 않은 교사라는 고백처럼 여겨졌다.

학생이던 시절 나에게 학교는 배움의 공간이었으나 지금 나에게 교무실은 연습의 공간이 아니었다. 모두가 각자의 자리에서 제 몫을 해내고 있었고, 그 한가운데서 나는 아직 교사라는 역할에 완전히 발을 들이지 못한 사람처럼 서 있었다. 그래서 마음에 남았던 서글픔은 일을 몰라서가 아니라, 교사라는 이름은 이미 주어졌지만, 그 역할을 아직 자신의 것으로 만들지 못했다는 생각에서 비롯된 것이었다.

우리에겐 백서가 필요해

우리는 합격 반년 후 다시 만났다. 가로수가 나물이 되는 게 아닐까 싶을 만큼 무더운 도시의 여름날이었다. 밥을 먹으며 각자의 신규 생활을 털어놓기 시작했는데, 흑역사 몇 페이지쯤은 이미 채워진 상태였다.

"누군가 조금만 더 친절하게 알려줬다면 이렇게까지 헤매지는 않았을 텐데…"

그 아쉬움에 셋 모두 고개를 끄덕였다. 그 순간 깨달았다. 우리에게는 백서가 필요하다는 것을. 물론 여기서 말하는 백서는 사전 속 정의처럼 '지난해의 현상을 분석해 정책을 세우는 공공기관 보고서'가 아니다. 우리가 직접 겪은 실수와 시행착오를 정리한 기록이다. "우리는 이만큼 헤맸다. 그러니 당신도 헤매도 괜찮다."라는 말을 전하고 싶은 신규교사를 위한 안내서에 가깝다.

  그런 마음으로 우리는 이 책을 쓰기로 했다. 이 기록은 인스타그램 계정 신규교사 생활백서(@singyu_teacher)에서 시작됐다. 2023년 9월 문을 연 계정은 반년 만에 1만 명을 넘는 팔로워를 모으며, 신규교사들의 애타는 마음과 우리의 공감이 오가는 작은 배움의 공동체가 되었다.

  제목은 백서지만, 솔직히 말해 내용은 흑역사에 가깝다. 그래도 부끄럽지 않다. 흑역사를 딛고 일어나는 과정에서 언젠가는 흑염룡이 될지도 모르니까. 실수와 실패 또한 우리의 성장 기록이기 때문이다.

이 책의 구성

이 책은 총 4부로 이루어져 있으며 신규교사가 필요로 하는 기초적인 정보와 생존 팁을 담았다. 모든 내용은 실제 학교 현장에서 곧바로 적용할 수 있도록 구체적이면서도 간결하게 구성했다.

★ 1부_ 준비

시기별로 '합격 후 할 일', '발령 후 할 일', '신학기 준비 기간'의 3개 장으로 나누었다. 2월 말부터 3월 첫 주까지, 합격 서류 준비부터 첫 수업 준비 과정까지 담았다.

★ 2부_ 담임

3월부터 7월까지의 한 학기 흐름에 맞춰 4개의 장으로 구성했다. 우리 반과의 첫 만남, 학급 규칙 만들기, 갈등 해결과 생활교육, 상담 등 담임이라는 자리의 무게와 책임을 실감하게 되는 순간들을 다루었다. 현장에서 바로 적용할 수 있는 팁과 노하우를 풍부하게 담았다.

★ 3부_ 수업

수업 준비 실전 가이드부터, 평가 설계와 에듀테크 활용 방법까지 다룬다. 초보 교사가 수업을 즐겁고 안정적으로 운영할 수 있도록 돕는다.

★ 4부_ 행정

나이스와 K-에듀파인 기본 사용법을 기초부터 친절하게 안내한다. 아무도 자세히 알려주지 않는 공문 작성과 품의 작성법 등 교사가 반드시 알아야 할 필수 행정 업무 팁을 모아 떠먹여 주는 방식으로 정리했다.

이 책을 만든 사람들

☆ HO 쌤

신규백서의 자칭 보스. 하지만 실상은 바지 보스(줄여서 바보). 전교생 3명인 중학교에서 근무하다가 전교생 900명인 고등학교에서 다시 신규교사가 되었다. 역사와 윤리를 복수 전공했으며, 중학교, 고등학교의 다양한 과목을 두루 담당해 보았다. 에듀테크와 AI에 관심이 많고, 사상과 이야기를 좋아한다.

☆ Siri 쌤

시리(Siri)라는 이름처럼 스마트한 AI같다. 어떤 일이든 거침없고 유창하게 아이디어를 쏟아낸다. 사이버 지박령으로 각종 밈을 끌어모아 게시물을 뽑아내는 신규백서 계정의 공장장. 때로는 폭주 기관차처럼 일을 벌려서 항상 새로운 도전으로 팀원들을 끌고 가는 성취중독 불나방. 험난한 중학교에서 교사 생활을 시작하며 교직에 대한 상식이 박살났다. 교사는 잘 가르치기만 하면 되는 줄 알았는데, 생활지도가 가장 중요하다는 것을 깨달았다. 산전수전 공중전을 겪으며 실시간으로 성장하는 신규백서의 아이디어 뱅크이자 밈 담당.

☆ 펑 쌤

신규백서의 막내이자 똑똑이. 파워 J라서 모든 정리하는 일은 펑 쌤이 도맡아 한다. 노션과 다이어리를 사랑하는 기록 덕후. 책을 사랑해서 독서모임도 운영하고 있다. 지역 임용 수석에 빛나는 펑 쌤은 신규들이 가기 힘든 도시의 큰 학교에 발령받았다. 함께 신규 생활을 헤쳐 나갈 동료가 없어 맨땅에 헤딩하며 교직에 적응했다. 그래서 결심했다. HO 쌤과 Siri 쌤을 소집하기로. 신규교사 생활백서, 줄여서 신규백서 어쌤블!

이 책의 화자, 백 선생

★ 신규교사 백 선생

신규교사 생활백서의 화자이자 이야기의 중심에 서 있는 인물. 백 선생은 세 저자의 경험이 겹친 지점에서 만들어진 가상의 인물이다. 서툴지만 매 순간 진심으로 고민하며 첫 교직 생활을 헤쳐 나간다. 백 선생이 겪는 상황은 반드시 이런 과정을 거치게 된다는 설명이 아니라 이런 장면을 만날 수도 있다는 가능성에 가깝다. 이 책은 그 가능성 앞에서 미리 준비해두면 도움이 될 선택지와 판단의 기준을 차분히 제시한다.

고맙습니다

이 책이 세상에 나올 수 있도록 아낌없는 응원과 따뜻한 조언을 보내주신 에듀니티 출판사 대표님과 편집장님, 늘 곁에서 함께 고민을 나눠주신 선배 선생님들, 함께 울고 웃으며 같은 길을 걸어가게 될 후배 선생님들께 감사드립니다. 그리고, 신규교사 생활백서와 함께해주시는 팔로워 선생님들께도 이 자리를 빌려 진심으로 고마운 마음을 전합니다.

1부. 준비

2부. 담임

3부. 수업

4부. 행정

학교 1년 흐름도

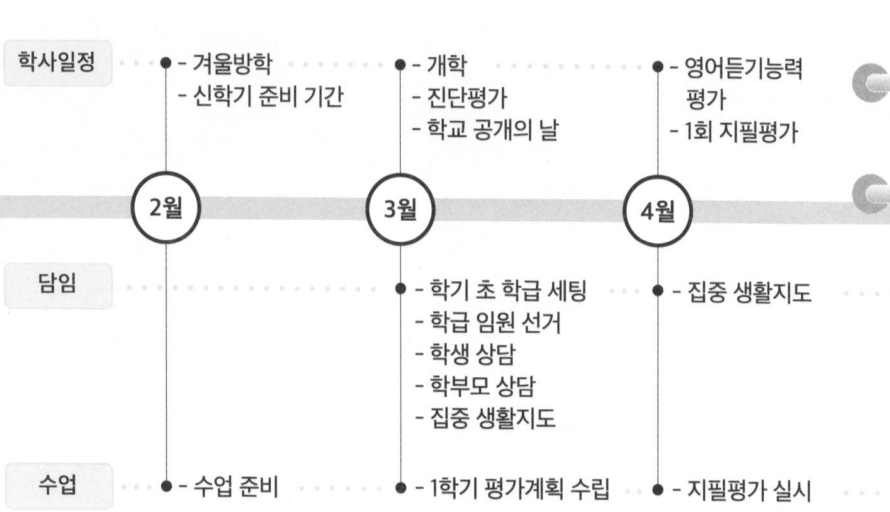

	2월	3월	4월
학사일정	- 겨울방학 - 신학기 준비 기간	- 개학 - 진단평가 - 학교 공개의 날	- 영어듣기능력 평가 - 1회 지필평가
담임		- 학기 초 학급 세팅 - 학급 임원 선거 - 학생 상담 - 학부모 상담 - 집중 생활지도	- 집중 생활지도
수업	- 수업 준비	- 1학기 평가계획 수립	- 지필평가 실시

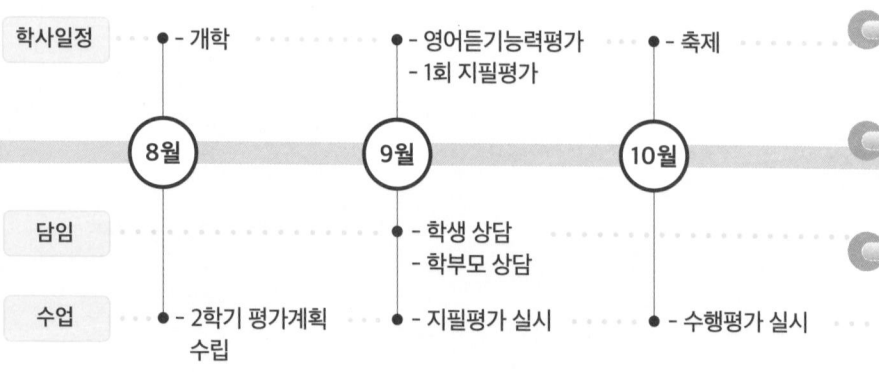

	8월	9월	10월
학사일정	- 개학	- 영어듣기능력평가 - 1회 지필평가	- 축제
담임		- 학생 상담 - 학부모 상담	
수업	- 2학기 평가계획 수립	- 지필평가 실시	- 수행평가 실시

학교의 1년 흐름을 정리한 표다. 구체적인 시기는 학교마다 다를 수 있다.
발령받은 학교의 홈페이지를 방문해 정확한 1년 학사일정을 확인할 수 있다.
업무에 관한 부분은 각자 맡은 업무별로 다르므로 흐름도에서 제외했다.

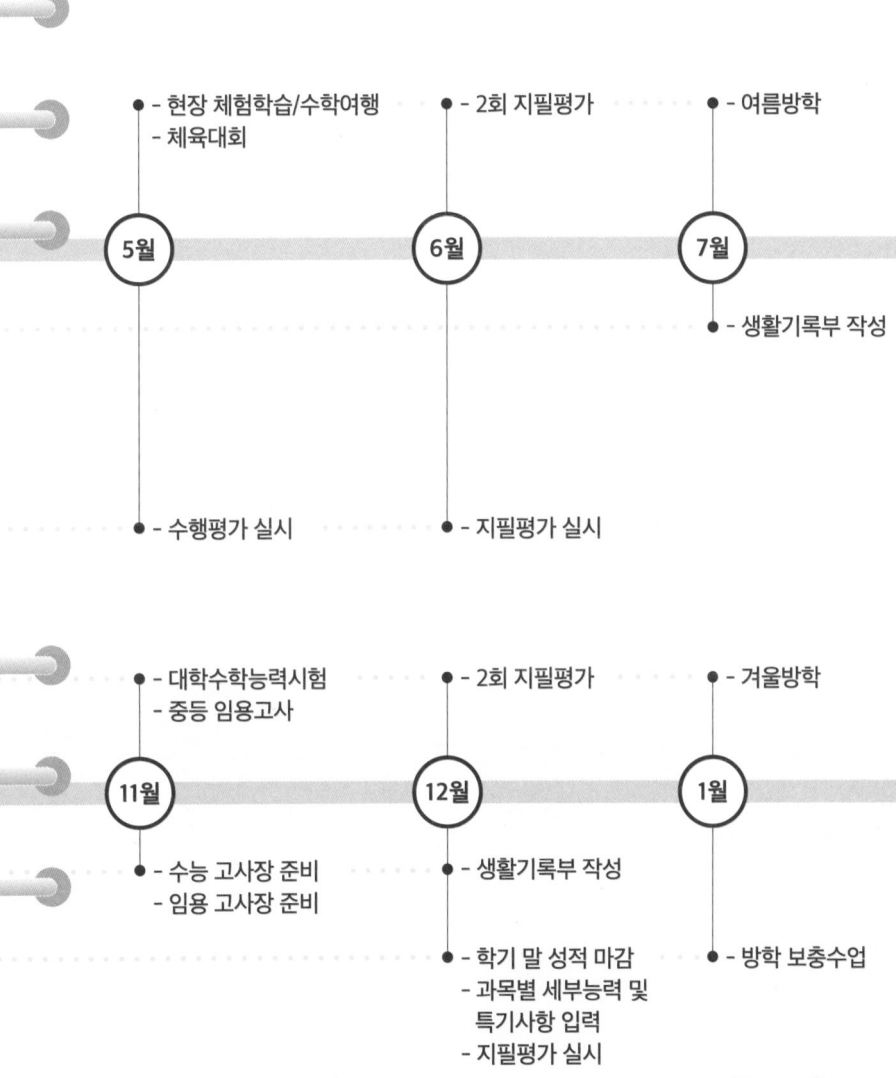

- 현장 체험학습/수학여행
- 체육대회

- 2회 지필평가

- 여름방학

5월   **6월**   **7월**

- 생활기록부 작성

- 수행평가 실시

- 지필평가 실시

- 대학수학능력시험
- 중등 임용고사

- 2회 지필평가

- 겨울방학

11월   **12월**   **1월**

- 수능 고사장 준비
- 임용 고사장 준비

- 생활기록부 작성

- 학기 말 성적 마감
- 과목별 세부능력 및
  특기사항 입력
- 지필평가 실시

- 방학 보충수업

Date   /   /

1부. 준비

"최종 합격을 진심으로 축하합니다!"

마우스를 클릭했다. '딸각' 소리가 나고서 몇 초간 숨이 멎을 듯한 정적이 이어지다가 마침내 한 줄의 문구를 확인한다. 오래 붙잡고 있던 숨이 터져 나온다. 상상만 했던 '합격' 두 글자를 마주하니 이윽고 후련함과 감사의 눈물이 흐른다. 축하 문자와 전화, SNS 알림이 쏟아진다. 고통스러웠던 수험 생활을 보상받는 인생 최고의 날이다.

그러나 벅찬 마음도 잠시, 현실이 파도처럼 밀려온다. 막연했던 합격이라는 말이 발령 날짜, 학교 이름, 합격자 제출 서류, 첫날 입을 옷, 교무실 책상 세팅, 첫날 인사말, 첫 수업이 되어 몰려온다. 3주 뒤면 첫 출근이다. 하지만 무엇을 어떻게 준비해야 할지 감조차 잡히지 않는다. 어디로 출근해야 할지, 이사를 어떻게 해야 할지 묻고 싶지만 정작 누구에게 물어야 할지조차 모른다. 설렘보다 훨씬 큰 막막함이 마음 한구석을 차지한다.

1부 '준비'에서는 합격 발표일부터 3월 첫 출근까지, 약 3주 동안 해야 할 일들을 빠짐없이 정리했다. 시기별로 '합격 후 할 일', '발령 후 할 일', '신학기 준비 기간'으로 나누어 구성했다. 순서대로 차근차근 살펴보면 출근 전 가장 중요한 3주를 알차게 보낼 수 있다. 눈을 반짝이는 학생들 앞에 이제는 교사로 서야 한다. 그 출발을 위해 준비가 필요하다. 첫날부터 허둥대지 않고 신규 시절의 흑역사를 남기지 않으려면, 무엇부터 시작해야 하는지 차분히 짚어보겠다.

★ 1장 ★

합격 후 할 일

1장. 합격 후 할 일

합격 발표가 나고 며칠 뒤, 신규교사 백 선생은 다이어리를 펼쳤다. 2월의 일정은 텅 비어 있었다. 그동안의 다이어리는 공부 계획과 하루 분량의 목표로 빈 곳을 찾아볼 수 없었는데……. 무엇을 적어야 할지 몰라 합격 이후 마주한 빈칸은 반가우면서도 어딘지 모르게 마음을 불안하게 만들었다.

합격 이후의 시간은 묘하다. 드디어 끝났다는 안도감과 이제부터 시작이라는 부담이 동시에 찾아온다. 충분히 쉬어도 될 것 같다가도 가만히 있으면 나만 뒤처지는 기분이 든다. 무엇을 해야 할지 명확하지 않아서 아무것도 하지 않는 시간조차 마음이 쉽게 놓이지 않는다.

사실, 이 시기에는 꼭 무언가를 하지 않아도 좋다. 오랜 수험 생활 끝에 찾아온 쉼을 온전히 누리는 것만으로도 괜찮다. 공부하느라 부족했던 잠을 보충하고, 보고 싶었던 사람을 만나고, 아무 계획 없이 하루를 보내는 것도 신규교사에게는 훌륭한 재충전의 시간이 된다.

　　그래도 이 시기에 할 일을 조금만 정리해 두면, 3월의 시작이 훨씬 수월해질 수 있다. 새 학기가 시작되면 예상하지 못한 일들이 한꺼번에 밀려오기 때문이다. 1장에서는 합격 이후부터 첫 발령 전까지, 신규교사가 실제로 마주하게 되는 일들을 차례로 정리해 두었다. 합격자가 제출해야 하는 서류에는 어떤 것들이 있는지, 준비 과정에서 특히 헷갈리기 쉬운 지점은 무엇인지부터 살핀다. 또 혼자서 헤매지 않기 위해 미리 알아두면 좋은 교사 커뮤니티와 정보 창구도 소개한다.

　　이어 교사가 되면 자연스럽게 마주치게 되는 제도와 선택의 순간들도 다룬다. 교직원공제회는 어떤 곳인지, 복지포인트는 어떻게 쓰이는 제도인지 정리한다. 마지막으로, 3월이 시작되기 전에 비교적 여유를 가지고 처리해 둘 수 있는 개인적인 일들도 함께 정리했다. 발령 전까지 신규교사의 소중한 시간을 지키고, 궁금했던 부분들을 해소하는 데 도움이 되기를 바란다.

나도 이제 선생님!!

합격~!

그럼, 출근 준비를 해볼까?

어.. 근데 뭐부터 해야하지?

합격!
서류 제출과 신규교사 직무연수

"내일부터 당장 출근하시죠?"

다행히 교육청이나 학교에서 이렇게 말하는 일은 없다. 신규교사에게는 아직 최후의 3주가 남아 있다. 그러나 합격의 기쁨을 이제 막 맛본 신규교사 백 선생의 마음은 괜히 앞서 달려가고 있다. 이제 정말 곧바로 교실로 들어가야 할 것 같은 기분이 든다.

막막하면서도 설레는 마음으로, 백 선생은 노트북을 켰다. 교육청 홈페이지를 열어 두고 한동안 화면만 바라보고 있었다. '이제 뭘 해야 하지.' 마우스를 쥔 손에 괜히 힘이 들어갔다. 혹시라도 중요한 공지를 놓치면 큰일이 날 것 같았다. 합격 직후에는 서류 제출과 신규교사 직무연수처럼 반드시 거쳐야 할 준비 과정이 있다. 교육청 홈페이지에서

신규임용 예정자가 읽어야 할 안내 파일들을 내려받아 차근차근 살펴
보자.

합격자 서류 제출 준비하기

합격 후 서류를 제출하지 않으면 임용이 취소될 수 있다. 서류를 제
출하기 위해서는 시도교육청에 직접 방문해야 하고[1], 준비할 서류의
종류도 꽤 많다. 합격 발표 직후부터 미리미리 준비하면 안전하다. 필
요한 서류 목록은 소속 교육청 홈페이지의 '신규임용 예정자 제출 서류
안내' 파일에서 확인할 수 있다. 필수 서류, 접수 기한, 제출 장소를 꼼
꼼히 살피고, 그중 발급에 시간이 오래 걸리는 서류부터 먼저 준비하
면 좋다. 합격자 서류는 지역마다, 개인마다 준비해야 할 것들이 다를
수 있다. 여러 서류 중에서 공통적으로 필요하며, 준비하는 시간이 오
래 걸리는 것들 위주로 짚어보겠다.

가장 먼저 준비해야 할 서류는 공무원 채용 신체 검사서이다. 발급이
가장 오래 걸릴 수 있기 때문이다. 공무원 채용 신체 검사서 발급이 가
능한 병원은 지역별로 정해져 있는데, 보통 제출 서류 안내 파일에 함께
첨부되어 있다. 발급 소요 기간은 병원에 따라 하루에서 4~5일까지 차
이가 나므로, 사전에 확인하고 병원 일정을 잡는 것이 안전하다.

---

1) 만약 본인이 직접 방문할 수 없는 경우, 위임장을 작성하면 친권자를 통한 대리 제출이 가능한 지역
교육청도 있지만 대부분 직접 제출을 원칙으로 한다. 우편 제출도 허용되지 않는다.

증명사진은 제출 기한을 고려해 반드시 6개월 이내에 촬영한 것을 사용해야 한다. 따라서 여유가 되면 합격 발표 직후 바로 촬영해두는 편이 좋다. 이 사진은 추후 공무원증 발급, 졸업앨범, 각종 행정 서류에도 두루 쓰이므로 촬영할 때는 파일 원본까지 함께 받아 두면 두고두고 쓸 수 있다. 오래도록 남을 사진인 만큼 촬영 전 단정하면서도 본인에게 잘 어울리는 복장과 머리 모양을 준비하면 좋다. 사진관에 공무원 임용 서류용이라고 미리 알려 두면 배경, 조명까지 적절히 맞춰서 사진을 찍어준다.

대학 졸업증명서와 교원자격증은 본인이 졸업한(또는 졸업 예정인) 대학 홈페이지[2)에서 온라인으로 신청할 수 있다. 어떤 학교는 직접 방문하여 받아야 할 수도 있기에 꼭 확인이 필요하다. 졸업 전이라면 졸업증명서 대신 졸업예정증명서를, 교원자격증 대신 교원자격증 취득 예정 증명서를 제출할 수도 있다.[3)

군 복무 경력, 기간제 교사 경력, 회사 경력, 대학원 졸업 등 임용 전 경력이 있다면 경력증명서를 준비하여 호봉으로 인정받을 수 있다. 교사에게 호봉으로 인정되는 경력은 하루라도 놓치기 아깝다. 혹시 제출 기간 내에 준비하지 못하더라도 괜찮다. 발령 이후에 학교나 교육청에 추가 제출해 언제든지 호봉 재획정을 받을 수 있다. 어떤 경력인지에 따라 인정되는 비율은 다를 수 있다.[4)

---

2) 정부24나 웹민원센터(www.webminwon.com)를 통해 발급받을 수도 있다.
3) 시도교육청마다 제출 방식이 다르므로 반드시 '제출 서류 안내' 파일에서 꼼꼼하게 확인해야 한다.
4) 교육공무원 호봉 획정 시 경력환산율표의 적용 등에 관한 예규, 국가법령정보센터, 2025

⭐ 경력에 따른 호봉 인정 비율

전부 인정되는 경력 예시	① 군 복무(현역·공익·산업기능 요원 등 법령에 따른 복무) 경력 ② 기간제교사 및 정규교사 근무 경력[5] ③ 국가공무원 및 지방 공무원 근무 경력 ④ 대학원 석사·박사 학위 취득
일부 인정되는 경력 예시	① 시간 강사[6] ② 학원 강사 경력
인정되지 않는 경력 예시	① 교육과 무관한 단기 아르바이트, 인턴·프리랜서 경력 ② 세금 신고·증명 불가한 개인 과외 ③ 교육과 무관한 일반 봉사활동 ④ 학위 과정 중 휴학 기간

★ 백서 TIP ★

앞으로 합격자 서류 제출, 임명장 수여식, 신규교사 연수, 발령 학교 인사 등 일정이 많으니 해외여행 일정은 추천하지 않는다. 여행을 꼭 다녀오고 싶다면 국내의 가까운 곳을 추천한다.

---

5) 근무했던 학교급이 다른 경우 일부만 인정되기도 한다. 예를 들어 초등교사로 기간제교사 경력이 있으나 중고등학교에 임용된 경우 80%만 인정한다.

6) 주당 근무일, 근무 시간에 따라 50% 이내의 비율로 달리 계산되어 인정된다.

신규교사 직무연수 일정 확인하기

여러분의 시도교육청에서는 학교 현장 적응을 위해 신규교사를 위한 연수를 준비해두었다. 바로 그 이름도 찬란한 '신규교사 임용예정자 직무연수'다. 이는 공립이든 사립이든 임용예정자라면 반드시 참여해야 하는 연수이다. 연수에 참여하지 않거나 참여 시간이 부족하면 임용에 취소될 수 있다고 하므로 일정을 비워서 참여하여야 한다. 자세한 일정과 참여 방법은 교육청별로 상이하다. 예전엔 대면 연수만 있었으나 최근에는 실시간 온라인 연수, 원격 콘텐츠 연수를 섞어서 실시하는 추세다. 실시간 온라인 연수는 줌Zoom 등의 플랫폼을 활용한 쌍방향 소통 연수를 말하며, 원격 콘텐츠 연수는 지역별 연수원 홈페이지에서 녹화된 인터넷 강의를 말한다.

연수에 참여하면 같은 교육청 소속 동기 신규교사들을 만날 수 있고, 선배교사들의 알찬 연수를 들을 수 있다. 동기 선생님들과 만나 연락처를 교환하고 정보도 나누며 연수를 충분히 즐기길 권한다. 아마 대부분은 뿔뿔이 흩어지게 될 거다. 그러나 기나긴 교직 생활 중에 언젠가 힘이 될 친구들이다.

백 선생은 신규교사 직무연수에서 접한 여러 강의 중 특히 선배교사와의 멘토링이 기억에 남았다. 신규교사 직무연수에 오는 선배교사들은 교실에서 막 나온 사람들이다. 교과서적인 이야기보다 학교에서 실제로 벌어지는 일, 첫 담임을 맡았을 때의 시행착오, 실수로 식은땀을 흘렸던 순간들을 생생하게 들을 수 있다. 선배교사는 백 선생에게 자기 번호를 알려 주며, 교직 생활 중 어려운 일이 있을 때 언제든 연락하라는 말을 남겼다. 그리고 이때 맺은 인연이 백 선생이 교과교육연구회에 참석했을 때도, 1정 연수를 할 때도, 학교 이동을 할 때도 이어지며 교직 생활에서 실제로 큰 도움이 되었다. 백 선생은 연수 마지막 날, 노트를 덮으며 생각했다. 아직 교실에 서 본 적은 없지만 혼자는 아니라는 사실이 참 다행이라고.

신규교사를 위한 커뮤니티 가입하기

신규교사의 무기는 분필이 아니라 단톡방이라는 말이 있다. 그러나 이 글을 읽는 선생님이 이 말을 들어본 적은 아마 없을 것이다. 사실, 방금 만들어낸 말이기 때문이다. 하지만 합격과 동시에 쏟아지는 질문들을 떠올려 보면, 이 말이 아주 엉뚱하게 들리지만은 않는다. 공식 연수가 시작되기 전까지는 묻고 싶은 것이 있어도 마땅한 창구를 찾기 어렵기 때문이다.

그럴 때 바로 질문할 수 있고, 실제 학교 분위기를 미리 엿볼 수 있는 공간이 있다면 도움이 된다. 아직 교실이 낯선 신규교사에게는 누군가의 경험담 한 줄과 답변 하나가 생각보다 큰 역할을 한다. 많은 신규교사가 교사 커뮤니티나 단체 대화방을 먼저 찾게 되는 이유도 여기에 있다.

발령 전 어느 날, 신규교사 백 선생도 비슷한 상황에 놓여 있었다. 교육청 홈페이지를 열어 두고 한참을 들여다봤지만, 궁금증은 좀처럼 해소되지 않았다. '담임 배정은 언제 알 수 있지?', '첫 출근 날에는 뭘 챙겨 가야 하지?', '연수 전에 미리 준비해두면 좋은 건 없을까.' 궁금한 것은 끝이 없고, 의문을 해소할 곳은 없었다.

그때 백 선생의 휴대전화에 알림이 하나 떴다. 신규교사 오픈 채팅방에서 올라온 메시지였다. 자신이 궁금해하던 내용이 이미 질문으로 올라와 있었고, 곧이어 여러 선배교사들의 답변이 이어지고 있었다. 혼자서 끙끙대던 마음이 그제야 조금 풀렸다.

이럴 때 온라인 커뮤니티는 큰 힘이 된다. 같은 처지의 신규교사들과 고민을 나누고, 선배교사들의 생생한 조언을 빠르게 받을 수 있는 채널들이 이미 잘 형성되어 있다. 공식 연수보다 빠르고, 현장에서 곧바로 쓸 수 있는 정보들도 금방 손에 쥘 수 있다.

신규교사에게 도움 되는 온라인 채널들

인스타그램이나 블로그에서는 이미 많은 선배교사가 각자의 노하우와 정보를 나누고 있다. 대부분 대가를 받지 않고 공유해주기 때문에 조금만 찾아보면 양질의 수업자료와 학급경영 자료 등을 얻을 수 있다. 블로그를 찾을 때는 목적에 따라 검색어를 달리하는 게 도움이 된다. 특정 단원에 대한 수업 준비가 어려울 때는 단원명으로, 학급경영에 자료가 필요할 때는 필요한 자료명으로 검색하면 손쉽게 찾을 수 있다. 특히 같은 교과 선생님의 좋은 블로그를 발견하면 이웃 추가하면 좋다. 인스타그램에서는 신규교사 생활백서를 팔로우하는 건 기본이다. 각종 연수원에서 운영하는 인스타그램 공식 계정을 팔로우하면 나에게 필요한 연수 소식을 빠르게 알 수 있다.

선배교사들과 빠르게 소통하기에는 오픈 채팅방만큼 유용한 플랫폼이 없다. 모르는 것이 있는데 당장 옆자리 선생님이 자리를 비우셨거나, 주말에 연락드리기가 어려워서 질문이 있는데도 해결하지 못하고 있다면 어떨까? 오픈 채팅방에서 실시간으로 모르는 것을 물어보고 답변을 구할 수 있다. 사소한 질문까지 편하게 할 수 있다는 것이 가장 큰 장점이다.

★ 백서 TIP ★

추천 오픈채팅방

① ○○학년도 중등임용 전국 전교과 발령동기방: 해당 학년도 신규교사들이 모여 있어 신규교사가 궁금해할 질문과 답변이 활발한 방이다. 신규교사 필수 입장 추천.

② 교과별 수업자료 공유방 (예: 중학교 도덕과 정보 공유방)

③ 업무별 오픈채팅방: 발령 후에 업무가 정해진다면 각종 업무방을 검색해서 입장하자. 비밀번호는 검색하면 쉽게 찾을 수 있다.
(예: 평가 담당자 업무방, 생활기록부 담당자 업무방 등)

교사를 위한 다양한 사이트 가입하기

신규교사가 필수로 가입하면 좋을 다양한 사이트들이 있다. 이런 사이트들은 교사만을 위한 공간이므로 교사 인증이 필요한 곳이 많다. 메모해두었다가 교사 인증이 가능해지는 시점부터 바로 가입하면 된다. 보통 교육용 공인인증서나 재직증명서, 교원자격증 등이 필요하다. 아직 발령 전이라 교사임을 인증할 수 있는 서류가 없다면 선배교사를 통해 자료를 먼저 얻는 방법도 있다.

신규교사에게 특히 도움이 되는 곳은 교과서 출판사 사이트다. 이곳에서는 교과서 파일과 다양한 수업자료를 내려받을 수 있으며, 출판사에 따라 제공되는 자료도 풍부하다. 발령받은 학교에서 선정한 교과서를 미리 알 수 있다면 해당 출판사 사이트를 활용하는 편이 가장 효율적이다. 학교가 이미 정해졌다면 학교 홈페이지에 공지된 출판사를 확인하면 되고, 아직 정해지지 않았다면 익숙하게 공부했던 출판사 홈페이지부터 이용해도 무방하다. 출판사마다 특화된 자료와 장점이 다르므로, 여러 곳을 함께 참고하면 교재 연구에 큰 도움이 된다.

다음으로 살펴볼 곳은 원격 교원 연수 사이트다. 대표적으로 티처빌, 아이스크림 연수원 등이 있으며, 이곳에서는 다양한 주제의 연수가 꾸준히 개설된다. 필요한 과정을 골라 수강하면 실제 수업이나 학급 운영에 바로 활용할 수 있다. 특히 신규교사를 대상으로 한 무료 혜택이나 할인 혜택이 제공되기도 하니 확인하면 좋다. 또 지역교육청마다 액수의 차이가 있지만 학교 예산으로 연수 수강 비용을 지원받을 수 있다.

★ 신규교사 생활백서 계정 링크

신규교사 생활백서 자료집

신규교사 생활백서 인스타그램
(@singyu_teacher)

신규교사 생활백서 블로그
(펑 쌤 운영)

오프라인 커뮤니티 알아두기

발령을 앞두고 있던 어느 날, 신규교사 백 선생은 문득 이런 생각이 들었다. '이 학교에서 내가 아는 사람은 아직 아무도 없구나.' 연수에서 만난 동기들은 모두 각자 다른 학교로 흩어졌고, 학교에 배치되면 새로운 교무실, 새로운 동료들 속에서 다시 처음부터 시작해야 한다는 사실이 조금은 부담스럽게 느껴졌다. 업무는 지침을 찾아보면 되지만, 사람 사이에서 생기는 일들은 어디에도 답이 정리되어 있지 않다는 점이 더 크게 다가왔다.

그때 백 선생은 신규교사에게 필요한 것은 자료만이 아니라, 함께 버틸 사람이 있다는 감각이라는 것을 깨달았다. 신규교사의 무기가 단톡방이라면, 신규교사의 방패는 사람이다. 온라인은 자료를 주고, 오프라인은 위로를 준다. 교직 생활이 길어질수록, 결국 버티게 해주는 것은 사람 사이의 연결이다. 앞으로 교직 생활에서 알아두면 도움이 되는 오프라인 모임들을 차례로 살펴보자.

교원단체와 노동조합의 이해

교직 생활을 하다 보면 누구나 한 번쯤은 교권 침해 상황을 겪을 수 있다. 학생의 돌발 행동, 학부모의 과도한 민원, 관리자의 불합리한 지시…. 이런 일들은 경력 교사에게도 버겁지만, 신규교사라면 훨씬 더 당황스럽고 무겁게 다가온다. 이럴 때 필요한 것이 바로 교원단체와 노동조합이다. 겉보기엔 비슷해 보이지만, 성격과 활동 방식에 약간의 차이가 있다. 신규교사라면 최소한 이 둘의 차이는 알아두는 것이 좋다.

우리나라에서 '교원단체'라는 이름은 1997년 「교육기본법」 제15조가 새로 제정되면서 만들어졌다. 그전에는 '교육회'라는 이름의 단체가 있었는데, 시도별로 하나만 둘 수 있었고 정부 정책에 참여하는 정도의 역할에 머물렀다. 쉽게 말해, 교섭권 없는 단일 단체였다. 하지만 1990년대 들어 교원에게도 일정한 노동권이 보장되어야 한다는 사회적 요구가 커지면서 법이 바뀌었다. 즉, 교원단체는 더 이상 교육회 하나가 아니라 복수 단체 설립이 가능해졌고 교섭·협의권이 법적으로 보장되었다. 다만 노동삼권 중 단체행동권(파업권)은 제외되어 있다.

대표적인 교원단체로 한국교원단체총연합회(이하 교총)가 있다. 우리나라에서 가장 오래된 교원단체로 지역별 모임이 있으며, 유·초·중등

교사와 관리자(교장, 교감)까지 모든 교육자가 회원이 될 수 있다. 가입 절차는 간단하다. 교총 홈페이지[7]에서 온라인 회원가입을 한 뒤 교사 인증을 거쳐 회비를 납부하면 된다. 회비는 보통 급여에서 자동이체로 빠져나간다.

교총 회원은 교권 침해나 학부모 민원, 인사 문제 발생 시 법률 상담을 받을 수 있고, 필요할 경우 법률비 지원도 신청할 수 있다. 또 교원 전용 보험, 대출, 휴양시설, 건강검진 등 다양한 복지 서비스를 연계하는데, 신규교사 입장에서는 알지 못해 놓치기 쉬운 혜택이 많다. 이 외에도 교육정책·교과 교육·생활지도 등을 주제로 한 연수 프로그램과 전국 단위의 포럼, 세미나를 운영하며, 정부나 교육청과의 교섭·협의를 통해 교사의 목소리를 정책 결정 과정에 반영하는 역할을 한다.

노동조합(교원노조)은 「교원의 노동조합 설립 및 운영 등에 관한 법률(교원노조법)」을 근거로 한다. 1999년 7월 1일 이 법이 시행되면서 우리나라 교원도 합법적인 노동조합을 결성할 수 있게 되었다. 교원노조는 노동삼권 중 단결권과 단체교섭권을 보장받지만, 교원단체와 마찬가지로 단체행동권(파업권)은 제한된다. 교원단체와 교원노조는 모두 교사의 권익을 대변하지만, 비중에 차이가 있다. 교원단체가 정책 제안과 연수 활동에 무게를 둔다면, 교원노조는 임금·근무조건·교권 보장 등 현실적인 문제에서 더 직접적으로 목소리를 낸다.

대표적인 교원노조로는 전국교직원노동조합(전교조)과 교사노동조

---

7) https://www.kfta.or.kr/

합연맹(교사노조)이 있다. 전교조는 1989년에 출범해 1999년 합법화된 우리나라에서 가장 오래된 교원노조로, 교권 보호와 근무조건 개선, 교육 제도 개혁 요구를 주요 활동으로 삼아 왔다. 사회, 정치적 사안에도 적극적으로 입장을 밝히는 것이 특징이다. 교사노조는 2016년에 창립된 비교적 젊은 단체로 교사의 근무환경 개선, 학생 안전, 학부모와 교사의 소통 강화를 중시한다. 정책 참여보다 현장 실무 중심의 목소리를 내는 데 더 힘을 싣는 편이다. 최근 교권 침해 문제로 가입자가 크게 늘었다.

교원노조 가입은 현직 유·초·중·고 교사라면 누구나 가능하다. 마찬가지로 전교조[8] 및, 교사노조[9] 홈페이지에서 회원가입을 한 뒤 교사 인증을 거쳐 회비를 납부하면 된다. 회비는 보통 월 단위로 자동이체되며, 단체별로 규모는 다소 차이가 있다.

학교 친목 모임

학교마다 오래전부터 이어져 내려오는 친목 모임이 있다. 대표적인 공식 친목 모임으로는 세 가지가 있다. 먼저 친목회는 교사뿐 아니라 행정실 직원까지 포함한 학교 전체 규모로 운영되는 친목 모임이다. 학교를 대표해서 교사들의 경조사를 챙기고, 학기 초나 종업식 뒤에 회식을 여는 전통적인 자리로 학교 분위기를 읽는 가장 빠른 창구이기

---

8) www.eduhope.net
9) www.kftu.net

도 하다. 학교에 발령받으면 자연스럽게 친목회에 소속될 것이다. 매달 2~3만 원 정도의 친목회비를 납부하게 되는데, 학기 말 단체 회식이나 경조사 시 축의, 부조금에 사용되는 금액이다.

업무 부서 모임은 생활지도부, 평가부, 연구부[10] 등 같은 행정 업무를 맡은 선생님들이 함께하는 자리로, 일 이야기가 절반, 인간관계가 절반이라고 할 수 있다. 마지막으로 교과협의회 모임은 같은 과목 선생님들과 수업이나 평가 이야기를 나누는 자리다. 신규교사라면 수업 자료를 얻고 궁금한 점을 물어보기 좋은 기회다. 업무 부서 모임이나 교과협의회는 학교 밖에서 만남을 가질 수도 있지만, 학교 일과가 끝난 후 학교에서 간단히 음식과 커피를 시켜 놓고 진행될 수도 있다.

공식 모임 외에도 다양한 비공식 친목 모임이 있다. 배드민턴, 풋살, 탁구, 등산 같은 운동 모임부터 독서, 영화 모임까지 취향에 따라 꾸려진다. 학교에 따라 처녀총각모임(이하 처총회) 불리는 미혼 교사 중심의 모임이 있기도 하다. 처총회는 없는 학교도 많지만 있는 경우 또래 교사들과 편하게 어울리며 빠르게 친해질 수 있는 장점이 있다.

모든 모임에 꼭 참석할 필요는 없다. 자신의 체력과 성향에 맞게 선택해도 충분하다. 다만 한두 번은 얼굴을 비춰 두면 이후에 도움이 될 때가 많다. 식사를 한 번 나눈 사이가 되면 궁금한 점을 물어보는 순간이 훨씬 편해지기 때문이다.

---

10) 학교마다 부서의 명칭이 다를 수 있다.

교직원공제회,
정체를 알고 싶다.

"신규교사시죠?"

신규교사 직무연수 날, 정장을 입은 남녀가 신규교사 백 선생을 향해 곧장 다가왔다. 오전 연수를 막 마친 쉬는 시간이었다. 백 선생은 커피를 사러 강의실을 나섰다가 복도 한가운데에서 멈춰 섰다. 반듯한 정장 차림, 손에는 각이 살아 있는 팸플릿. 은행원인지, 보험설계사인지 한눈에 가늠하기 어려운 사람들이 연수 장소 곳곳에 흩어져 있었다.

손에 쥐어진 팸플릿 맨 위에 적힌 글자가 눈에 들어왔다. '한국교직원공제회'. 연금 안내쯤으로 생각하며 넘기려던 손이 멈췄다. 이어지는 설명을 전부 이해하기는 어려웠다. 다만 몇 마디는 머릿속에 남았다. 이미 많은 교사가 가입해 있고, 교직 생활을 이어가다 보면 자연스럽게 이름을 알게 되는 제도라는 말이었다.

'The K-한국교직원공제회'는 법정 교직원 복리후생 기관으로, 전국 교직원의 생활 안정과 복리 증진을 목적으로 운영되고 있는 특수법인이다. 교직원을 대상으로 한 저축, 보험, 대여, 복지 등 다양한 사업을 통해 교직 생활 전반을 지원한다. 실제로 많은 교사가 교직 생활 중 이 제도의 여러 서비스를 이용하고 있다. 여기에서는 교직원공제회의 여러 사업 가운데, 신규교사가 교직 생활 초기에 실제로 마주치게 되는 내용들을 중심으로 살펴본다. 급여, 저축, 대여, 복지처럼 처음 교직 생활을 시작하며 자연스럽게 경험하게 되는 영역 위주로 정리했다.

퇴직 이후를 위한 준비, 장기저축급여

장기저축급여는 퇴직 시 목돈 마련을 목적으로 하는 장기 저축 상품이다. 최소 50구좌(30,000원)부터 최대 2,500구좌(1,500,000원)까지 가입할 수 있으며, 가입 시 매달 본인이 정한 금액이 월급에서 자동으로 빠지고 남은 금액이 월급 통장으로 입금된다. 월급 명세서에서 '공제회비'라는 항목으로 확인할 수 있다.

실제로 많은 선생님이 장기저축급여에 가입하여 매달 꾸준히 공제회비를 납부하고 있다. 월급에서 애초에 떼어가는 돈이기 때문에 강제적인 저축이 된다는 장점도 있고, 장기저축급여에 가입해야만 8천만 원에서 1억 원 상당의 대여(대출) 이용이 가능하기 때문이다.

시중은행의 상품과 비교했을 때 장기저축급여만의 장점도 있다. 우선, 연 복리 적용이 되기 때문에 장기 저축할 경우 이자에 이자가 붙어 이후 큰 금액으로 불어날 수 있다.[11] 은행 상품이 아니지만 특별법에 따라 원금 보장이 되며, 중간에 목돈이 필요하면 빼서 쓸 수도 있다. 0~3%의 낮은 이자소득세를 내기 때문에, 시중은행의 이자소득세 15.4%에 비하면 세제 혜택이 크다. 게다가 금융소득 종합과세에서 제외되는 상품으로 수령 시 추가적인 세금 부담이 없다.

장기저축급여의 장점은 크지만, 주의할 점도 있다. 우선, 장기저축급여는 20년 이상 장기 저축 상품이므로 가까운 미래에 목돈을 마련해야 하는 사회 초년생은 마냥 큰돈을 넣지 않는 것이 좋다. 중도해지 시 원금 손실은 없지만, 가입 기간이 길어야 유리한 연 복리 혜택은 보지 못한다. 또, 주식이나 특판 적금을 들면 더 높은 수익률을 볼 수도 있다. 따라서 사회 초년생의 경우에는 없어도 되는 돈 정도만 공제회에 넣는 것이 좋다. 매달 납입하는 금액은 공제회 홈페이지 혹은 전화 한 통으로 손쉽게 수정할 수 있다. 따라서 처음부터 너무 많은 금액을 넣지 않아도 된다.

아직 첫 월급 받기도 전인데 무슨 말인지 도저히 모르겠다면, 일단 장기저축급여 가입 후 최소 금액인 50구좌(30,000원)만 납입하는 것으로 설정하는 걸 추천한다. 일단 장기저축급여를 가입해야 교직원공제회 내 다른 복지 혜택을 받을 수 있기 때문이다. 납입 금액은 나중에 충분히 고민하고 늘려도 된다.

---

11) 연 복리 4.70%, 2025. 12. 기준

교사를 위한 손쉬운 대출, 대여

대여라는 단어가 낯설게 들릴 수 있지만, 우리가 흔히 말하는 대출과 같은 개념으로 이해하면 된다. 한국교직원공제회는 교직원을 대상으로 한 여러 대여 상품을 운용하고 있으며, 조건과 절차 면에서 시중은행 대출과는 분명한 차이가 있다. 특히 급하게 자금이 필요하거나, 복잡한 금융 절차가 부담스러운 상황에서 공제회 대여는 현실적인 선택지가 될 수 있다.

한국교직원공제회 대여 상품의 가장 큰 장점은 절차가 간단하다는 점이다. 해당 상품의 대여 기준만 충족하면 비교적 간소한 절차를 거쳐 빠르게 입금 받을 수 있다. 전세 임대를 위해 시중은행 대출을 받아본 경험이 있다면, 여러 주에 걸쳐 이어지는 심사 과정과 준비해야 할 서류의 양이 얼마나 부담스러운지 잘 알고 있을 것이다. 심사 결과를 기다리는 동안 계약해 둔 집의 계약금이 머릿속을 떠나지 않아 마음을 졸이게 되는 경우도 적지 않다. 이런 상황이 부담스럽거나, 예상치 못한 일로 급하게 자금이 필요한 경우라면 공제회 대여는 충분히 고려할 만하다.

둘째, 공제회의 모든 대여 상품에는 중도상환수수료가 없다. 시중은행 대출 상품 대부분이 일정 기간 중도상환수수료를 부과하는 것과 비교하면 큰 차이다. 급한 상황에서 잠시 빌렸다가, 사정이 나아지는 대로 곧바로 상환해도 추가 부담이 없다.

아래에는 현재 이용할 수 있는 여러 대여 상품을 정리해 두었다. 자신의 상황과 목적에 맞는 상품을 살펴보고, 필요할 때 적절히 활용하면 된다. 참고로 백 선생은 신규 시절 전셋집을 구하면서 '든든누리 주택대여'를, 결혼 준비 과정에서는 '행복누리 결혼대여'를 알차게 이용했다.

★ 한국교직원공제회 대여의 종류

일반 대여		장기저축급여 가입 기간에 따라 최대 8천만 원 ~ 1억 원 최대 10년 대출 (연이율 4.7%. 2025. 12. 기준)
무이자 대여	보건의료 자금대여	입원 치료가 필요한 회원을 위해 최대 500만 원 무이자 대출
	재해복구자금대여	거주 주택에 재해 피해를 입은 회원을 위해 최대 1천만 원 무이자 대출
The-K 복지누리대여	행복누리 결혼대여	회원 본인 및 자녀 결혼 전후 6개월 이내 회원 대상 최대 3천만 원 대출 (연이율 3.9%. 2025. 12. 기준)
	희망누리 출산대여	회원 본인 및 배우자 출산, 입양한 경우 자녀 1인당 1천만 원 대출 (연이율 3.9%. 2025. 12. 기준)
	든든누리 주택대여	본인 및 배우자가 주택 구입·임차 시 최대 3천만 원 대출 (연이율 3.9%. 2025. 12. 기준)

교사로서 누릴 수 있는 여러 복지부조

교직원공제회 회원으로서 누릴 수 있는 다양한 복지 혜택이 있다. 그중에서도 실제로 챙길 만한 혜택들을 살펴보면 도움이 된다. 가입 축하 기념품은 장기저축급여를 처음 가입하면 바로 받을 수 있어 특히 눈여겨볼 만하다. 기념품 목록을 미리 살펴보고, 필요와 활용도를 기준으로 신중히 선택하는 것이 좋다. 결혼축하금과 출산축하금도 실질적인 도움이 된다. 각각 혼인신고일, 출산·입양일로부터 5년 이내에 청구해야 하므로, 시기를 놓치지 않도록 미리 알아보고 신청하는 것이 중요하다. 이런 혜택들은 알고 있어야 받을 수 있는 만큼, 신규교사 시기에 한 번쯤 확인하면 좋다.

이외에도 콘도, 호텔, 리조트 등 제휴시설 이용, 장례식장 할인, 예식장 할인, 무료 법률 상담 등 회원으로서 활용할 수 있는 다양한 혜택들이 있다. 한국교직원공제회 홈페이지에서 자세하게 확인할 수 있으니 시간이 날 때 쇼핑하는 기분으로 한 번 둘러보는 것을 추천한다.

★ 복지부조의 종류

결혼축하금	• 회원 본인 결혼 시 10만 원 지급
출산축하금	• 회원 본인 자녀 출산·입양 시 첫째, 둘째 15만 원, 셋째 이상 45만 원 지급 (2025. 1. 1. 이후 출생 자녀) • 첫째, 둘째 10만 원, 셋째 이상 30만 원 지급 (2024. 12. 31. 이전 출생 자녀)
가입 축하 기념품	• 장기저축급여를 처음 가입한 회원에게 기념품 지급 (프라이팬, 냄비, 냉동실 정리 용기 등)

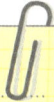

★ 백서 TIP ★

교직원공제회를 통해 밀리의 서재를 구독하면 할인된 구독권을 구매할 수 있다. 6개월 30%, 12개월 40% 정도 할인된다. 교직원공제회 홈페이지의 '이벤트·복지 – 음악·도서'를 참고하자.

교사 복지포인트?
그게 뭐지?

신규교사 백 선생은 어느 날 동료교사들 사이에서 복지포인트에 대해 듣게 되었다. 교사가 되면 복지포인트를 받을 수 있다는데, 신규교사인 자신도 받을 수 있는지, 어떻게 받을 수 있는지 궁금해졌다.

검색해보니 '맞춤형 복지포탈'이라는 사이트가 나왔다. 그런데 그다음이 문제였다. 이 포인트는 자동으로 들어오는 건지, 아니면 따로 신청해야 하는 건지 알 수 없었다. 어디서 확인하고, 어떻게 써야 하는지 막막했다. 온누리상품권을 구매해야 한다는 말도 있었다. 복지포인트와 온누리상품권은 무슨 관계일까. 맞춤형 복지 포인트 청구 방법은 처음에는 복잡해 보이지만 알고 보면 매우 간단하다. 백 선생과 함께 교사 복지포인트 청구 방법에 대해 차근차근 알아보자.

교사 복지포인트 이해하기

교사 복지포인트는 '맞춤형 복지포탈' 사이트에서 확인하고 청구할 수 있다. 맞춤형 복지포탈은 공무원연금공단에서 운영하는 공무원 복지 사이트이다. 공무원 맞춤형 복지 제도에 근거하여 교사에게 매년 일정량의 복지포인트를 지급하는데, 이를 보험, 건강검진, 자기 계발, 여가 활동, 상품권 구매 등에 사용할 수 있도록 하고 있다. 참고로 기간제 교사도 동일하게 혜택을 받을 수 있다.

복지포인트는 소속기관, 근무 연차, 가족 구성에 따라 지급액이 달라진다. 기본복지 점수는 시도교육청마다 상이하며, 일반적으로 800~1,000점을 받는다. 여기에 근속복지 점수로 1년 근속당 10점씩 최고 300점이 배정된다. 가족복지 점수는 배우자 100점, 직계 존·비속 1인당 50점, 직계 비속 중 둘째 자녀는 100점, 셋째 자녀부터는 200점이 배정된다. 이외에도 출산 축하, 난임 및 태아 산모 검진 지원 점수 등의 추가복지점수도 있다. 복지포인트의 단위는 1점당 1,000원이다. 1,000점을 받았다면 100만 원을 쓸 수 있는 셈이다. 포인트는 기한 내에 반드시 사용하고 청구해야 실제 혜택을 볼 수 있다.

백 선생은 복지포인트를 어디에 쓸 수 있는지가 가장 궁금했다. 복지포인트의 사용처는 의무적으로 선택해야 하는 기본항목과 자율적으로 소비할 수 있는 자율항목으로 나뉜다. 아래 표를 통해 자세한 복지 항목을 알 수 있다.

복지포인트 일부는 의무적으로 온누리상품권을 구매하는 데 소비해야 하는 지역도 있다. 정확히 얼마를 온누리상품권 구매에 소비해야 하는지는 맞춤형 복지포탈 사이트에 로그인하여 확인할 수 있는데, 보통 전체 포인트의 10% 이내 정도다.

★ **맞춤형 복지 항목의 구분**

기본항목	**필수기본항목**	전체 교직원이 반드시 가입해야 하는 항목이다. 생명보험, 상해보험이 대표적이다.
	선택기본항목	기관장이 정한 항목으로, 본인이나 가족 의료비 보장보험, 건강검진이 여기에 해당한다. 만약 따로 가입된 개인 실비보험이 있다면 의료비 보장보험은 가입 면제를 신청할 수 있다.
자율항목		개인이 자유롭게 선택할 수 있는 항목이다. 건강관리(헬스장, 치과 스케일링), 자기 계발(책, 강좌), 여가 활동(영화, 공연, 숙박), 가정 친화(육아 지원) 등이 포함된다.

복지포인트 쉽게 쓰는 방법

복지포인트를 사용하는 가장 쉬운 방법은 본인 소유의 체크카드나 신용카드를 맞춤형 복지포탈 사이트에 등록해 사용하는 것이다. 카드 등록은 맞춤형 복지포탈 상단의 '복지점수 청구 - 사용카드 등록/변경' 메뉴에서 할 수 있다. 등록된 카드로 결제하면 해당 사용 내역이 복지포인트 사용 가능 항목인지 자동으로 판별되어 금액을 청구할 수 있고, 청구한 금액은 다음 달 지정한 통장으로 입금된다. 카드를 자동청구로 등록했을 경우는 별도 청구 절차가 필요 없지만, 수동청구로 등록했을 때는 맞춤형 복지포탈 사이트에서 직접 청구해야 한다. '복지점수 청구-카드 청구' 메뉴에서 가능하다.

복지포인트를 페이코 포인트로 전환해 사용하는 방법도 있다. 페이코 포인트로 전환하면 온라인과 오프라인에서 폭넓게 사용할 수 있고, 사용 내역과 잔액을 실시간으로 확인할 수 있어 관리가 편리하다. 맞춤형 복지포탈 상단의 '복지점수 청구-간편결제(PAYCO) 전환' 메뉴를 통해 진행할 수 있으며, 카드 자동 청구 방식이 번거롭게 느껴지는 교사라면 부담 없이 선택할 수 있는 방식이다.

최근에는 맞춤형 복지포인트를 네이버페이(Npay) 포인트로 전환해 사용하는 방식도 추가되었다. 네이버페이는 온라인 쇼핑이나 각종 예약, 간편결제 등 일상에서 활용 범위가 넓어 평소 네이버페이 사용이 익숙한 교사에게 편리하다. 맞춤형 복지포탈에 접속해 '복지점수 청구-간편결제(Npay) 전환' 메뉴를 이용하면 포인트 형태로 전환할 수 있으며, 별도의 카드 등록이나 청구 절차 없이 사용할 수 있다는 점이 특징이다. 어떤 방식을 선택할지는 평소 자신이 가장 자주 사용하는 결제 수단을 기준으로 판단하면 된다.

맞춤형 복지포탈은 여러 제휴처와도 연결되어 있다. 온라인 쇼핑몰, 병원과 검진센터, 숙박 및 여행 상품 등 활용할 수 있는 범위가 계속해서 업데이트되고 있으니, 한 번쯤 시간을 내어 사이트를 살펴보는 것도 도움이 된다. 처음에는 다소 낯설게 느껴질 수 있지만, 청구 방법을 한 번만 익혀 두면 이후에는 매년 반복해서 활용할 수 있는 제도다. 교사 생활에 실질적인 보탬이 되는 제도이니 적극적으로 활용하길 바란다.

공무원 복지 카드? 카드 반 강매에서 도망쳐!

합격자 서류 제출을 하러 간 백 선생, 교육청 앞에서 어떤 사람들이 그를 붙잡는다. 공무원 복지 카드를 발급해 준다고 다가오는 카드사 직원들이다. 교사가 되면 복지 카드를 꼭 만들어야 하며, 지금 발급받으면 현금 혜택도 준다고 한다. 그런데, 이거… 꼭 만들어야 할까?

결론부터 말하자면, 공무원 복지 카드는 필수가 아니라 선택이다. 발급 의무가 없다. 신용카드가 꼭 필요한 상황이 아니라면 만들지 않아도 된다. 사실 '공무원 복지 카드'라는 이름도 공식 명칭이 아니고 카드사에서 교사와 공무원을 대상으로 마케팅하기 위해 붙인 이름일 뿐이며, 기능은 일반 신용카드와 동일하다.

복지포인트를 받으려면 공무원 복지 카드가 필요하다는 말은 신규 교사들 사이에서 생기는 흔한 오해다. 복지포인트는 공무원 복지 카드와 무관하다. 복지포인트를 사용하려면 맞춤형 복지포탈 사이트에 접속해 본인 명의의 카드를 등록하기만 하면 된다. 체크카드, 신용카드 중 어떤 것이든 가능하다.

그래도 발급받으면 좋은지 궁금해하는 사람이 많다. 신용카드를 발급받을 생각이 있다면 공무원 복지 카드도 선택지 중 하나가 될 수 있다. 다만 꼭 이 카드를 발급받을 필요는 없으며, 다른 신용카드들과 혜택을 비교해 본인의 소비 습관에 맞는 카드를 고르는 것이 더 중요하다. 참고로 현장에서 바로 발급받으면 제공되는 현금 혜택은 인터넷을 통해 판매원을 거치지 않고 가입했을 때 받을 수 있는 금액보다 적은 경우가 많다. 보통 온라인으로 가입하면 10~12만 원가량 현금 혜택을 받을 수 있으므로, 급하게 현장에서 신청하기보다는 집에 돌아와 충분히 비교해보고 검색한 뒤 결정하는 편이 유리하다.

개인 용무 처리하기

"이제 며칠 안 남았네….."

2월 말 어느 날, 신규교사 백 선생은 달력을 멍하니 들여다보고 있었다. 임용 합격 소식을 들었을 때만 해도 시간이 넉넉할 줄 알았다. 하지만 임명장 수령, 연수 참석, 신학기 준비 기간 등의 일정이 하나둘 늘어나면서 2월은 생각보다 빠르게 흘러가고 있었다. 출근이 시작되면 다시는 이렇게 자유롭게 시간을 쓸 수 없을 것 같다는 예감도 들었다.

3월이 시작되면 신규교사는 학교에 적응하느라 개인적인 용무를 처리할 여유가 거의 없다. 아직 업무가 익숙하지 않아 초과근무가 잦을 수도 있고, 퇴근 후에는 온종일 긴장했던 몸을 침대에 던져 놓고 그대로 잠들어 버리는 날도 많다. 그래서 2월의 마지막 자유 시간은 생각보다 중요하다. 중요한 용무일수록 미리미리 처리해 두는 편이 훨씬 낫다.

마지막 자유 즐기기

3월이 되면 신규교사의 발은 학교 울타리에 묶이게 될 것이다. 여름 방학 전까지는 먼 길 떠날 수 있는 자유가 사라진다. 물론 개학해도 주말이 있지만 직장인의 주말은 너무도 짧고, 특히 신규교사에게는 교재연구가 처음이라서 시간이 더욱 부족할 수 있다. 수업 준비와 체력 회복만으로도 금세 주말이 지나가 버리기 때문이다.

지금이야말로 가족과 친구를 마음껏 만나고, 짧은 여행이라도 다녀올 수 있는 마지막 기회다. 특별한 계획이 아니어도 괜찮다. 함께 식사하고 이야기 나누며 좋은 사람들과 시간을 보내자. 개학 후 바쁜 생활을 버텨 낼 힘이 된다. 단, 여행 계획 시에는 신규교사 직무연수 일정과 신학기 준비 기간 출근일은 꼭 확인하자. 빠질 수 없는 여러 공식적인 일정이 많으므로 해외여행 일정은 추천하지 않는다.

개학 후 하기 힘든 일들

개학 후에 특히 처리하기 힘든 일들은 2월에 미리 처리하면 부담을 줄일 수 있다. 3월에는 갑작스러운 긴장과 과로로 몸에 이상이 생기기 쉽다. 하지만 교사는 수업 일정 때문에 병원에 가기가 여간 까다롭지 않다. 따라서 주기적으로 다니는 병원이 있거나 상시 복용하는 약이 있다면, 2월 중에 병원을 방문해 처방을 받는 쪽이 수월하다.

물론 개학 후에도 병 조퇴나 병 외출을 내서 병원을 갈 수 있다. 그러나 교사의 병원 방문은 단순히 병원만 다녀올 수 있는 일이 아니다. 복무 허락을 받고, 나이스에 올리고, 그 시간에 수업이 있으면 수업 교체까지 해야 한다. 특히 고등학교는 복잡한 시간표 때문에 수업 교체가 쉽지 않다. 거기에 수업 바꿔주신 선생님께 감사 인사도 빼놓을 수 없다. 신규교사 시절 아파도 바로 병원에 가지 못해 서러웠던 기억이 많다. 그래서 꼭 말하고 싶다. 약은 미리 챙겨 두어야 후회하지 않는다.

　교사가 병원보다 더 가기 어려운 곳이 은행이다. 은행은 오후 4시면 문을 닫기 때문에 퇴근하고 은행에 가는 것은 사실상 불가능하다. 타지살이라도 하게 되면 주거래 은행을 바꿔야 한다거나, 집을 구해야 하니 전세대출이 필요하다거나 등의 이유로 은행 업무를 볼 일이 많아진다. 3월 전에 해결할 수 있는 은행 업무는 미리 해결하는 게 좋다.

　개학 전 딱 한 가지만 미리 해두어야 한다면 운전 연습을 꼽고 싶다. 이제는 장롱 깊숙이 잠들어 있는 면허증을 꺼내야 할 때다. 신규 발령은 집에서 멀고 교통편이 애매한 곳으로 받을 확률이 높다. 어느 날 갑자기 "내일 여기 출장 다녀오세요"라는 말을 들을 수도 있고, 내가 받고 싶은 연수 장소가 버스로 다녀오기가 너무 불편한 위치일 수도 있다. 특히 본인이 시수가 적은 교과라면 겸임 근무를 나가야 하는 경우도 많다. 더운 여름, 비가 쏟아지는 날, 혹은 칼바람 부는 겨울에 매주 버스를 갈아타며 출장 다니는 자신을 상상해 보라. 그 고생을 줄이는 가장 현실적인 방법은 지금 운전대를 잡아 보는 것이다.

회복과 준비의 시간

긴 수험 생활로 몸은 이미 만신창이가 되었을 것이다. 하지만 안타깝게도 교직 생활은 체력전이다. 3월이 되면 적응을 위해 상상 이상으로 에너지를 쏟아내야만 한다. 온종일 서서 말하고, 교실과 교무실을 뛰어다니고, 감정 노동까지 겹칠 수 있다. 2월에 회복하지 못하면 개학과 동시에 병원 신세를 져야 할 수도 있다. 그래서 교사에게 운동은 사치가 아니라 생존이다.

여유가 된다면 헬스 PT나 그룹 필라테스처럼 비용이 드는 운동을 선택하는 일도 충분히 고려할 만하다. 공부와 마찬가지로 운동 역시 전문가의 지도를 받는 방식이 가장 빠르고 효과적이다. 친구들과 술 한잔하며 우정을 다지는 시간도 의미가 있지만, 근육을 녹이는 음주보다 근육을 쌓는 운동이 신규교사에게는 훨씬 절실하다.

바쁜 3월을 버텨내기 위해 지금부터 조금씩 공부하고 준비하는 일도 2월을 보내는 좋은 방식이다. 교과 수업, 생활지도, 학부모 응대 등 교직에서 마주하게 될 여러 상황을 다룬 책들이 시중에 여럿 나와 있다. 신규교사를 대상으로 한 책도 도움이 되고, 특히 낯설고 부담스럽게 느껴지는 영역을 다룬 책을 골라 읽어두면 마음의 준비가 된다. 현장에서 바로 써먹을 수 있는 팁을 얻는 데도 도움이 된다. 이 시기 신규교사에게 권하고 싶은 책 몇 권을 소개한다.

★ 백서 TIP ★

『당신이 옳다』 _정혜신

우리는 앞으로 교사로서 수많은 학생과 학부모, 동료교사와 관리자를 만나게 된다. 수많은 선생님이 관계 속에서 위기에 처해 있다. 나를 보호하고, 다른 사람을 살리기 위해 꼭 필요한 책이다. 당신이 옳다.

· ·

『관계의 정석』 _이우경

신규교사에게 가장 어려운 것은 수업보다도 인간관계이다. 학생과 학부모와의 관계, 동료교사와 관리자와의 대화까지 하루에도 여러 겹의 인간관계가 한꺼번에 밀려온다. 『관계의 정석』은 이런 현실을 회피하지 않고 차분히 직면하는 방법을 알려준다. 특히 미성숙한 학생들과의 관계에서, 그리고 때로는 상처가 되는 말들 앞에서 흔들리지 않도록 실질적인 방법을 제시한다.

· ·

『상처받지 않으면서 나를 지키는 교사의 말 기술』 _김성효

신규교사에게 특히 어려운 학부모 응대 방법에 관하여 상세히 다룬다. 현직 교감 선생님의 경험을 담은 대화 예시가 수록되어 있어 신규교사가 실전에서 바로 활용할 수 있는 책이다.

· ·

『사례와 판례로 풀어가는 학교폭력』 _황태륜, 김문규 외 2명

이제 학교폭력 문제는 교사로서 현실에서 맞닥뜨리게 될 문제다. 학생과 학부모 모두에게 민감한 문제이니만큼 사안 발생 시 교사가 관련 규정을 정확히 알고 대처하는 것이 중요하다. 이 책은 교육청 변호사, 장학사, 심의위원이 학교폭력 관련 현행법과 현실적인 처리 과정, 사례까지 상세히 다룬다. 한 번 익혀 두면 현장에서 유용하게 쓰일 지식이다.

여기까지가 학교 발령을 기다리며 하면 좋을 일들이다. 백 선생은 이 시기에 할 일도, 신경 쓸 일도 많았지만 합격의 기쁨 덕에 싱글벙글 지냈다. 선생님들도 잊기 전에 합격 수기도 써 두고, 출근룩 쇼핑도 다니며 즐겁고 알차게 이 시간을 보냈으면 한다. 다음 장에서는 발령 후 해야 할 일들을 이야기한다. 신규교사 입장에서는 출근일이 가까워질수록 불안해진다. 그러나 걱정하지 않아도 된다. 신규백서와 함께니까!

Note

★ 2장 ★

발 령 후 할 일

2장. 발령 후 할 일

"내 첫 근무지는 어디가 될까? 중학교일까, 고등학교일까? 집에서는 얼마나 멀까?"

발령 발표를 기다리던 신규교사 백 선생은 이런 생각을 끝없이 되뇌었다. 발표일이 가까워질수록 마음은 점점 더 조급해졌다. 중학교, 고등학교 교과서를 번갈아 펼쳐 보고, 혹시 모를 이사를 대비해 안 쓰는 물건을 중고 거래 사이트에 올리기도 했다. 어디든 배정되면 담담히 받아들이겠다고 자신을 다독였지만, 불안한 마음은 쉽게 가라앉지 않았다.

발표 결과, 백 선생의 발령지는 신백군의 한 중학교였다. 집에서 차로 3시간 거리의 산촌 마을. 아는 사람도, 가본 적도 없는 곳이었다. '여기서 어떻게 살지?'라는 생각이 가장 먼저 들었다. 설렘보다 막막함이 앞섰고, 무엇보다 당장 살 집부터 구해야 했다.

물론 모두가 이렇게 발령을 받는 것은 아니다. 함께 공부하던 합격 동기 중에는 운 좋게 집 근처 학교로 배정된 경우도 있었다. 경쟁이 치열한 지역이라 기대조차 하지 않았는데, 이사 걱정 없이 그대로 출퇴근할 수 있게 된 것이다. 신규교사들 사이에서는 흔치 않은 사례였다. 또 다른 합격 동기 김 선생은 전혀 다른 어려움을 겪었다. 초임 발령은 대체로 중학교라는 말을 믿고 중학교 교과서만 준비해 왔지만, 막상 발표를 확인하고 보니 고등학교 발령이었다. 김 선생은 급하게 고등학교 수업 준비를 시작하느라 진땀을 빼야 했다.

발령은 'OO교육지원청' 또는 'OO고등학교'로 발표된다. 교육지원청 발령의 의미는 중학교 배정이라는 뜻이며, 몇 시간에서 길게는 며칠 뒤 구체적인 학교가 통보된다. 고등학교는 교육지원청을 거치지 않고 바로 학교 이름으로 발표된다. 여기에는 공통된 구조가 하나 있다. 신규교사는 기존교사의 전보가 모두 끝난 뒤 남은 자리에 배치된다는 점이다. 그 때문에 성적이 좋아도 원하는 지역이 아닌 곳에 배정될 수 있고, 갑작스럽게 이사를 준비하거나 급히 운전을 배워야 하는 상황이 생기기도 한다.

그렇다면 발령 직후에는 어떤 일부터 챙기는 것이 좋을까? 발령이 난 뒤 며칠은 학교도, 업무도, 생활도 아무것도 정해지지 않아 가장 정신없는 시기다. 이 시간을 조금이라도 덜 혼란스럽게 보내기 위해, 필요한 준비를 차근차근 짚어보도록 하자.

뭐부터
해야하지??

집도 구해야 할 것 같은데...ㅜㅜ

첫 인사,
학교 방문하기

"이번에 발령받은 신규교사 백 선생입니다. 교무부장 선생님이나 교감 선생님과 통화할 수 있을까요?"

백 선생은 발령이 나면 가장 먼저 학교로 전화하라고 했던 말이 떠올라 용기를 냈다. 수화기 너머 반가워하는 선생님의 목소리를 들으며, 어떤 말투가 좋을지, 혹시 실례가 되지는 않을지 여러 걱정이 앞섰다. 첫 통화는 짧았지만, 전화를 마치자 백 선생에게 학교는 더 이상 상상 속의 공간이 아니었다. 이제 진짜 한 학교의 교사가 된다는 사실이 현실로 다가왔다. 발령 학교와의 첫 통화는 방문 일정을 조율하는 절차이자 학교와 처음으로 연결되는 순간이다. 이 통화를 시작으로 방문 약속을 잡고, 학교에 찾아가 어떤 준비를 하면 되는지 차근차근 살펴보려고 한다.

학교 방문일과 준비 서류 확인하기

발령이 나면 가장 먼저 할 일은 학교로 전화해서 방문일을 잡는 것이다. 포털 사이트에 검색하면 학교 대표 번호를 쉽게 찾을 수 있다. 학교에 처음 전화를 건다는 건 누구든 긴장되는 일일 것이다. 하지만 걱정하지 말자. 학교에서는 이미 신규교사가 배치된다는 것을 알고 있고, 당신의 전화를 기다리고 있다.

전화 연결이 되면 학교 방문일과 시간, 준비해야 할 서류를 안내받으면 된다. 보통 학교는 2월에 신학기 준비 기간을 운영한다. 신학기 준비 기간은 개학 준비를 위해 필요한 사항들을 논의하기 위해 모든 교사가 출근하는 기간을 말하는데, 이때 학교에 방문해야 할 수도 있다. 또는 그 전에 신규교사들만 따로 불러 교장, 교감, 교무부장 선생님과 인사하는 시간이 있을 수도 있다. 혹시 학교의 거리가 멀고 방문하는 날을 조율할 수 있다면, 최대한 빠른 시일 내에 방문 일정을 잡고 학교에 들르는 길에 집을 보러 가는 것도 좋을 것이다.

만약 신학기 준비 기간과 신규교사 직무연수 일정이 겹치면 어떻게 해야 할까? 신규교사 직무연수는 필수적으로 참석해야 하는 연수이므로 연수 참석이 우선이다. 교무부장님께 상황을 말씀드리고 연수에 참석하면 된다. 단, 신학기 준비 기간에는 중요한 정보들이 많이 오간다. 출근하지 못하면 놓치는 정보가 많으므로 교무부장님께 관련 자료를 전달받을 수 있을지 여쭤보는 것이 좋다.

그런데 교장, 교감 선생님은 알겠는데 교무부장 선생님은 누구실까? 교무부장은 교무부의 부장교사를 말한다. 학교의 업무분장 조직은 교무부, 연구부, 정보부 등 여러 부서로 나뉘어 있다. 그 중 교무부는 학교의 학사 일정과 교육과정 등을 총괄하는 업무를 수행한다. 쉽게 말하면 교무부장님은 교장, 교감 선생님 다음가는 No.3 관리자로 생각하면 편하다. 신규교사는 초반에 교무부장님과 소통할 일이 많다.

첫 인사 가기

설레고 긴장되는 비공식 첫 출근일이다. 인사를 갈 때의 복장은 단정한 옷차림이면 충분하다. 임용 2차 시험 때처럼 풀 정장을 갖춰 입을 필요는 없다. 물론 정장 차림으로 나타나면 선생님들이 '신규답다'라며 흐뭇하게 웃어주실 수도 있지만, 정장 차림이 필수는 아니다.

학교에 도착하면 마주치는 선생님들께 가볍게 인사하면 된다. 그러면 아마도 교무부장이나 경력이 있는 선생님이 반갑게 맞이하며 안내하실 것이다. 신규교사도 처음에는 인생 첫 상사를 어떻게 대해야 할지 몰라 잔뜩 긴장하기 쉽다. 하지만 막상 인사를 나누다 보면 어색함은 금세 풀릴 것이다.

선배교사들은 나이, 거주지, 발령지가 연고지인지와 같은 질문을 건네고, 신규교사 역시 궁금했던 것들을 물으며 시간을 보내게 된다. 그 과정에서 학교 주변 환경이나 학생들의 분위기처럼 꼭 필요한 정보도 자연스럽게 알게 된다. 관리자들이 임용시험 때처럼 어려운 질문을 던지거나 무거운 표정으로 평가하는 상황은 드물다. 예의 바른 미소로 차분하게 이야기하면 충분하다.

신규교사는 궁금한 건 많고, 물어볼 사람은 애매하다. 그래서 이날이 은근히 소중하다. "이럴 때 아니면 언제 물어보지?" 싶은 것들이 머릿속에서 줄을 서기 때문이다. 신규교사 백 선생이 처음 학교에 갔을 때도 그랬다. 그때는 이런 것들이 가장 궁금했다.

"교무부장 선생님 연락처는 어디서 알아낼 수 있을까?"
"교직원 단톡방은 있을까?"
"내가 맡게 될 과목은 뭘까?"
"교과서는 어느 출판사를 사용할까?"

새 학기 준비에 핵심이 될 정보들이니 챙겨서 여쭤보자. 이 밖에도 학사일정, 업무분장표 등 여러 자료를 받을 수 있는지 교무부장님께 여쭤보면 된다. 단, 교무부장님은 항상 바쁘기에 내가 원하는 자료를 바로 받지 못할 수도 있다는 점을 염두에 두어야 한다. 교과서 정보는 그날 혹시 확인하지 못했어도 걱정하지 않아도 된다. 학교 홈페이지에서 해결할 수 있다. 포털에 학교명을 검색해 홈페이지로 들어간 뒤, 공지사항에서 '교과서'를 검색해보면 해당 학교가 채택한 교과서 목록이 올라와 있다.

인사만 드리고 돌아가기엔 조금 아쉽다. 학교에 간 김에 슬쩍 한 바퀴 둘러보자. 교무실이 어디인지, 급식실은 어디 있는지, 내가 맡을 교실은 어떤지 미리 확인해 두면 첫 출근 날에 훨씬 덜 허둥댈 수 있다.

신규교사 집 구하기

2월 하순, 신규교사 백 선생에게 발령지가 통보된다. 발령지는 신백군의 한 중학교였다. 집에서는 차로 3시간 거리다. 산으로 둘러싸인 작은 군 단위 지역으로, 아는 사람도 없고 가본 적도 없다. '여기서 어떻게 살지?' 여러 가지 불안감이 한꺼번에 몰려오지만, 고민할 여유는 길지 않다. 당장 살 집부터 구해야 한다.

학교 발령은 빠르면 2월 초, 늦으면 2월 중순 정도로 교육청마다 다를 수 있다. 내가 타지에 시험을 응시하고 합격했다면 집 구할 시간이 길게는 2주, 짧으면 5일 정도밖에 되지 않을 수도 있다. 낯선 동네에서 짧은 시간 내에 내가 살 집을 찾아야 하므로 집 구하기야말로 수많은 신규교사를 힘들게 만드는 문제 중 하나다. 신규교사가 집을 구할 때 고려할 여러 선택지부터, 이사비 지원, 상세한 집 구하기 팁까지 알아보자.

여러 가지 선택지 알아보기

　교사의 거주 형태에는 여러 가지가 있다. 집에서 멀리 떨어진 곳에 발령받거나, 집을 구하기 힘든 벽지에 발령받는 경우에는 교직원 관사도 노려볼만하다. 관사는 교직원들에게 제공되는 집을 말한다. 관사 사용 가능 여부는 학교마다 다르니 해당 학교에 직접 문의하는 것이 가장 정확하다. 교무부장님께 전화를 걸어 물어보자. "혹시 교직원 관사가 제공될까요?" 정도면 된다. 운 좋게 비어 있다면 관리비 정도만 내고 학교 근처에서 거주할 수 있다.

　관사 형태는 교육청이나 지역에 따라 편차가 크다. 교직원 전용 관사를 별도로 보유하기도 하고, 학생 기숙사 방 일부를 교직원에게 제공하기도 한다. 또 어떤 지역은 교육지원청에서 아파트나 빌라를 지어 교직원에게 제공한다. 관사와는 조금 다르지만, 공무원연금공단이 운영하는 임대아파트를 이용할 수도 있다.

　학교가 보유하고 있는 관사(또는 학생 기숙사)에 거주하는 경우 전입 순서, 가족 동반 여부 등이 입주 순번에 영향을 준다. 교육지원청에서 운영하고, 입주 대기자가 많은 지역이라면 추첨제로 운영되기도 한다.

　관사 거주는 학교와 가까운 게 가장 큰 장점이다. 학교 내 관사에 거주할 때는 집에 놓고 온 USB를 찾아올 수 있을 정도로 가까울 수 있다. 거주 비용도 월세 대비 아주 저렴하다. 보통, 전기 요금, 수도 요금, 인터넷 요금과 같은 공과금은 별도 부담이다.

　학교와 가까워 생기는 불편함도 있다. 걸어서 몇 분이면 도착하는 거리라 학생들과 예상치 못하게 마주치는 일이 잦다. 주말에 편하게 입고 편의점에 가는 일도 쉽지 않다. 동료교사가 같은 관사에 살면 서로 마주칠 일이 잦아, 생활 방식이나 일상이 자연스럽게 드러나는 점이 조금 부담될 수 있다. 거주 환경의 편차도 크다. 어떤 곳은 공간이 좁거나 시설이 오래된 경우가 많고, 반대로 시설이 좋은 곳은 대기자가 많아 오래 머무르기 어렵다. 거주 기간이 짧게 제공되면, 이사를 반복해야 하는 번거로움도 감수해야 한다.

★ 백서 TIP ★

공무원 임대아파트는 '공무원연금공단'에서 신청할 수 있다. 임대아파트는 추첨제로 진행되는데, 수시로 공고를 확인해야 한다. 신혼부부, 자녀 수, 연봉 등 다양한 요소가 당첨 확률에 영향을 끼친다.

관사 거주가 어렵다면 다음 선택지는 바로 선배 선생님들의 정보다. 낯선 동네에서 집을 구할 때, 지도 앱보다 더 빠르고 정확한 길잡이는 이미 그곳에서 살아본 교사이다. 추천 동네, 집 구할 때 주의할 점, 전보 가는 선생님이 살던 집 같은 알짜 정보를 얻을 수 있다.

물론 처음 보는 선배교사에게 집 이야기를 꺼내는 게 조금 쑥스러울 수 있다. 하지만 "선생님, 혹시 이 근처에 집 구할 만한 곳이 있을까요?" 정도의 질문이라면 누구나 흔쾌히 답해줄 것이다. 신규가 집을 구한다고 하면 대부분 선배교사는 자기 일처럼 적극적으로 돕는다. 실제로 많은 신규교사가 전보 나가신 선생님이 살던 원룸을 바로 이어받아 계약한다. 그러므로 부끄러워하지 말고 선배교사로부터 적극적으로 정보를 구해 보자. 집 이야기를 슬쩍 꺼내는 것만으로도 그 동네를 잘 아는 선배가 생생한 정보통이 되어 줄 것이다.

전·월세 임대는 가장 많은 신규교사가 선택하는 거주 방법이다. 먼저 집 구하기 앱을 통해 내가 살 동네의 보증금과 전·월세 시세를 살펴보자. 그다음 부동산 몇 군데에 연락해 방문 일정을 잡으면 된다. 자취방을 찾을 때는 전세보다 월세가 현실적이다. 시골 학교는 전세 매물 자체가 드문 경우가 많고, 전세에는 목돈이 필요하기 때문이다. 청년 전세대출 상품을 이용하면 이자 부담을 낮출 수 있지만, 심사만 2~3주가 걸리고 준비 서류도 많아 임용 직후에는 시간적 여유가 없다. 그래서 처음 몇 달은 단기 월세에 머물며 전셋집을 천천히 찾는 선생님들도 있다.

전세는 특히 주의가 필요하다. 금액이 큰 만큼 방을 뺄 때 전세금을 제때 돌려받지 못하면 다음 집 계약부터 생활비 마련까지 모든 계획이 한꺼번에 틀어질 수 있다. 그래서 전세 계약은 반드시 계약 조건을 하나하나 따져가며 꼼꼼하게 점검해야 한다. 이런 부담으로 비용이 높아도 상대적으로 안전한 월세를 선택하는 신규교사도 많다.

계약 전 고민해 볼 사항

첫 전·월세 계약은 사회 초년생에게 진짜 어른의 시험대다. 그동안 부모님이 대신해 주던 일들을 이제는 스스로 결정하고 책임져야 한다. 아래는 첫 계약을 앞둔 신규교사가 반드시 확인해야 할 핵심 점검 사항들이다.

집 계약 전에는 집 안팎의 컨디션을 잘 살펴야 한다. 특히 창문과 집 방향을 고려하면 좋다. 창문이 크거나 많아 바람이 잘 통하고 햇볕이 충분히 드는 집이 훨씬 살기 좋다. 북향은 빨래가 잘 마르지 않고 낮에도 어두운 경우가 많아 답답함을 느끼기 쉽다. 동향은 아침 해가 잘 들고, 서향은 오후에 햇볕이 오래 들어 더울 수 있다. 일반적으로 남향, 남동향, 남서향이 가장 쾌적하다.

건물의 위치는 안전과 생활 편의를 크게 좌우한다. 골목 안쪽보다는 큰길과 가까운 곳이 훨씬 안전하다. 특히 24시간 편의점이나 관공서, CCTV가 많은 곳이 주변에 있으면 마음이 놓인다. 일부러 밤에 가서 한 번 들러볼 필요도 있다. 저녁 시간대 소음이나 주변 분위기는 실제로 가봐야 알 수 있다.

화장실도 꼼꼼히 살펴보아야 한다. 환풍기만 있는 구조는 담배 냄새가 타고 들어오는 경우가 있고, 환기 성능이 약하면 곰팡이가 쉽게 생긴다. 작은 창문이라도 있는 화장실이 가장 실용적이다.

계약서에 시설물 수리 요청 사항을 명시하자. 계약 전 집을 꼼꼼히 둘러보고 수리가 필요한 부분은 반드시 미리 요청해야 한다. 특약으로 넣어 달라고 공인중개사에게 말해두는 것이 가장 안전하다. 보일러, 전등, 냉장고, 세탁기, 도어락, 파손된 가구 등은 기본적으로 확인하고, 벽지가 많이 훼손되어 있다면 도배도 요청할 수 있다.

부동산등기부등본을 확인하자. 특히 전세 계약이라면 등기부등본 확인은 필수다. 건물에 잡힌 대출 금액이 지나치게 크다면 계약을 피하는 것이 좋다.

계약서의 인적 사항을 정확히 확인하자. 계약서에 적힌 집주인의 이름과 주민등록번호는 현장에서 신분증과 대조해 보는 것이 좋다. 또 계약서에 넣으면 좋은 특약 문구, 피해야 할 문구를 미리 검색해보고 계약서 초안을 꼼꼼하게 검토해야 한다.

전세 계약이라면 전세보증금반환보증 가입은 필수다. 전세보증금 반환보증이란 임대인이 보증금을 돌려주지 못할 때 대신 지급해주는 상품이며, 주택도시보증공사HUG, 한국주택금융공사, SGI서울보증에서 신청할 수 있다.

이삿날에는 집 상태를 꼼꼼히 남기는 편이 안전하다. 입주 첫날 집 안 곳곳을 동영상으로 촬영하면 이후 보증금 분쟁을 예방하는 데 도움이 된다. 부서진 곳이나 가구 상태, 벽지, 도어락, 싱크대처럼 눈에 띄는 부분은 빠짐없이 기록한다. 이삿날을 지키는 일도 중요하다. 전세 계약의 경우 이삿날 당일 전입신고와 확정일자를 받아야 대항력이 생긴다. 날짜가 어긋나면 법적 보호를 받지 못할 수 있으므로 각별한 주의가 필요하다.

숨겨진 보너스 찾기:
지원금 챙기기

집을 구했다고 끝이 아니다. 청년이라면 또는 교사라면 누구나 얻을 수 있는 거주 관련 지원금들이 있다. 알뜰하게 챙겨두면 도움이 될 소식을 전한다.

우선, 교사라면 절대 놓치면 안 되는 것이 이사비 지원이다. 공무원 여비 규정 19조에 따라 타지역으로 거주지를 이전하는 공무원들에게 이사비용을 지급하는 이사비 지원 제도가 있다. 이사비 지원을 신청하기 위해서는 이사견적서와 카드 영수증 서류(간이영수증)를 이사 업체로부터 미리 받아 두어야 한다. 자세한 구비서류는 학교 출근 후 관련 공문을 확인하거나 행정실에 문의하면 알 수 있다. 보통 이사 후 6개월 내로 신청해야 하니 바쁘더라도 잊지 않고 챙기도록 하자.

거주 관련 지원금에는 월세 세액 공제를 빼놓을 수 없다. 직장인이라면 누구나 1월이 되면 연말정산이라는 것을 해야 한다. 연말정산이란 지난 1년 동안 미리 떼어간 세금(원천징수)을 계산하여 많이 낸 세금은 돌려주고, 덜 낸 세금은 더 내는 제도이다. 이때 내 소중한 세금을 돌려받기 위해서는 본인에게 해당하는 소득공제 항목이나 세액 공제 항목을 착실히 챙기는 게 좋다. 총급여 5,500만 원 이하의 연봉을 받는 무주택 세대주, 세대원의 경우 월세액의 무려 17%를 세액 공제받을 수 있다. 월세를 1년에 600만 원 낸다고 가정한다면, 무려 102만 원을 되돌려 받을 수 있는 것이다. 이를 위해 전입신고와 월세납입을 증빙할 수 있는 계좌이체 내역을 반드시 챙겨두어야 한다. 작고 소중한 나의 월급을 지키는 방법이다.

끝으로, 지방 자치 단체마다 청년을 위한 다양한 지원 사업이 있다. 월세 지원, 전세 보증 보험료 지원, 청년 주거 바우처처럼 형태도 여러 가지다. 대부분의 지자체는 이런 정보를 한곳에 모아 보여주는 지역 별 플랫폼을 운영하고 있으니, 틈날 때마다 확인해 두면 도움이 된다. 신청자는 항상 많고 예산은 넉넉하지 않아 금방 마감되는 경우가 많기 때문이다.

집을 구하는 과정은 생각보다 훨씬 힘들고, 낯선 지역에서 시작하는 첫 학기는 불안하고 고단하다. 그래도 나만의 보금자리가 생기면 고생스러웠던 하루의 무게를 내려놓을 곳이 생긴다. 작은 방일지라도 나만의 취향을 조금씩 담아 정을 붙여보자. 느낌 있는 커튼 하나, 화분 하나, 따뜻한 조명 하나만 있어도 방의 분위기가 확 달라진다. 교사로 서의 삶은 늘 바쁘고 예측 불가능한 일들의 연속이지만, 퇴근 후 침대 에 누워 보는 영화 한 편, 책상에 앉아 끄적이는 짧은 일기 같은 순간들 이 다시 나를 버티게 한다. 집을 잘 구하고 가꾸는 일은 내 삶을 사랑 하는 작은 연습이 될 수 있을 것이다.

학교 알리미로
우리 학교 알아보기

　발령 문자에는 학교 이름이 찍혀 있었지만, 그 이름만으로는 아무 것도 떠오르지 않았다. 신규교사 백 선생은 지도 앱에 학교를 검색하고, 로드뷰로 학교 앞까지 찾아봤다. 위치와 교문 사진 정도는 알겠는데, 막상 어떤 학교인지는 여전히 감이 오지 않았다. 학생이 몇 명인지, 교사가 몇 명인지, 학급 수는 얼마나 되는지조차 알 수 없었다. 누군가에게 물어보자니 아직 연락할 사람도 없었다.

　이럴 때 가장 먼저 찾아가 볼 만한 곳이 바로 학교 알리미 사이트다. 학교 알리미는 초·중등 교육정보 공시 서비스 사이트로, 교육부 기준에 따라 각 학교의 학생 현황, 교원 현황, 교육과정, 학업 성취 사항 등 구체적인 정보를 제공한다. 사이트에 접속해 학교 이름만 입력하면, 일일이 묻기 어려웠던 학교의 기본 정보를 한눈에 확인할 수 있다.

단, 학교의 정보 공시가 보통 1학기 초반에 이루어지기 때문에 2월에 열람하는 사이트의 자료들은 작년 자료다. 즉 1년의 시차가 있다는 것을 감안하고 자료를 살펴야 하고, 최신 현황은 실제 근무지에서 확인해야 한다.

학교 알리미를 통해 학교 정보 얻기

학교 알리미 사이트에서 우리 학교의 규모를 알아보자. 학생 수, 교원 수, 학급 수를 살펴보면 우리 학교의 규모를 알 수 있다. 일반적으로 학급 수를 기준으로 학년당 7학급 이하는 소규모 학교, 8학급 정도면 적정 규모 학교, 그 이상이면 대규모 학교로 본다.[12]

소규모 학교는 '여러 가지의 음식을 조금씩 하는 느낌'의 한정식 식당 같다. 소규모 학교는 학급 수가 적으므로 수업 시수는 적다. 그러나 여러 학년을 걸치거나 다과목 지도 등 수업 준비 시수는 많을 수 있기에 수업 준비 부담이 크다. 여러 가지 메뉴를 한 번에 만들어내야 하는 것이다. 업무 또한 자잘한 업무를 여러 가지 맡을 확률이 높다. 대규모 학교로 갈수록 소규모 학교와는 반대로 '가짓수는 적지만 양을 많이 하는 급식 느낌'이 난다. 예를 들면, 학년 당 학급 수가 많아서 같은 수업을 8번 이상 해야 한다. 대신 여러 학년을 걸치거나 여러 과목을 맡을

---

12) 학교용지 확보 등에 관한 특례법 시행령

확률은 낮다. 적은 메뉴로 우려먹는 거다. 마찬가지로 업무도 여러 가지가 아니라 단일 업무를 맡을 가능성이 크다.

소규모 학교든 대규모 학교든 장단점이 있어서 무엇이 더 좋다고 이야기하기는 어렵다. 선생님들의 성향에 달렸다. 그러나 확실한 건 학기 말 생활기록부 지옥은 보통 대규모 학교에서 목격된다. 학생 수가 많으면 그만큼 교과별 세부능력 및 특기사항을 많이 적어야 하기 때문이다.

또 학교의 일 년이 어떻게 굴러가는지, 재량휴업일은 언제인지 궁금할 것이다. 눈치가 보여 묻지는 못했지만, 방학이 언제쯤인지도 무척 궁금하다. 그럴 땐 학교 알리미 사이트에서 '학교 교육과정 편성·운영·평가 계획' 파일을 내려받아 보자. 파일을 통해 학교의 작년 연간 학사일정을 알 수 있다. 학사일정은 매년 조금씩 달라지기 때문에 어떤 행사가 언제 있는지 등 대략적인 시기 정도만 참고해야 한다. 또, 해당 파일에서 교육과정 편성표를 확인하면 내 과목이 몇 학년에 배정되어 있는지, 학년별로 몇 시수 배정되어 있는지도 알 수 있다.

그리고 혹시 우리 학교 급식이 궁금하다면, 학교 알리미를 통해 확인할 수 있다. 아직은 급식이 맛있는지 묻기엔 망설여지지만, 궁금한 마음까지 감출 수는 없다. 급식이 궁금한 건 학생이나 교사나 다르지 않다. 학교 알리미에서는 매일의 식단뿐 아니라 영양 정보와 원산지까지 살펴볼 수 있어, 점심시간의 분위기를 미리 짐작해보게 된다. 같은 내용은 학교 홈페이지나 카카오톡 '오늘급식' 채널에서도 확인할 수 있다.

학교 알리미를 통해 예습하기

벌써부터 생활지도가 걱정된다면 출근 전에 관련 정보를 미리 살펴볼 수 있다. 그중 하나가 학교 알리미에 공개된 '학생 생활 규정' 파일이다. 이 자료에는 복장 규정부터 수업 시간 중 학생의 의무까지, 교내에서 정한 생활지도의 범위와 기준이 담겨 있다. 언제 어떤 상황에서 무엇을 지도해야 하는지 막막한 신규교사에게, 실제 지도의 근거가 되어 주는 자료다.

또 신규교사가 예습해두면 좋을 것은 교과별 교수학습 및 평가계획이다. 3월 초에 '교수학습 및 평가계획'을 제출하라는 메시지가 올 것이다. 같이 온 예시 자료를 열어보면 처음 보는 용어들과 복잡한 양식에 기가 죽을 수 있다. 그때를 대비하여 학교 알리미에서 작년 '교과별 교수·학습 및 평가계획'을 미리 한 번 살펴보자. 작년에 내 교과가 지필평가와 수행평가를 어떻게 계획했는지, 어떤 단원에서 어떤 평가를 실시했는지 알 수 있다. 타학교 자료도 열람할 수 있으니 참고해서 나만의 평가계획을 작성할 수도 있다. 이제 출근 후 메시지가 오면 작년 자료를 참고해서 평가계획을 작성하면 된다.

Note

★ 3장 ★

신학기 준비 기간

3장. 신학기 준비 기간

"안녕하세요. 저… 이번에 신규로 발령받은 백 선생입니다. 혹시 교무부장님 계실까요?"

"신규 선생님이시구나. 반가워요. 우리 학교는 애들도 착하고 동료 선생님들도 다 좋으셔서 우리 학교 발령받은 거면 복 받은 거예요. 2월 ○○일부터 ○○일까지 신학기 준비 기간이니, 그때 출근하시면 됩니다."

신규교사 백 선생은 혼자 몇 번이나 연습하고 전화를 걸었다. 연습했던 말을 하는데도 입술이 바싹바싹 마르고 목소리는 떨리기 시작했다. 나긋나긋 여유 있는 목소리의 교무부장 선생님은 초보 교사의 궁금증을 하나하나 풀어주셨다. 백 선생은 학교 자랑부터 농담, 인사말까지 단 하나도 놓치지 않으려는 모범생처럼 받아적었다. 전화기를 내려놓는 순간 '드디어 첫 출근이다!'라는 설렘이 몰려왔다. 동시에 '신학기 준비 기간에는 출근해서 뭘 해야 하지?'라는 물음이 고개를 들었다. 꼭 전화를 끊고 나서야 궁금한 게 생긴다.

대부분의 학교는 3월 정식 출근 전에, 2월 겨울방학 중 3~5일 정도의 '신학기 준비 기간'이 있다. 이 기간에는 전 교직원이 출근하여 새 학기 새 학년을 맞이할 준비를 한다. 어느 교사에게나 그렇겠지만 신규교사에게 이 시기는 아주 특별하다. 처음으로 자신이 속한 업무 부서와 학년 선생님들을 만나고, 업무 인수인계를 받으며, 각 부서 부장님의 새 학년 업무 협조 요청을 듣는다. 즉, 신학기 준비 기간은 개학 전에 학교 전체의 업무 구조를 파악하고 선생님들 얼굴을 익힐 수 있는 첫 공식 무대인 셈이다.

따라서 이 시기에는 가능한 한 빠르게 배우고, 많이 흡수하는 자세가 필요하다. 신학기 준비 기간에 신규교사가 해야 할 일을 업무, 담임, 수업 세 가지 파트로 나누어 살펴보자.

아.. 안녕하세요?

저는 신입생.. 아니
신규교사 백선생입니다

나의 첫 업무 파악하기

신학기 준비 기간에 출근한 백 선생은 교무실 한켠에 자리가 배정된다. '이제 드디어 내 자리가 생겼네.'라는 생각에 잠시 뭉클해진다. 곧이어 행정실에서 노트북을 받아 가라는 연락이 온다. 기쁜 마음으로 노트북을 받아 왔지만, 막상 어디부터 손을 대야 할지 감이 잡히지 않았다.

옆자리 선생님들은 각자 맡은 일을 처리하느라 분주해 보인다. 노트북을 켜 두고 앉아 있지만, 무엇을 먼저 해야 할지 몰라 손이 쉽게 움직이지 않는다. 도움을 요청하고 싶지만, 다들 바빠 보여 말을 꺼내는 것도 망설여진다. 신규교사를 챙겨주지 않아서라기보다는, 학교의 일상이 워낙 빠르게 돌아가고 있기 때문일 것이다.

이런 상황에서 막막함을 느끼는 것은 자연스러운 일이다. 그렇다면 신규교사는 이 시기에 무엇부터 확인하고, 어떤 일부터 시작하면 좋을까? 이제 업무 파악을 위해 가장 먼저 하면 좋은 일들을 하나씩 짚어보려 한다.

학교 업무의 시작, 교육용 공인인증서^{GPKI} 발급받기

교육용 공인인증서(GPKI, 이하 인증서)는 교육청과 교육 기관에서 사용하는 공공기관용 공인인증서다. 정식 명칭은 교육 기관용 범용공인인증서다. 인증서는 교원 신분임을 인증할 때와 학교 업무 시스템에 로그인할 때 주로 사용한다. 인증서로 나이스와 K-에듀파인 접속이 가능하다.

인증서 발급은 기다리면 담당자가 알아서 챙겨줄 것이다. 혹시나 아무도 알려주지 않는다면, 신규교사라서 인증서 발급이 필요하다고 부서 부장님께 넌지시 말씀드리면 된다. 개학 후 인증서가 없으면 메신저 로그인을 못 해서 놓치게 되는 업무 연락이 많으므로, 웬만하면 3월 개학 전에 발급받는 것이 좋다. 그러면 바쁜 3월 초에 텅 빈 모니터만 바라보는 일이 생기지 않을 것이다.

인증서는 폴더 전체를 복사, 붙여넣기 해 다른 컴퓨터로 손쉽게 옮겨 담을 수 있다. 학교 노트북뿐만 아니라 개인용 USB, 개인 컴퓨터에도 인증서를 복사해두면 편리하다.

나이스^{NEIS}와 K-에듀파인^{K-Edufine}, 교사의 두 가지 업무 시스템

★ 나이스 첫 화면

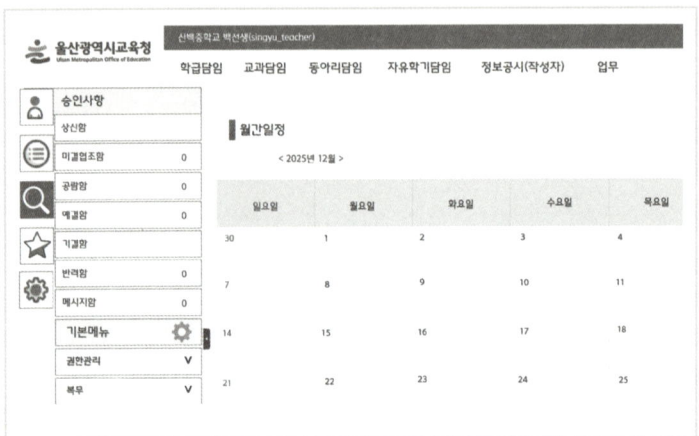

★ K-에듀파인 첫 화면

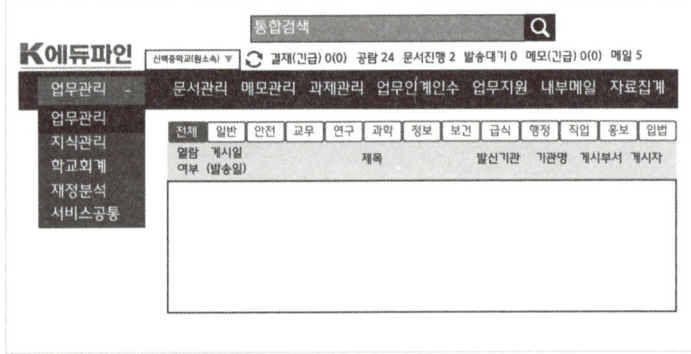

나이스^{NEIS}와 K-에듀파인$^{K-Edufine}$은 교직 생활에서 가장 자주 마주하게 되는 두 가지 핵심 업무 시스템이다. 나의 업무, 복무 상신, 그리고 공문 작성까지 교사의 하루 대부분이 이 두 시스템 안에서 이루어진다고 해도 과언이 아니다.

나이스는 교육행정과 관련하여 모든 학생, 교사 정보를 관리하는 시스템이다. 교원 인사기록, 월급, 복무 등 교사와 관련된 모든 업무 처리를 담당한다. 또, 지각과 조퇴, 결석 등 출결 처리, 생활기록부 입력, 성적 입력, 상담일지 입력 등 학생과 관련된 모든 정보를 망라하여 관리한다. K-에듀파인은 유치원, 초·중·고교의 일반 공문과 재정 문서를 관리하는 시스템이다. 교사가 수업 물품을 구입할 때, 학교 행사를 위해 학교 예산을 지출할 때, 공문을 작성할 때 활용한다.

처음에는 두 시스템의 차이를 이해하기가 쉽지 않으므로 직접 사용해보며 익히는 것이 가장 빠르다. 업무분장은 매년 달라질 수 있어도 나이스와 K-에듀파인을 다뤄야 한다는 점은 모든 교사에게 동일하다. 참고로 나이스와 K-에듀파인은 해당 교육청의 내부망에서만 접속할 수 있다. 집에서 접속하는 것은 불가능한데, 신규교사가 이것을 모르고 집에서 업무를 하려다 접속이 되지 않아 당황할 수 있다. 외부에서 사용하려면 별도의 원격업무 지원 서비스^{EVPN} 승인이 필요하다. 원격 업무 지원 서비스 신청 방법은 개학 후 담당자에게 문의하면 된다.

학교의 업무분장 이해하기

교사는 학교에서 교과, 담임 역할뿐만 아니라 행정 업무 처리도 해야 한다. 이를 위해 각 학교에서는 교사가 해야 할 행정 업무를 부서별로 세분화하여 체계적으로 구분하였다. 학교의 부서 구성은 학교 규모나 여건에 따라 조금씩 달라진다. 규모가 작은 학교에서는 연구부가 평가 업무까지 함께 맡지만, 규모가 큰 학교에서는 연구부와 평가부를 따로 두는 경우도 있다.

아래의 표는 백 선생이 근무하는 학교의 업무분장표 일부를 가져왔다. 업무분장표는 학교의 한 해 동안의 부서 조직과 업무 내용을 명시한 문서다. 각 부서가 맡은 일과 담당 교사가 누구인지 확인할 수 있으며, 이를 통해 자신의 부서와 업무를 확인하고, 학교의 전반적인 업무 체계를 파악할 수 있다. 부서의 명칭이나 담당 업무의 구성은 달라질 수 있으니, 각 부서의 특징을 이해하는 참고자료로만 보면 된다.

★ 학교 부서 및 주요 업무 예시

부서명	하는 일
교무부	학사 일정, 업무분장, 교육과정위원회 운영, 교원평가 운영 관리, 교원조직 계획 및 정원 관리, 교원 인사업무, 교육과정 편성 및 운영, 교원성과상여금, 졸업 및 진급 사정조서, 학교 공개의 날 운영, 입학 및 졸업식 업무, 재학생 반편성 및 입학처리, 기간제 및 시간강사 채용, 일과 운영 계획, 수업 시간표 작성 관리, 창의적 체험활동, 교권보호위원회
예술체육부	체육대회 관련 업무, 학교스포츠클럽 업무, 학생운동선수 지도 및 관리, 청소 및 쓰레기장 관리, 학예대회, 환경 분리수거 도우미 관리
연구부	공개 수업의 날, 각종 연수, 학력향상 및 기초학력, 방과후 학교, 축제, 전문적 학습 공동체, 독서교육 계획 및 독서 행사 실시, 교생 실습 업무, 신규교사 연수, 학부모회 조직 및 운영
정보평가부	성적관리위원회 구성 및 운영, 평가 업무 총괄, 정기고사 관리, 평가 일람표 취합 및 검토, 생활기록부 업무 총괄, 스마트 기기 관련 업무 총괄
학년부	학년 출결 관리, 수학여행 업무, 체험학습 업무, 졸업앨범 관련 업무, 장학생 선발 업무, 장학생 선발 및 관리
학생부	학생 생활지도, 학교폭력 업무, 학생회 및 학생자치활동 운영(전교학생회와 학생자치운영위원회 등), 학칙제정 및 개정 위원회, 교복선정위원회, 자살 위기 학생 관리
인성복지부	교육 균형발전 관련 업무, 복지위원회 구성 및 운영, 다문화 교육, 방송 관련 업무, 민주시민 및 계기교육, 진로체험 및 진로멘토링, 진로심리검사

만약 우리 학교의 업무분장표를 받았다면 우선 자신이 속한 부서를 살펴보자. 부서의 부장교사와 구성원이 누구인지, 그리고 부서가 맡은 주요 업무가 무엇인지 확인하는 것이 좋다. 이어서 자신의 이름이 표시된 부분을 중심으로 올해 담당하게 될 구체적인 업무를 살펴보고, 전임자가 누구인지 주변에 물어서 인수인계를 받는다. 마지막으로 다른 부서의 주요 업무와 부장교사의 이름 정도를 알아두면 학교 전체의 업무 구조를 이해하는 데 도움이 된다. 처음부터 모든 부서와 담당자 이름을 다 외울 필요는 없다. 학교생활을 하다 보면 자연스럽게 익숙해진다.

학교에서는 호칭이 생각보다 중요하다. 일반적으로 교장은 '교장 선생님', 교감은 '교감 선생님'이라 부른다. 각 부서의 부장을 맡은 교사는 '부장님' 또는 '부장 선생님'이라 하고, 그 외 교사들은 '선생님'이라고 부른다. 행정실에서는 가장 상급 직원을 '행정실장님'이라 부르며, 행정실장님 다음으로는 직책에 따라 '계장님'이나 '차장님'으로 불리는 분들도 있다. 그 외 행정직원들은 '주무관님' 또는 '선생님'이라고 부르는 경우가 많다. 학교에는 교사 외에도 다양한 직군의 직원들이 함께 일하고 있다. 처음에는 다소 낯설더라도 주변에서 쓰는 표현을 유심히 듣고 자연스럽게 익혀 가는 것이 좋다.

업무 인수인계 받기

새 학기를 준비할 때 꼭 챙겨야 할 일 중 하나가 바로 전임자와의 인수인계이다. 학교 업무는 대부분 작년 업무 담당 교사가 남긴 자료와 경험 위에서 이어진다. 전임자가 남긴 파일을 얼마나 잘 찾아보고 활용하느냐에 따라 1년 업무 난이도가 달라질 수 있다. 전임자가 3월에 다른 학교로 이동하게 될 예정이라면 신학기 준비 기간 안에 인수인계를 서둘러 마쳐야 한다. 인수인계 자리에서는 문서로 남지 않는 정보나 업무 처리 요령 등을 꼼꼼히 질문하고 기록해두면 좋다. 전임자가 남긴 자료나 서식 파일은 USB나 외장하드에 옮겨 두자. 한 해 동안 업무를 처리하고 수업자료를 준비하다 보면 파일은 금세 쌓인다. 그렇게 1년을 주기로 많은 파일이 쌓이게 될 텐데 잘 보관할 수 있는 시스템을 갖추어두면 좋다. 그 파일들은 위기 상황마다 교사를 구해 줄 든든한 정보 자산이 된다.

신규교사라면 어떤 업무를 맡더라도 처음이라 막막하게 느껴질 수 있다. 하지만 경력 교사라도 새로운 일을 맡으면 전임자에게 묻고 배우며 시작한다. 그러니 부끄러워하거나 미안해할 필요는 없다. 모르는 건 자연스러운 일이다. 모르는 데도 가만히 있는 것보다 묻고 배우는 편이 백번 낫다.

메신저 연결과 작성 요령

학교에서는 업무를 위한 소통에 교육용 메신저를 많이 활용한다. 전화나 직접 대면하는 것보다 빠르고 기록이 남아 나중에 내용을 다시 확인하기도 쉽다. 짧은 메시지로 간단한 요청이나 자료 전달을 할 수 있어 바쁜 교사들에게는 필수 도구처럼 쓰인다. 학교마다 사용하는 메신저가 다르며 교육청에서 자체적으로 운영하는 전용 메신저가 있는 경우도 많다. 이런 메신저에서는 같은 교육청 소속 교사끼리 쪽지나 단체 대화를 주고받을 수 있으며, 대부분의 업무 안내와 협조 요청이 이 공간에서 이루어진다.

학교에서 사용하는 교육용 메신저는 지역이나 교육청에 따라 방식이 조금씩 다르다. 일부 지역에서는 로그인 시 교육용 인증서GPKI가 필요할 수도 있다. 만약 인증서 발급이 늦어 메신저 로그인이 되지 않는다면, 초반에는 다소 답답한 상황이 생길 수 있다. 3월 개학 첫날부터 중요한 업무 쪽지가 쏟아지기 때문에 옆자리 선생님을 통해 어떤 쪽지가 왔는지 확인하며 주요 전달 사항을 놓치지 않는 것이 좋다.

인증서를 통해 로그인할 수 있다면, 메신저에 접속해 다른 선생님들의 쪽지를 읽어보며 어떤 식으로 업무 대화를 주고받는지 미리 살펴보자. 나중에는 직접 쪽지를 써야 할 떨리는 순간이 찾아올 것이다.

첫 업무를 대하는 태도에 관하여

"신규라고 배려는커녕 기피 업무를 맡았어요."
"인수인계를 받는데 무슨 말인지 하나도 모르겠어요."

많은 신규교사가 신학기 준비 기간을 마친 뒤 이렇게 말하곤 한다. 새로운 업무를 처음 맡게 되면 누구나 막막함을 느끼기 마련이다. 학교 업무는 1년 주기로 반복되기 때문에 한 번 기본기를 익혀 두면 다음 해부터는 훨씬 수월하다. 처음부터 낯설고 어려운 업무를 맡았다면 다소 힘들다 느껴지더라도 학교의 전체적인 업무 흐름을 배울 기회라고 생각하는 것이 좋다.

신규라는 이유로 상대적으로 부담이 적은 업무를 맡게 된다면 다행스러운 일이겠으나 기대만큼 배려받지 못했다고 해서 실망하거나 서운해할 필요는 없다. 학교에서는 모든 업무가 서로 연결되어 있고, 맡은 자리에서 배우는 경험이 언젠가 반드시 도움이 된다. 이왕 맡은 일이라면 기쁜 마음으로 임하는 태도가 나와 동료 모두에게 힘이 된다.

다만 업무 배정이 명백히 불합리하다고 느껴질 때는 정중하고 분명하게 문제를 제기할 필요가 있다. 학교 일정 전체와 부서 간 균형을 함께 고려해 합리적인 대안을 모색하는 것이 바람직하다. 나의 부담을 줄이는 동시에 동료교사와 학생에게도 이익이 되는 해법을 목표로 삼는 편이 좋다. 감정적 반응 대신 합리적인 대화로 풀어가고자 하는 태도를 지키면 관계를 해치지 않으면서도 필요한 조정을 끌어낼 수 있다.

중요한 것은 어떤 업무를 맡았느냐보다 그 일을 대하는 태도와 배움의 자세이다. 신규교사 시절은 배우기에 가장 좋은 시기이다. 경력교사가 업무에서 실수하면 비난받기 쉽지만, 신규교사의 실수는 대부분 자연스럽게 받아들여진다. 그래서 주변의 선생님들이 도와주며 함께 해결책을 찾아가는 경우도 많다. 신규교사들에게는 가까운 자리에 있는 선생님이 세세하게 방법을 알려주시는 일도 흔하다. 이런 도움을 받을 수 있을 때 가능한 한 많은 것을 배우고 익혀 두는 것이 좋다.

처음에는 쏟아지는 정보가 낯설고 복잡하게 느껴질 수 있다. 하지만 처음부터 모든 걸 완벽히 익히려 애쓸 필요는 없다. 이 책의 1부 '준비' 편은 처음 학교에 적응할 때 도움이 되는 내용들을 정리하였다. 지금은 세세히 익히려 하지 말고, 어떤 내용이 있는지만 가볍게 살펴보아도 충분하다. 개학 후 실제로 부딪히며 배우는 과정에서 훨씬 더 많은 것을 익히게 될 것이다. 공문서도 직접 한번 작성해 보면 감이 잡히고, 나이스도 들어가 이것저것 눌러보다 보면 금세 익숙해질 것이다.

대부분의 두려움은 아직 겪어 보지 않은 상황에서 비롯된다. 처음에는 낯설고 서툴겠지만, 경험을 거듭하는 동안 자연스럽게 익숙해진다. 그렇게 하루하루 쌓인 경험이 나를 더 단단하게 만든다. 3월의 시작은 낯설어도 곧 학교는 편안한 일터가 될 것이다. 담임을 맡게 된다면 이어지는 '첫 담임 준비하기' 편을 함께 읽어 두자.

첫 담임,
교실을 준비하는 세 가지 방법

업무분장이 발표되던 날, 신규교사 백 선생은 업무분장표를 손에 꼭 쥐고 한참을 들여다보았다. 이름 옆에 적힌 한 줄, 2학년 5반 담임. 순간 가슴이 두근거렸다. 내가 담임이라니! 교무실에서 대략적인 업무 인수인계를 마친 뒤, 백 선생은 자신이 맡게 된 교실을 찾아 나섰다.

"2층 오른쪽 끝, 2학년 5반이라고 하던데…"

복도를 지나 문을 열자 텅 빈 교실이 눈앞에 펼쳐졌다. 정면에는 커다란 전자칠판과 화이트보드가 걸려 있었다. 예전 그 자리엔 초록색 칠판이 있었고, 위에는 색색의 분필과 분필 가루가 묻은 지우개가 나란히 놓여 있었을 것이다. 이제는 터치스크린이 그 자리를 대신하고 있다.

시선을 돌리니 파스텔 색조의 책상들이 가지런히 놓여 있고, 같은 색상의 의자들은 청소를 위해 책상 위에 엎어져 있었다. 내가 중학생 때 쓰던 책걸상과는 다르게 생겼지만, 그 풍경은 이상하리만큼 익숙하게 느껴졌다. 구석에는 중학교 때 쓰던 것과 닮은 낡은 사물함이 여전히 자리 잡고 있었다. 익숙함과 낯섦이 뒤섞인 교실 한가운데 서서 신규교사 백 선생은 한동안 움직이지 못했다.

며칠 뒤면 이곳에 아이들이 들어오고, 하루 중 대부분을 함께 보내게 될 것이다. 그 생각을 하니 설렘과 함께 막연한 책임감이 밀려왔다. '책상은 어떻게 배치해야 하지? 청소도 내가 한 번 더 해야 할까? 학생 사진과 출석부는 언제 나올까?' 여기서는 첫 담임을 맡은 교사가 개학 전 준비하면 좋은 일들을 살펴보겠다. 차근차근 준비한다면, 3월의 첫 날 교실 문을 여는 순간 한결 든든할 것이다.

공간 세팅하기

신학기 준비 기간에는 잠시 짬을 내 교실에 들러 우리 반의 현재 상태를 점검해야 한다. 작년 담임 선생님이 기본적인 정리를 마치고 가셨겠지만, 방학 동안 쌓인 먼지나 자잘한 정리 미비는 늘 남아 있다. 교탁 서랍에 미처 치우지 못한 지난 학기의 자료가 남아 있을 수도 있고, 사물함의 이름표가 그대로 붙어 있을지도 모른다. 또 의자나 청소 도구처럼 꼭 필요한 비품이 모자란 경우도 흔하다. 교실을 천천히 한

바퀴 돌아보며 필요한 물품과 손볼 곳을 목록으로 정리해 두자. 아래 점검표를 참고하면 필요한 항목을 놓치지 않을 수 있다.

⭐ **새학기 교실 준비 물품 점검표**

청소도구	☐ 빗자루 ☐ 쓰레받기 ☐ 밀대 ☐ 걸레 ☐ 쓰레기통 ☐ 분리수거함
학급 용품	☐ 태극기 ☐ 시계 ☐ 달력 ☐ 우산꽂이 ☐ 각종 리모컨 ☐ 전자펜(전자칠판용) ☐ 키보드와 마우스 ☐ 분필(일반 칠판용) 또는 보드마카 ☐ 칠판용 자석 ☐ 책걸상 개수 및 이상 여부
위생용품	☐ 손소독제 ☐ 소독 물티슈

청소도구는 보통 학기 초에 업무 부서에서 일괄 신청받는다. 교실에 필요한 만큼의 수량을 파악해 신청하면 된다. 책상과 의자는 직접 앉아보거나 살짝 흔들어 보면서 상태를 확인할 수 있다. 우리 반 인원수에 맞게 개수가 맞는지도 함께 점검하고, 부족하면 행정실이나 학년

부에 요청하면 된다.

청소는 처음부터 완벽하게 하려 하기보다 기본적인 부분부터 차근차근 챙기는 것이 중요하다. 먼저 창문을 활짝 열어 환기하고, 큰 쓰레기는 빗자루로 쓸어낸다. 방학 동안 쌓인 먼지는 교무실의 청소기를 빌려 청소하면 훨씬 수월하다. 칠판을 깨끗이 닦고, 책걸상을 반듯하게 정렬하는 것만으로도 교실 분위기가 한결 달라진다. 모든 일을 담임이 혼자 다 하기는 너무 힘들고, 교육적으로도 좋지 않다. 우선 기본적인 환경을 정리해 두고, 대청소는 개학하고 학생들과 함께 하면 된다.

3월 첫 달에는 자리 배치를 번호순으로 하는 것이 좋다. 학생 이름을 빨리 익힐 수 있고, 각종 가정통신문이나 서류를 걷을 때도 효율적이다. 아직 나이스 접속이 되지 않는다면 학년 부장교사에게 학급 명렬표 출력을 부탁해 번호순 자리 배치표를 미리 만들어 두자. 자리 배치표 양식은 인터넷에 검색하면 다양한 버전이 공유되어 있으며, 신규백서 자료집 QR코드[13]를 통해서도 신규백서가 활용하는 양식을 내려받을 수 있다. 만들어 둔 자리 배치표를 칠판에 미리 붙여 두면, 개학 첫날 학생들이 교실에 들어와 스스로 자리를 찾아 앉는다.

학교 비품에는 학생 번호표를 붙여 개인 소유를 구분하는 것이 좋다. 학생일 때는 사물함이나 신발장에 번호가 붙어 있는 걸 당연하게 느꼈지만, 막상 교사가 되고 나면 이런 사소한 부분도 담임교사의 손을 거쳐야 한다는 걸 새삼 깨닫게 된다. 번호표 양식은 보통 학년에서

---

13) 부록 참조

통일해 사용하므로 학년 부장교사나 다른 선생님들에게 공유된 양식이 있는지 물어보고, 없다면 새롭게 만들어도 된다. 학년이 높아져 스스로 해낼 수 있는 능력이 큰 아이들이라면 학생들에게 더 많은 것을 맡겨도 된다. 번호표나 이름표 붙이기, 학급 게시판 꾸미기 등을 학생들에게 맡길 수도 있다.

번호표는 사물함, 신발장뿐 아니라 책걸상에도 붙여 두면 좋다. 자리를 옮길 때도 학생들이 자신의 책상을 들고 이동하게 하면, 학생들이 일 년 동안 자신의 책상을 책임지고 관리하도록 할 수 있다. 낙서하거나 칼집을 내거나 구멍을 뚫는 등 책상을 함부로 사용하는 일이 줄어드는 효과도 있다. 번호표 대신 이름표를 붙이는 것은 추천하지 않는다. 이름이 보이면 장난의 표적이 되기 쉽고, 이름표 분실이나 훼손 시 불필요한 오해가 생길 수 있다.

한편, 교실 한쪽 벽면을 차지하는 게시판을 마주하면 무엇으로 채워야 할지 막막할 수도 있다. 예쁘게 게시판을 꾸미고자 하면 부담스러울 수 있지만 너무 조급해할 필요는 없다. 요즘은 학교 분위기에 따라 게시판을 최소한으로만 꾸미는 경우도 많다. 특히 고등학교 교실의 경우는 내신 시험이나 모의고사를 볼 때 자주 게시물들을 떼어내므로 게시판을 잘 꾸미지 않는 편이다.

개학 전부터 급하게 꾸밀 필요는 없으며, 개학 후 다른 반의 분위기를 살펴본 뒤 천천히 시작해도 된다. 가장 무난한 방법은 기본만 하는 것이다. 전달 사항, 시간표, 공지문 등 실용적인 게시판 제목만 채워도 된다. 나중에 필요한 건 그때그때 만들어도 상관없다. 학생들의 작품이나 사진은 학기 중에 조금씩 모아서 전시할 수 있다. 교실을 꾸미는 일의 목적은 화려한 인테리어가 아니라 학생들이 편안하게 머무를 수 있는 공간을 만드는 데 있다. 너무 완벽하게 하려고 하기보다 우리 반이 어떤 분위기였으면 좋을까를 떠올리며 가볍게 시작하면 좋겠다.

교실 시스템 준비하기

교실이 어느 정도 정리되었다면 이제 학급 운영의 기틀을 세울 차례다. 자리와 비품, 게시판이 교실의 겉모습이라면 운영 시스템은 학급 구성원이 하루를 어떻게 살아가는지를 좌우하는 구조다. 학생들이 안정적인 리듬 속에서 생활하려면 작은 일 하나라도 원칙과 체계가 분명해야 한다.

학급이 전체적으로 어떤 규칙과 질서에 따라 굴러갈지 만들어가는 것은 담임의 역할이다. 말하지 않아도 학생들이 알아서 척척 하면 좋겠지만, 보통은 담임이 짜 놓은 시스템이 필요한 경우가 많다. 어떤 방법이 학생에게 교육적일지, 그리고 교사에게 편리할지를 고려해서 학급경영 방법을 고민하는 것이 좋겠다.

담임교사가 미리 고민할 부분 가운데 하나는 주번 역할이다. 주번은 교실 운영을 떠받치는 작은 축이다. 몇 명으로 구성할지, 어떤 일을 맡길지는 담임 판단에 달려 있다. 보통 일주일 단위로 1~3명씩 출석번호 순으로 돌아가게 하면 가장 단순하고 효율적이다.

중요한 점은 개학 첫날부터 주번 역할을 분명히 제시하는 일이다. 일반적으로 칠판 지우기, 이동수업 시 문단속, 학급 청소 정도를 맡긴다. 학교에 따라 봉사활동 시간이 부여되는 '급식 도우미', '게시판 담당', '환경미화 담당' 같은 역할이 정해져 있기도 하므로, 학교 상황에 맞춰 역할 범위를 조절하면 된다.

두번째 준비할 것은 청소 당번이다. 청소 시스템의 핵심은 단순함이다. 교사가 하나하나 챙기지 않아도 돌아가는 구조가 필요하다. 처음 담임을 맡았을 때 백 선생은 청소 당번표를 누구보다 열심히 만들었다. 교실 구역을 세세히 나누고, 형형색색으로 꾸민 화려한 표였다. 하지만 학기가 시작되자 예상치 못한 혼란이 벌어졌다.

"선생님, 걸레 어디 있어요?", "청소포 없어요!", "빗자루 부서졌어요!"

아이들이 동시에 외치며 담임을 찾았고, 백 선생은 매번 표를 확인하고 도구를 챙겨주느라 청소 시간마다 정신이 없었다. 당번표를 만들어 일을 줄이려던 게, 오히려 일이 두 배로 늘어난 셈이었다. 그때 학년 부장 선생님이 해주신 조언이 기억난다.

"이렇게 많은 인원이 청소하면 지도하기 더 힘들어요."

학년 부장 선생님 말씀이 정답이었다. 청소 인원이 많을수록 책임이 분산되고, 결국 아무도 제대로 하지 않게 된다. 그 이후로 청소 시스템을 완전히 단순화하고자 했다. 청소 당번을 따로 두지 않고, 주번이 청소까지 함께 하도록 한 것이다. 이 방식이면 교사가 군이 매번 청소 당번이 누구인지 일일이 확인하지 않아도 시스템이 스스로 굴러간다.

참고로 학교마다 환경부에서 학급별로 특별 청소 구역을 배정하는 경우가 있다. 보통 3월 초에 공지가 되므로 그때 해당 구역을 확인해 반 청소 구역에 포함하면 된다. 작은 일처럼 보이지만, 학급 역할 정하기는 결국 학생들이 스스로 책임을 지고 움직이는 학급 문화의 출발점이 된다.

상담 기초자료와 학교생활 안내서 준비하기

학급 운영의 기본은 학생을 이해하는 일에서 시작된다. 그 첫걸음이 바로 상담 기초자료(학생 자기소개서) 준비다. 이 자료는 학생의 기본 정보와 생활 습관, 관심사 등을 빠르게 파악할 수 있는 도구로 담임이 1년 내내 곁에 두고 보게 되는 문서이다. 요즘은 개인정보 수집 규정이 엄격하여 부모님의 직업이나 세세한 가족 정보를 묻는 문항은 금지되어 있다. 따라서 개인적으로 양식을 만드는 것보다 학년부에서 기존에 사용하고 있는 양식이 있다면 학년부 양식을 사용하도록 하자.

보통 학년부에서 2~3월 중에 배부용 파일을 공유하므로 신학기 준비 기간 중 미리 받아 두면 개학 첫날 바로 활용할 수 있다. 배부 시기는 보통 개학 첫날이 적당하다. 학생에게 가정으로 가져가 부모님과 함께 작성해 오게 하고 회수 후에는 담임교사가 빠르게 훑어보며 아이들의 성격과 관심사를 정리한다. 이 자료는 상담뿐만 아니라 학기 중 여러 상황에서 유용하게 쓰이므로 잘 보관해야 한다.

★ 상담기초자료 양식 예시

학생 상담 기초자료

학년   반   번 이름:

생년월일	20 년 월 일	주소	우편번호 ( )
전화번호		진로희망	
취미와 특기	취미 :	특기 :	

가족관계	관계	성함	휴대폰번호

...

    상담기초자료가 학생이 교사에게 주는 정보라면, 교사는 학생과 학부모를 위해 학교생활 안내서를 미리 준비하면 좋다. 학교생활 안내서란 일종의 우리 반 사용설명서로, 학생들이 새 학년에 궁금해 할 등교 시간, 출결 규정, 시간표, 담임 연락처 등을 포함한 자료다. 상담기초 자료처럼 필수 양식은 아니지만, 만들어서 개학 첫날 배부하면 학생과 학부모의 대부분의 궁금증을 해소할 수 있는 유용한 자료다.

    학교생활 안내서는 반드시 학부모도 함께 볼 수 있게 전달한다. 가정에서도 학교 규정을 알고 있어야 학생이 일관된 지도를 받을 수 있기 때문이다. 따라서 '이 안내문은 꼭 부모님께 보여드리세요.'라는 말을 덧붙이는 것이 좋다. 학교생활 안내서 양식은 신규백서 자료집 QR코드를 통해 내려받을 수 있으니 참고하면 된다.

학교생활 안내서를 만들 때는 학교나 학년에서 정한 지각 기준, 무단결석 처리 규정, 결석·조퇴·결과 시의 절차 등의 규정을 정확히 확인한 후 안내해야 한다. 이 내용은 학교마다 다를 수 있으므로 출결 담당 교사나 학년 부장 선생님께 미리 문의하자. 안내서에는 다음과 같은 항목을 포함하면 좋다.

학교생활 안내서에 포함하면 좋을 내용

① 담임 소개, 연락처, 연락 가능 시간
② 등교 시간 및 출결 안내
③ 담임의 학급 운영 철학
④ 일과표 및 임시 시간표
⑤ 학급 단톡방 QR코드
⑥ 학생·학부모 설문 QR코드

2-5 학교생활 안내서

담임 선생님 소개

※ 이름: 백선생 / 과목: 도덕(1, 2학년) / 연락처: 000-0000-0000

▷ 연락가능시간 평일 8:00~16:30
▷ 통화연결이 안 되면 수업 중일 수 있습니다. 문자 남겨주세요^^

출결 안내

※ 등교 시간 엄수

▷ 0시 00분까지 교실에 들어와 휴대전화를 제출하고 자리에 앉습니다.
▷ 0시 00분이 지나면 학급 지각으로 벌점 부여 합니다.
▷ 0시 00분(1교시 시작 시간)이 지나면 생활기록부상 무단지각 처리됩니다.

담임교사의 연락처를 기재할 때는 개인 연락처 공개 여부를 신중히 결정해야 한다. 카카오톡 프로필 사진이나 SNS 등 학부모에게 알리고 싶지 않은 개인정보가 노출될 위험이 있고 업무 시간 외의 연락이 부담으로 이어질 수도 있기 때문이다. 그래서 일부 교사들은 투폰 번호, 학교에서 제공하는 안심번호, 또는 별도의 업무용 휴대전화를 준비하기도 한다.

안심번호는 통화 녹음 기능이 있고, 연락 가능 시간이 설정되어 있어 사생활 보호에 도움이 된다. 그러나 학교에 따라 안심번호가 제공되지 않는 때도 있어서 담당 부서에 확인해 보아야 한다. 업무용 휴대전화를 하나 더 구입하는 경우에는 통화 녹음 기능이 필요하므로 삼성 휴대전화를 사용하는 경우가 많다. 아이폰을 쓰는 경우에도 에이닷 앱을 사용하면 통화 녹음을 할 수 있다. 업무용 휴대전화를 별도로 구매할 예정이라면 알뜰폰 요금제도 고려해볼 수 있다. 알뜰폰 요금제를 이용하면 생각보다는 저렴한 요금으로 두 번째 휴대전화를 이용할 수 있다.

최소한의 수업 준비하기

　개학을 앞둔 신규교사 백 선생은 노트를 펼쳤다가 곧 덮는다. '수업
은 어떻게 준비해야 하지?' 신규교사에게 첫 수업은 유난히 어렵다. 교
실 문을 열면 어떤 얼굴들이 기다리고 있을지, 어떤 눈빛으로 자신을
바라볼지 짐작이 되지 않았다. 교생 실습 때는 학생들과 잠깐 웃고 떠
들던 기억뿐, 진짜 내 수업을 혼자 해야 한다는 현실이 낯설고 막막하
다. 교생 실습 때는 지도교사가 옆에서 도와줬지만, 이제는 혼자다.

　개학 전 어느 정도의 수업을 준비하는 게 좋을까? 답은 '많으면 많을
수록 좋다'이다. 개학 후에는 수업 준비 시간 확보가 생각보다 어려울
수 있다. 학생 때는 선생님들이 수업이 없을 땐 교무실에서 쉬신다고
생각했다. 하지만 막상 교사가 되어보니 전혀 그렇지 않다. 수업 시수
가 생각보다 많고, 수업이 없는 시간에도 여유롭지 않다. 쉬는 시간 10

분 동안 화장실 다녀오기도 바쁘고, 학생들이 이런저런 이유로 찾아오기도 한다. 갑자기 처리해야 할 공문이 생겨나거나 담당 업무에서 확인해야 할 일도 수시로 생긴다. 그러고 있으면 어느새 다음 수업 종이 울린다.

그래서 신규교사는 개학 전 시간이 조금이라도 날 때 수업 준비를 해두는 것이 좋다. 그러나 개학까지의 시간도 빠듯하므로, 최소한의 수업 준비를 위한 가이드를 제공하려고 한다. 수업의 기본 틀과 루틴만 세워둬도 첫 학기의 막막함은 훨씬 줄어든다. 자세한 내용은 3부 수업편을 참고해도 좋다.

수업의 큰 틀 세우기: 루틴 만들기

모든 수업이 특별할 필요는 없다. 신규교사가 처음 수업을 만들 때 명심해야 할 것은, 지속 가능한 수업 구조를 만드는 것이다. 우리나라 교사들의 평균 수업 시수는 적지 않다. 통계에 따르면 교원 주당 수업 시수는 유치원 21.9 시간, 초등학교 21.1 시간, 중학교 17.2 시간, 고등학교 16.2 시수이다.[14] 물론 이 수치는 방과 후 수업, 동아리나 담임 창의적 체험 시간 등 실질적으로 부담해야 하는 추가적인 수업 시간은

---

14) 한국의 교육지표, 교육부·한국교육개발원, 2024.

반영되지 않은 수치이다. 그러니 교사들이 느끼는 실제 수업 부담은 이보다 훨씬 클 것이다. 수업하면서 중간중간 업무 처리도 해야 한다. 교사들 사이에서는 업무 처리를 하다가 시간이 나면 수업하러 간다는 자조 섞인 농담도 한다. 이렇게 많은 수업을 매번 새롭고 화려하게 꾸미는 건 불가능하다.

교사의 체력을 아끼고, 수업을 안정적으로 대량 생산하기 위해서는 자신만의 수업 루틴을 만들어 두는 것이 좋다. 예를 들어, 2차시 분량으로 구성된 소단원을 수업한다면 나는 이런 루틴대로 수업을 준비한다.

★ 2차시 수업 루틴 예시

첫 번째 수업 예시

단원 및 목표 제시 → 동기유발 → 교사 개념 설명 → 개념 적용 활동 (문제, 토의) → 퀴즈 및 목표 점검

두 번째 수업 예시

지난 시간 복습 → 응용 활동 안내 (모둠, 역할) → 활동 및 순회지도 → 발표 및 피드백 → 단원 정리

이렇게 큰 틀을 정해두고 안의 내용만 바꿔가면, 짧은 시간에 여러 단원을 빠르게 준비할 수 있다. 루틴대로 수업을 구성하면 학생들도 교사의 수업에 금방 익숙해지고, 자연스레 수업이 매끄럽게 흘러간다. 탄탄하게 다져진 기본 루틴을 기반으로 가끔 한 가지 새로운 시도만 더해도 충분하다.

수업 내용 채우기

수업의 틀을 잡았다면, 이제 안을 채울 내용이나 소재를 찾아야 한다. 백 선생은 네이버 블로그를 많이 이용한다. 수업 단원명이나 활동명을 검색하면 다른 선생님들이 만들어 둔 학습지, PPT, 수업 후기 등을 쉽게 찾을 수 있다. 검색할 때 '단원명 + 학습지' 혹은 '단원명 + 활동'으로 검색하면 실전 수업 예시를 찾기 쉽다.

각 교과서 출판사에서 운영하는 자료실에서도 선생님들이 직접 제작한 학습지나 수업자료를 활발히 공유한다. 같은 단원을 여러 교과서 버전으로 비교해 보면, 단원 구성이나 활동 방향을 잡는 데 큰 도움이 된다. 또 인스타그램, 유튜브 같은 SNS 계정에서도 교사들이 수업 아이디어와 수업 장면을 공유하는 사례가 많다. 요즘은 '쌤동네'같은 플랫폼을 통해 자신의 자료를 나누고 소소한 수익을 올리는 선생님들도 있다. 이렇게 교사 간에 수업 비결이 오가는 공간에서 정보를 얻고 나누면 수업 준비가 훨씬 덜 막막하고, 함께 성장하는 기분을 느낄 수 있다.

수업 난이도를 정하려면 먼저 학생 수준을 살펴볼 필요가 있다. 같은 교과를 맡은 교사가 있다면 학생들의 학습 태도와 이해도, 생활 태도부터 물어보는 방법이 있다. 남녀 분반인 경우에는 남학생반과 여학생반 성향이 다르게 나타나기도 하고, 학군에 따라 학력 수준과 학습 태도 차이도 적지 않다. 지난 학기 수행평가 결과물이나 지필평가 문제지, 평균 점수 같은 자료를 함께 살펴보면 수업 방향을 잡는 데 도움이 된다. 또, 기초학력 미달 학생 수를 미리 알아두면 수업의 난이도 조절에 도움이 된다. 학생의 수준과 흥미에 맞는 수업일 때, 학생들도 수업에 참여하고 교사도 수업이 즐겁다.

새 학기 첫 수업은 대부분 과목 오리엔테이션과 간단한 아이스브레이킹으로 진행된다. 오리엔테이션은 교사와 학생이 처음 만나는 순간이자, 앞으로의 수업 분위기를 결정짓는 시간이다. 이때는 교과 소개, 평가 방식, 학습 규칙을 간단히 안내하고, 교사가 어떤 수업을 하는 사람인지 가볍게 보여주면 충분하다. 자세한 오리엔테이션 구성 예시와 아이스브레이킹 사례는 3부 수업편을 참고하면 된다.

평가 준비하기:
평가계획 수립하기

　개학 후 가장 먼저 듣게 될 말 중 하나가 "교수·학습 및 평가계획 세워주세요."이다. 평가계획은 학기 초에 바로 수립해야 하므로, 미리 어떻게 할지 대략 구상해두는 것이 좋다.

　평가계획을 미리 구상하면 수행평가 부담도 덜 수 있다. 어떤 단원에서 어떤 활동 형태(보고서, 발표, 프로젝트 등)로 실시할지, 시기와 채점 방식을 미리 정하면 학기 초 준비가 수월해진다. 평가계획서 작성에서 가장 고민되는 점은 채점 기준, 즉 루브릭이다. 'KICE 학생평가지원포털'에 제시된 수행평가 예시와 루브릭 샘플을 살펴보면 작성 방향을 잡는 데 도움이 된다. 학교 알리미를 통해 우리 학교의 작년 평가계획을 확인하는 방법도 있다. 또, 교과서 출판사 자료실에도 단원별 평가 예시가 있고, 블로그, SNS에 소개된 실제 운영 사례도 참고할 수 있다.

　처음부터 완벽한 계획을 세울 필요는 없다. 학기 초에는 모든 게 낯설고 정신없이 돌아가지만, 대략적인 평가 구상과 채점 기준의 틀을 미리 잡아 두면 바쁜 새학기에 조금이라도 숨 쉴 수 있을 것이다. 최소한의 수업 준비란 완벽한 수업을 미리 다 만들어놓는다는 뜻이 아니다. 평가의 틀을 세우고, 참고 자료를 확보하는 기본 준비를 하는 것이다.

교사 물품 구매 가이드

교무실 자리가 배정된 날, 선배교사들은 모두 분주히 책상을 정리하고 있다. 교과서와 참고서, 작은 서랍, 볼펜과 각종 필기구, 모니터 받침대 같은 것들이 하나둘 자리에 놓인다. 선배교사들의 학급도 이미 사용하던 예쁘고 알록달록한 물품들로 금세 채워진다. 그 옆에서 신규교사 백 선생의 책상만 여전히 아무것도 없는 채 비어 있고, 교실 벽은 썰렁하다. 백 선생은 휑한 책상과 학급이 더 어색하게만 느껴져 얼른 채우고 싶다는 조바심이 난다.

하지만 서둘러 이것저것 구매하기 전, 백 선생이 먼저 알아야 할 것이 있다. 지금 보이는 공백이 바로 물건을 사야 한다는 뜻은 아니라는 점이다. 학교마다 갖춰져 있어 구매하지 않아도 되는 비품들도 있고, 학급 물품을 구매할 수 있도록 학교에서 지원되는 금액도 있다. 그러나 학교마다 제공되는 종류와 범위가 천차만별이라서 지금은 무엇을 준비해야 할지 판단하기 어려울 것이다. 아래 내용을 보면서 무엇을 먼저 준비하고 무엇은 사지 않아도 되는지 감을 잡아 보자.

교무실 교사 필수 물품 추천

교무실 내 자리를 어떤 물건들로 채우면 좋을까? 볼펜과 형광펜은 물론, 클립이나 포스트잇, 분필과 보드마카와 같은 기본적인 필기구들은 대부분 교무실에 갖춰져 있을 것이다. 물티슈나 갑 티슈, 30cm 자, 커터 칼, 압정, 풀, 가위 같은 기본 문구류도 행정실이나 교무실 공용 서랍에 마련되어 있으니 굳이 개인이 따로 준비할 필요는 없다. 어디에서 구할 수 있는지만 옆자리 선생님께 슬쩍 여쭤보자.

학교에서 대부분 제공되지 않기에 개인이 꼭 준비해야만 하는 필수 물품들도 있다. 먼저 만년도장은 시험 감독, 각종 서류 결재, 생활기록부 서명 등 여러 상황에서 꼭 필요하다. 관리자 선생님들보다 도장 크기가 작은 것으로 고르고, 색상이나 한글, 한자 여부는 자유롭게 선택하면 된다. 또 하나 꼭 필요한 것은 컵이나 텀블러다. 교무실은 먼지가 많아 컵을 그대로 두기 어렵기 때문에, 뚜껑이 있는 텀블러를 사용하면 훨씬 위생적이다.

없어도 상관은 없지만, 있으면 교무실 생활이 훨씬 쾌적해지는 물건들도 있다. 온열 머그컵은 내용물을 계속 따뜻하게 유지할 수 있어 추천한다. 수업 때문에 항상 목이 마르고 자주 쉬는 교사에게 유용하다. USB는 신학기 인수인계나 공문 파일을 옮길 때 필요하므로 하나쯤 사두는 것도 좋다. 무선 마우스와 키보드, 노트북 거치대(또는 모니터 받침대)는 장시간 업무할 때 손목과 목의 부담을 줄여준다. 다만 학교마다 책상과 의자 높이가 달라 거치대가 잘 맞지 않는 때도 있으니, 자리를 확인한 뒤 사들이도록 하자. 마우스 장패드는 마우스패드 겸 책상 보호용으로 유용하고, 연필꽂이는 생각보다 자주 쓰는 펜이나 가위, 칼을 깔끔하게 정리할 수 있어 편리하다.

학급에서 필요한 물품 추천

교사 물품과 마찬가지로 학급에 필요한 물품들도 이미 갖추어져 있는 것들이 많다. 학급용 사인펜, 색연필, 네임펜 등 꾸미기 도구는 매년 학교에서 써오던 것들이 있는 경우가 많다. 구매하기 전 학교에서 제공하는 것이 있는지 확인하자. 학급에 필요한 보드마카, 분필, 분필 지우개도 교무실에 이미 구비되어 있을 것이다. 또 학급 게시판 자석, 압정도 게시물 관리를 위해 필요하니 미리 있는지 확인해 두자.

이미 갖추어져 있는 물품들 외에 학급에 꼭 필요한 물품은 학급비로 구매하면 좋다. 담임교사를 맡으면 매년 학급 학생들을 위해 사용할 수 있는 학급비가 내려온다. 이 예산을 활용하여 학급에 필요한 물품을 구매하거나, 학생을 위해 사용할 수 있다. 간혹 학교마다 구매를 지양하라는 물품이 있을 수도 있으니, 애매한 물품은 주변 선생님들께 여쭤본 후 구매하자.

우선, 학급 게시판에 쓸 메모 홀더는 하나 사두면 일 년 내내 유용하게 쓰인다. 학급 게시물을 압정으로 일일이 붙였다 떼는 것이 생각보다 번거로운데, 메모 홀더는 종이를 한 번에 끼우고 뺄 수 있어 유용하다. A4 문서재단기도 하나 있으면 좋다. 학생들에게 이름표, 스티커등 개별로 무언가를 배부해주어야 할 때 가위로 일일이 잘라내기에는 시간이 오래 걸린다. 문서재단기는 학급 물품뿐만 아니라 수업 활동지등을 준비할 때도 유용하게 쓰인다. 라벨프린터기도 유용하다. 작은 이름표, 번호, 문구 등을 바로 출력해서 스티커로 붙일 수 있다. 우리 반의 비품들이나 교사 물품에 라벨링을 해서 분실을 방지할 수도 있고, 학생 번호표 등을 출력할 수 있다. 학기 초 학생들에게 이름 스티커를 예쁘게 출력해서 선물해도 좋다.

예산이 남는다면 이동식 카트 구매도 고려해보자. 매년 교실과 교무실 자리를 이동해야 하는 교사에게 유용하게 쓰인다. 또 축제 부스준비, 학년말 비전자 문서 이관, 준비물이 많은 활동 수업 시 등 의외로 자주 쓰이는 아이템이다. 단, 교무실 자리가 좁으므로 보관이 쉬운 접이식으로 구매하는 것을 추천한다.

따로 구매하지 않아도 충분히 자체 제작할 수 있는 것들도 많다. 알림 사항, 공지 사항, 수행평가, 오늘의 급식 등 칠판과 게시판에 붙이는 팻말은 직접 만들어서 예산을 절약해보자. 조금만 검색해보면 능력자 선생님들이 만들어서 공유해주시는 양식들이 많으므로, 직접 프린트해서 코팅만 하면 된다. 참고로 학급과 학급 내 게시판은 천천히 꾸며도 된다. 썰렁한 교실을 보고 너무 조급해하지 말고, 생활하면서 필요한 물품을 하나씩 갖춰가는 것을 권장한다.

수업에 사용하면 좋은 물품 추천

학급당 인원수가 많은 학교라면 수업용 마이크는 하나 구매하는 걸 추천한다. 종일 말을 해야 하는 교사에게 목 관리는 필수다. 마이크는 보통 가격대가 있어서 출근해서 한 번 수업해보고 구매를 결정하면 된다. 매일 사용해야 하는 것이므로 본인에게 불편하지 않은 디자인을 고르는 것이 중요하다. 마이크와 스피커가 일체형인 것도 있지만, 분리되어 있는 것은 스피커를 항상 들고 다녀야 하는 번거로움이 있다. 배터리 지속 시간과 잡음 여부도 확인하면 좋다.

수업에서 PPT를 자주 활용한다면 무선 프레젠터 리모컨을 준비해 두는 것이 유용하다. 슬라이드를 넘기기 위해 컴퓨터 앞을 오가는 불필요한 움직임을 줄일 수 있고, 학생들을 바라본 상태로 수업 흐름을 유지할 수 있다. 구매 시에는 레이저 포인터 포함 여부도 함께 확인하는 것이 좋다.

교사는 매시간 다른 교실로 수업하러 학교를 누벼야 한다. 이때 이동성이 좋은 수업 가방이나 바구니가 하나쯤 필요하다. A4 크기 이상 들어갈 수 있는 바구니나 에코백, 혹은 수업용 플라스틱 가방을 하나 구매하면 좋다.

첫 주에는 내 자리와 학급을 꾸미고 싶은 마음이 크지만, 학교는 생각보다 이미 많은 것이 갖춰져 있는 공간이다. 또 어차피 매년 교실과 교무실 자리를 옮겨야 하므로, 너무 많은 물건을 갖추면 내년의 내가 힘들어질 수 있다. 처음엔 주변을 관찰하고, 필요한 물건만 하나씩 채워가는 여유를 가져보자.

2부. 담임

3월 어느 월요일 아침, 신규교사 백 선생은 학년실 자리에 앉아 한 동안 일어나지 못했다. 조회 시간을 알리는 종이 울렸지만 컴퓨터 전원조차 켜지 못하고 스마트폰 문자 메시지만 바라보고 있었다. 전날 밤, 담임을 맡은 반 학생에게서 온 메시지가 계속 머릿속을 맴돌았기 때문이다.

"선생님, 저 오늘 학교 못 갈 것 같아요. 어제도 거의 못 잤고, 아침부터 숨이 막혀요."

이미 지난주에 한 차례 결석이 있었고, 상담 기록에는 '무기력'이라는 단어가 남아 있었다. 이번 결석이 오늘만의 문제가 아닐 수도 있다는 생각이 들었다. 학부모에게 바로 연락해야 할지, 학생에게 등교를 설득해야 할지, 혹시 상담 기관에 연계를 해야 하는 상황은 아닌지 판단이 서지 않았다. 백 선생이 어떻게 답하느냐에 따라, 오늘 하루뿐 아니라 이 학생의 학교생활이 달라질 수도 있었다. 출근 첫 달, 백 선생은 처음으로 '담임'이라는 말의 무게를 실감했다.

학생들 때문에 울고, 학생들 때문에 웃는 것이 교사다. 그중 가장 많이 울고, 가장 크게 웃는 교사는 아마 담임교사일 것이다. '담임이 죄다'라는 현장에서의 쓴웃음 나는 농담이 있을 정도로, 담임교사는 절대 쉽지 않은 보직 중 하나다. 백 선생도 담임인 죄로 많이 울고 웃었다. 무기력과 우울로 등교를 거부하는 학생, 분노로 문제를 해결하는 것이 버릇이 된 학생, 심한 ADHD와 품행장애까지 의심되던 학생, 학교생활을 이어가기 어려울 만큼 사회정서 역량이 낮은 학생 등 담임교사는 언제, 어떤 학생을 만나게 될지 알 수 없다. 어떤 학생이든 우리 반인 이상 끝까지 책임져야 하기에 담임교사라는 자리는 교사에게 큰 부담으로 다가오기도 한다.

그러나 담임은 학생들과 누구보다 가깝게 지내며 소통할 수 있는 교직 생활의 꽃이기도 하다. 하루의 시작과 끝을 함께하고, 가장 먼저 아이들의 변화를 알아차리는 사람도 담임이다. 돌이켜보면 학창 시절을 떠올릴 때 가장 먼저 생각나는 선생님 역시 담임 선생님인 경우가 많다. 그래도 많은 선생님이 입을 모아 "그래도 담임 맡을 때가 제일 즐거워요."라고 말한다.

담임으로 지내는 일은 참 행복하지만, 그만큼 힘든 일이기도 하다. 많은 교사가 부담스러워하는 자리이기에 신규교사일수록 담임이 될 확률이 높다. 설령 첫해에 맡지 않더라도, 교직 생활의 대부분은 담임으로 살아가게 된다. 원하든 원하지 않든, 우리는 담임교사의 기쁨과 눈물을 온몸으로 겪게 될 것이다. 그렇다면 이제 나에게 온 아이들과 어떻게 지내야 할지, 우리 반을 어떻게 만들어갈지 함께 고민하자.

2부 '담임'에서는 담임교사로서 해야 할 일들을 이야기한다. 3월부터 7월까지, 한 학기 동안 벌어지는 일들을 시간순으로 정리하며, 신규교사가 현장에서 실제로 마주하게 되는 상황과 선택의 순간들을 빠짐없이 짚어본다. 이번 담임편을 통해 인생 첫 담임을 조금 덜 두렵게, 그리고 가능하다면 웃으며 마무리할 수 있기를 바란다.

★ 4장 ★

3월, 학급의 시작

　　3월 첫날의 아침, 신규교사 백 선생은 교실 문 앞에서 한숨을 내쉬었다. 품에는 교무실에서 출력해 온 종이들이 뒤엉켜 있었다. 무엇을 어디에 두어야 하는지도 정하지 못한 채 아침 조회를 알리는 종소리에 급하게 챙겨 나온 것들이었다. 학급 학생 명단, 학교생활 안내서, 시간표, 공문 출력본이 섞여 있었다.

　　정신없이 교실에 들어서자, 학생들이 하나둘씩 시선을 보냈다. 백 선생은 인사를 해야 한다는 걸 알면서도, 칠판에 이름을 먼저 써야 할지, 자리부터 정해야 할지 잠시 멈칫했다. 머릿속에서는 해야 할 일들이 한꺼번에 떠올랐다. 출결 확인, 자리 배치, 학급 규칙 안내, 가정통신문 배부, 오늘 중으로 처리해야 한다는 공문까지. 하나라도 놓치면 안 될 것 같다는 생각에 오히려 몸이 굳어버렸다.

　　담임교사의 3월은 일 년 중 가장 숨 가쁜 시기다. 학생들과 얼굴을 익힐 시간도 부족한데, 학급 정비, 학부모 연락, 쏟아지는 가정통신문과 공문 처리까지 동시에 밀려온다. "오늘까지 보내주세요, 이번 주까지 협조 부탁드립니다." 같은 말들이 하루에도 몇 번씩 반복된다. 모든 것이 처음인 신규교사라면 마음이 급해지고, 무엇부터 해야 할지 혼란스러워지는 순간을 겪기 쉽다.

학생들에게도 3월은 적응의 시간이다. 새로운 친구와 교실, 선생님과 규칙 속에서 저마다의 속도로 자리를 잡아간다. 겉으로는 태연해 보여도 마음속에는 '어디에 앉아야 하지?', '친구를 사귈 수 있을까?' 같은 작은 걱정이 쌓인다. 담임은 이런 미묘한 흔들림을 살피며 학급의 첫 분위기를 만들어간다.

3월 한 달은 분명 바쁘고 복잡하다. 그러나 학급 운영의 방향은 대부분 이 시기에 결정된다. 규칙, 관계, 신뢰, 수업 분위기까지 모두 3월에 틀이 잡힌다. 이 시기를 비교적 단단하게 넘긴 담임은 1년이 훨씬 편안해지고, 반대로 흐릿하게 지나가면 그 여파가 내내 이어지기도 한다. 그래서 담임을 맡은 신규교사라면, 이 한 달만큼은 정신을 바짝 차릴 필요가 있다. 3월의 담임이 꼭 챙겨야 할 핵심 요소들을 정리한다. 학급을 어떻게 시작하면 좋을지, 무엇을 먼저 하고 무엇은 조금 늦춰도 되는지, 현장에서 바로 써먹을 수 있는 기준과 팁을 중심으로 풀어본다.

바쁘다
바빠!

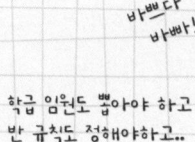
학급 임원도 뽑아야 하고
반 규칙도 정해야하고..

우리 반
학생들과의
첫 만남~

담임의 새 학기 첫날,
첫 만남

"어… 잠깐만, 출석부가 어디 갔지?"

교실은 숨이 막히도록 조용했다. 칠판 앞에 선 신규교사 백 선생은 손에 들고 있던 서류들을 한 번 더 내려다보았다. 분명 아까까지 들고 있었는데, 막상 교단에 서니 출석부가 보이지 않았다. 교실 안에서는 60개의 눈동자가 동시에 백 선생을 바라보고 있었다. 누군가는 하품 했고, 누군가는 '저 사람이 우리 담임이야?'라는 표정을 숨기지 않았다. 준비해 온 말은 머릿속에서 한꺼번에 사라졌고, 괜히 종이만 넘기다 시간이 흘렀다. 손바닥에 식은땀이 찼다. 그 순간, 갑자기 알람 소리가 울렸다. 꿈이었다.

경력 교사들도 긴장되어 잠을 설친다는 새 학기 첫날이다. 하물며 모든 것이 처음인 신규교사라면 어떨까. 첫날 첫 시간은 보통 담임 시간이다. 담임교사와 학급 학생들의 첫 만남이자, 1년 학급 농사의 첫 씨앗을 뿌리는 시간이다. 만약 담임을 맡게 되었다면 첫 시간에 어떤 이야기를 할지, 무엇을 먼저 할지 사전에 정리하는 편이 좋다. 아무런 준비 없이 교실에 들어간다면, 백 선생의 꿈속 장면이 현실이 될지도 모른다.

학생 확인과 담임 소개하기

교실 문을 열고 들어가면 가장 먼저 확인해야 할 것이 있다. 좌석 배치와 학생 수다. 가끔은 반을 착각해 잘못 앉아 있는 학생도 있을 수 있다. 출석을 불러 이름과 얼굴을 확인하도록 하자.

보통 3월 한 달 정도는 학생들을 번호순으로 앉히는 경우가 많다. 가정통신문을 걷거나 나눠줄 때도 출석번호 순서가 가장 편하고, 무엇보다 교사가 학생 이름을 익히기에도 수월하다. 개학 전 칠판에 학급 명렬표나 좌석표를 미리 붙여 두면 학생들이 알아서 자기 번호에 맞게 자리를 잡는다. 그 몇 분의 준비가 교실의 첫 혼란을 막을 수 있다.

학생 확인이 끝나면 담임교사의 소개가 이어진다. 담임교사의 자기소개는 교실의 첫 공기를 만드는 순간이다. 자기소개에서 중요한 것은 말의 양이 아니라, 첫 시간의 분위기를 어떤 톤으로 열 것인지에 대한 선택이다. 차분함, 단호함, 가벼운 웃음 가운데 본인의 성향에 맞는 방향을 선택하는 것이 좋다.

담백하게 필요한 정보만 전하는 것도 좋다. 이름, 담당 과목, 연락처, 연락할 수 있는 시간 정도를 간단히 말하면 된다. 짧고 깔끔하게 말을 맺으면 신뢰감을 준다. 첫날엔 종종 강한 인상을 남기겠다고 마음먹는 교사들이 있다. 일부러 낮은 목소리를 내거나 표정을 굳히거나 엄격한 말을 던지기도 한다. 하지만, 며칠 지나면 학생들은 금세 알아차리게 될 것이다. 방금 꾸며낸 모습이라면 금방 탄로 난다. 억지로 만든 카리스마는 오래가지 않는다. 처음부터 완벽해 보이려 하기보다 자연스러운 모습대로, 자신의 속도로 반을 이끌겠다는 태도가 더 믿음을 준다. 아이들은 결국 꾸민 말보다 꾸밈없는 태도를 기억한다.

조금 더 기억에 남고 싶다면 키워드 자기소개를 해보자. 자신의 성향이나 학급 운영 원칙을 세 단어로 표현하는 방식이다. 가볍지만, 담임의 기준을 은근히 각인시키기에 좋다.

> "세 가지 키워드로 소개할게요. 첫째, 잔소리 많음. 선생님 잔소리를 듣지 않도록 스스로 주의해주세요. 둘째, 프로 관찰자. 말없이 지켜보고 생활기록부에 기록합니다. 셋째, 단짠단짠. 즐길 땐 같이 즐기고, 지도해야 할 땐 확실히 지도합니다."

형식보다 중요한 건 말투다. 가볍게 웃으면서도 기준은 분명하게 제시해보자. 이 짧은 소개 안에 어떤 담임인지가 자연스럽게 전해진다. 학생들은 말보다 분위기를 먼저 읽는다. 같은 말이라도 말투가 단호하면 원칙 있는 교사가 되고, 부드러우면 친절한 교사가 된다. 처음엔 조금 어색해도 괜찮다. 차분히 내 페이스대로 말하면 그 진심이 전해질 것이다.

조금 더 유쾌한 분위기를 원한다면 진진가 퀴즈를 이용해 보아도 좋다. 교사에 관한 세 가지 질문을 던지는 방식이다. 진진가는 '진짜, 진짜, 가짜'의 줄임말로 세 가지 중 두 개는 사실이고 하나는 거짓인 내용을 섞어 가짜 정보를 맞히는 게임이다. 예를 들어, 이렇게 말할 수 있다.

"선생님은 고등학생 때 야자를 땡땡이친 적이 있다."
"선생님은 아이돌 팬 활동을 해 본 적이 있다."
"선생님이 싫어하는 말은 '왜요?'다."

이런 질문은 교실의 긴장을 풀어주면서 교사의 성향을 자연스럽게 드러내 준다. 학생들이 웃고, 대답이 오가는 몇 분 동안 교실은 한결 가벼워진다. 첫 소개는 길 필요가 없다. 짧게, 명확하게, 그리고 담임다운 톤으로 마무리하자. 학생들은 교사의 말보다 말하는 사람의 분위기를 더 오래 기억한다.

학급 운영 방향과 규칙 알려주기

"안 되는 것은 안 되는 것이다."

　신규교사 백 선생이 첫날, 학생들에게 가장 먼저 전했던 말이다. 교실에 들어서자마자 백 선생은 길게 설명하지 않았다. 대신, 우리 반에서 무엇이 기준이 되는지, 어떤 선을 넘으면 안 되는지를 분명하게 짚었다. 1년 중 학생들이 교사의 말을 가장 집중해서 듣는 순간은 바로 처음 만난 날이다. 이때 교사가 보여주는 원칙과 태도는 이후의 학급 분위기를 결정짓는 기준으로 오래 남는다. 그래서 첫날 담임 시간은 무엇을 허용하고, 무엇을 허용하지 않는지, 담임이 중요하게 여기는 학급의 기준과 가치를 분명히 제시하는 시간이다.

먼저 학교나 학년에서 정한 공통 규칙을 안내한다. 교내 상·벌점 제도, 복장 규정, 휴대전화 사용과 같은 사항은 학년 전체가 같은 기준으로 지도해야 한다. 담임마다 다른 기준을 적용하면 학생들은 혼란스러워하고, 그 틈에서 불필요한 불만이나 갈등이 생긴다. 따라서 담임은 학년의 기준을 미리 확인한 뒤, 그 틀 안에서 우리 반의 방향을 제시하는 것이 좋다.

백 선생은 첫날, 우리 반에서 반드시 지켜야 할 절대 규칙을 네 가지로 정해 학생들에게 설명했다. 첫째, 수업 종이 치면 앉는다. 수업 종이 울리면 자리에 앉는 것은 수업 분위기를 만드는 최소한의 약속이다. 둘째, 학급 비품은 모두가 함께 사용하는 공공의 물건이므로, 고의든 실수든 파손했을 때는 책임을 지고 배상해야 한다. 셋째, 타인에게 신체적, 언어적 피해를 주는 행동은 어떤 이유로도 허용하지 않는다. 또한 넷째, 교사에게 예의 있게 행동하는 것은 관계의 기본이며, 말투와 태도는 학급 분위기를 좌우하는 중요한 기준이 된다고 설명한다. 이 규칙들은 시간이 지나면서 학급 회의를 통해 학생들과 함께 조정할 수도 있다. 다만 처음에는 담임의 기본 원칙을 분명히 세워두는 것이 학급을 안정적으로 운영하는 데 도움이 된다. 기준이 명확해야 이후의 자율도 가능해진다.

학급 규칙을 설명했다면, 학급에서의 기본적인 역할에 대해서도 언급해주자. 가장 기본적인 역할은 주번이다. 주번의 역할이 모호하면 교실에서는 곧 이런 말들이 오가기 시작한다.

"이거 주번이 해야 해요?"

"작년에는 주번이 이거 안 했어요."

주번의 역할은 매년 담임교사에 따라 달라진다. 그래서 구체적인 안내 없이 '알아서 하라'고 하면 학생들은 쉽게 혼란을 겪는다. 주번이 해야 할 일을 항목별로 정리해 안내하고, 프린트로 게시하자. 누가 무엇을 책임지는지가 분명해지면 학생들의 태도도 달라진다. 책임감이 생기고, 교사가 매번 일일이 지시하고 챙겨야 하는 부담도 줄어든다.

⭐ **주번 역할 예시**

① 등·하교 전 교실 정리	아침 등교 후 교실 바닥과 책상 주변을 간단히 정돈한다. 하교 전에는 쓰레기가 남아 있지 않은지 확인한다.
② 칠판 관리	수업 시작 전 칠판이 깨끗한지 확인하고, 마지막 교시가 끝난 뒤 칠판을 지운다.
③ 분리수거 및 쓰레기 처리	교실 쓰레기통을 비우고, 분리수거 기준에 맞게 정리한다.
④ 교실 비품 점검	분필, 지우개, 리모컨 등 수업에 필요한 기본 비품의 상태를 확인하고 이상이 있으면 알린다.
⑤ 종례 후 교실 점검	창문, 전등, 에어컨(난방기)이 꺼졌는지 확인한 뒤 교실을 마무리한다.

첫날엔 알려줄 것도, 배부해야 할 가정통신문도 끝도 없이 많다. 사물함과 신발장 위치, 교실에서 지켜야 할 기본 규칙, 출결 규정, 주번과 청소 구역처럼 당장 교실 생활에 필요한 정보들이 한꺼번에 쏟아진다.

학생들은 그 순간엔 고개를 끄덕이지만, 다음 날이면 절반은 흐릿해진다. 하나하나씩 담임교사가 꼼꼼히 안내하고 챙겨주어야 한다. 신학기 준비 기간에 만들어 둔 학교생활 안내서가 있다면 배부하고 하나씩 꼼꼼히 함께 살펴보자. 나눠주기만 하고 하나하나씩 함께 읽어보지 않으면 학생이 숙지하기는 어려우므로, 첫 시간을 활용하여 전체에게 안내하는 것이 좋다.

임시 반장 뽑기

학기 초에는 임원 선거를 시작하기 전에 임시 반장을 먼저 정해야 할 때가 있다. 새 학기 일정이 빠르게 돌아가고, 교실이 자리를 잡기까지 며칠 동안 학급을 임시로 이끌 학생이 필요하기 때문이다. 이럴 때는 자원자를 받거나, 교사가 신중히 지목해 맡길 수 있다.

임시 반장은 이름만 임시일 뿐, 역할이 전혀 가볍지 않다. 가정통신문 취합, 공지 전달, 급식 순서 확인처럼 당장 처리해야 할 일들이 대부분 임시 반장의 손을 거친다. 임시 반장은 바쁜 새학기에 교사가 놓치기 쉬운 자잘한 일들을 대신 정리하며 교실의 중심을 잡아주는 중요한 역할을 맡는다. 이 시기에 담임과 함께 움직이며 학급 운영을 익히기 때문에 자연스럽게 정식 반장으로 이어지는 경우도 많다. 책임감이나 통솔력이 있는 학생에게 맡기면 학급이 훨씬 안정적으로 굴러간다. 임시 반장에 자원한 학생은 이미 교실을 위해 먼저 손을 든 아이이니 그 자체로 칭찬받아야 한다.

학기 초 임시 반장은 생각보다 일이 많고 부담도 크다. 그래서 평소보다 더 자주 칭찬하고 격려할 필요가 있다. 정식 반장이 되든 안 되든, 이 경험은 그 학생이 학급 분위기를 이끄는 든든한 구성원으로 성장하는 밑거름이 된다.

아이스브레이킹 활동하기

새 학기 첫날, 교사와 학생은 아직 서로를 잘 모른다. 이럴 때 시간이 조금이라도 남는다면 간단한 활동이 큰 도움이 된다. 가벼운 활동 하나만으로도 공기가 부드러워지고, 교실 분위기가 빠르게 풀린다. 학급 첫날 서먹함을 깨는 데 도움이 될 만한 활동을 소개한다.

학생 자기소개하기

기본적이지만 초면에 서로를 알아가는 데 확실한 효과가 있는 활동이다. 짝을 지어 질문 리스트를 나눠주고, 5~10분간 마음에 드는 질문을 골라 자유롭게 이야기하게 한다. 질문은 교사가 학생의 학년 수준에 맞추어 자유롭게 구성하면 된다. 예시 질문은 다음과 같다.

"나의 MBTI는?"
"나의 출신 중학교(초등학교, 유치원)는?"

"내가 팬 활동하는 연예인은?"

"내가 좋아하는 과목과 이유는?"

시간이 끝나면 교사가 질문 리스트에서 무작위로 퀴즈를 낸다. 짝꿍이 서로의 정보를 맞히면 통과시킨다. 모든 짝꿍이 통과하고 마지막으로 남은 짝은 벌칙을 수행한다. 벌칙은 1분 자기소개 정도면 충분하다. 이 과정만으로도 교실 분위기가 금세 풀리고 웃음이 생긴다.

선생님 이름 외우기

시간표를 보여주고 제한 시간 안에 교과 담당 선생님 이름을 외우게 한다. 과목까지 맞추도록 할 수도 있고, 무슨 요일 몇 교시 수업인지를 외우도록 할 수도 있다. 팀을 짜서 릴레이로 정답을 맞히도록 해도 재미있다. 가장 많이 외운 학생이나 조에 간단한 상품을 주면 된다. 상품은 간단한 간식 정도면 충분하다.

퀴즈 프로그램으로 선생님 퀴즈 내기

'퀴즈앤'이나 '카훗'같은 온라인 퀴즈 프로그램을 활용하여 담임교사에 대한 퀴즈를 내 보자. 교사가 사전에 퀴즈를 만들어 두고 QR코드만 띄우면 학생들이 스마트폰으로 참여할 수 있다. 퀴즈 결과도 점수화되어 바로 띄워주기 때문에 경쟁을 유도하여 순위권 학생들에게는 보상을 주어도 좋다. 예를 들어 이런 퀴즈를 넣을 수 있다.

"선생님의 고향은?"

"선생님이 키우는 반려동물의 종류는?"

"선생님이 아침마다 꼭 마시는 음료는?"

첫 시간 마무리하기

"서로에게 정직하고 책임을 지는 반, 그리고 함께 성장하는 반이 되면 좋겠어요."

첫 시간의 마지막에는 이런 느낌의 한 마디를 건네도 좋다. 어떤 표현이든 상관없다. 교사가 바라는 반의 모습과 앞으로 함께 만들고 싶은 분위기를 짧게 담아 전하면 된다. 이 한마디만으로도 학생들은 우리 반이 어떤 기준과 방향에서 출발하는지 감각적으로 받아들인다. 문장은 짧지만, 학급 1년의 방향을 정하는 첫 출발이 된다.

교사의 무기,
학급 규칙 세우기

학기 초 고요함은 오래가지 않는다. 서로를 훔쳐보며 조심스럽게 거리를 재던 학생들은 며칠만 지나면 학교생활에 익숙해지고 각자의 리듬을 찾는다. 어떤 반은 활기를 띠며 분위기가 풀리고, 어떤 반은 장난이 잦아지고 말수가 늘면서 소란스러워지기도 한다. 신규교사 백 선생의 반은 벌써 선생님들 사이에서 요주의 반이라고 소문이 났다. 수업 시간에 엎드리기 시작하는 학생과, 슬슬 지각하는 학생도 생겨나고 있어 백 선생은 고민이 많아졌다.

학기 초의 긴장감이 풀어지는 바로 이 시점부터 담임교사의 진짜 긴장이 시작된다. 이때 교실 안의 규칙과 기준이 모호하면 교실은 금세 흐트러지고, 이를 바로잡는 데 더 많은 시간과 노력이 들 수 있다. 그래서 학기 초에 가장 먼저 마련해야 할 안전장치가 학급 규칙이다.

여기서는 학기 초의 혼란 속에서도 신규교사가 흔들리지 않도록 붙잡아 줄 가장 기본적인 도구인 학급 규칙 세우기를 다루겠다.

학급 규칙은 왜 필요할까?

학창 시절 경험했던 학급 규칙을 떠올려 보자. 그중 지금까지도 기억에 남는 규칙이 있다면, 그 반을 맡았던 선생님은 학급 운영을 누구보다 성공적으로 한 분일 것이다. 규칙을 학생들에게 자연스럽게 스며들게 하고 오래 유지하는 일은 결코 쉬운 일이 아니다. 학급 규칙은 시간이 지나면서 학생들의 기억에서 흐려지고, 교실 벽에 의례 붙어 있는 글귀 정도로만 남기도 한다. 그런데도 학급 규칙을 마련해야 하는 이유는 분명하다.

먼저, 규칙은 생활지도의 기준이 된다. 학급은 서로 다른 배경과 성향의 학생들이 함께 생활하는 작은 공동체다. 따라서 예상치 못한 갈등이나 충돌이 언제든 생길 수 있다. 이때 교사가 어떤 상황에서는 넘어가고 또 어떤 상황에서는 엄격하게 대하면 학생들은 기준을 파악하기 어렵고, 교사에 대한 신뢰 역시 흔들리기 쉽다. 명확한 규칙은 이러한 혼란을 줄이고, 교사가 일관된 태도로 지도할 수 있도록 돕는다.

또한 규칙은 교사의 감정적 부담을 덜어준다. 문제가 발생했을 때 교사가 직접 감정을 드러내며 해결하려 하면 불필요한 소모가 커질 수 있다. 반면, 규칙이 단단히 자리 잡고 있다면 교사는 정해진 약속을 바탕으로 차분하게 학생에게 책임을 안내할 수 있다. "우리 반 규칙은 이렇게 되어 있어." 이 한마디만으로도 상황이 정리되는 경우가 많다.

마지막으로, 규칙은 교실을 차분하게 만든다. 규칙이 잘 자리 잡은 교실에서는 학생들이 예측 가능한 흐름 속에서 생활하고, 교사도 수업과 관계 형성에 더 집중할 수 있다. 초반에는 다소 엄격하게 느껴질 수 있지만, 질서가 잡힌 교실은 결국 학생들에게 더 편안한 공간이 된다.

학급 규칙을 만들고 적용하는 방법

학급 규칙은 교사가 일방적으로 정해도 되지만, 학생들이 어느 정도 학급 생활에 익숙해진 뒤에는 함께 만드는 방식도 고려할 수 있다. 학생들이 직접 참여해 만든 규칙은 교사가 제시한 규칙보다 오래 기억되고, 스스로 지켜야 한다는 책임감도 자연스럽게 생긴다. 창의적 체험 활동 시간이나 담임에게 주어진 시간을 활용해 간단한 학급 회의를 열고 의견을 모을 수 있다. 이런 과정을 거치며 규칙은 누가 시켜서 따르는 지침이 아니라 우리 반의 약속으로 자리 잡는다.

규칙을 지키지 못했을 때는 적절한 벌칙이 필요할 때도 있다. 규칙의 성격에 따라 벌점, 청소, 반성문 등 다양한 방식으로 정할 수 있다. 이때 학생들이 스스로 벌칙의 형태를 논의하고 결정하게 하면 훨씬 민주적이고, 본인이 선택한 방식이기에 불만도 적다. 반대로 규칙을 잘 지켰을 때 어떤 보상을 줄지도 함께 고민하는 편이 좋다. 규칙을 잘 지켜 단체 상점을 일정 점수 이상 모으면 보상을 제공하도록 정하면, 학생들이 서로 규칙을 지키도록 독려하며 자연스럽게 단합하는 효과를 기대할 수 있다.

규칙의 개수는 많을 필요가 없다. 처음부터 너무 많은 항목을 제시하면 학생들이 모두 기억하지 못하고, 교사 역시 적용하기 어렵다. 학급 운영에서 특히 중요하다고 생각하는 규칙 다섯 가지 이하 정도면 충분하다. 한 해를 지내다 보면 자연스럽게 잘 지켜지는 규칙이 있고, 반대로 현실과 맞지 않아 조정이 필요한 규칙도 생긴다. 필요에 따라 항목을 조금씩 바꿔가며 우리 반에 맞는 규칙을 만들어가면 된다.

규칙을 정할 때는 표현 방식도 중요하다. '수업을 방해하지 않는다'처럼 금지 중심의 문장은 학생들에게 하지 말아야 할 행동을 먼저 떠올리게 한다. 반면 '수업에 집중한다'처럼 긍정적 표현은 학생들이 어떤 태도를 지향해야 하는지 명확하게 보여준다. 반복되는 부정적 지시는 교실을 금지와 제약의 공간으로 느끼게 할 수 있으므로 규칙은 가능한 한 지향점과 행동 기준을 제시하는 방식으로 표현하는 것이 좋다.

정한 규칙은 눈에 잘 띄는 곳에 있어야 한다. 눈에 보이지 않으면 잊히기 마련이고, 교사조차 잊어버린 규칙은 학생들에게 내면화되기 어렵다. 교실 앞 게시판이나 칠판 옆처럼 학생들이 자주 마주하는 공간에 규칙을 붙여두면 자연스럽게 익히게 된다. 책상 위에 규칙 카드를 붙여두고 상시 확인할 수 있게 하는 것도 좋은 방법이다.

무엇보다 중요한 것은 규칙을 일관되게 실행하는 일이다. 내용이 아무리 좋아도 상황에 따라 달라지는 규칙은 금세 힘을 잃는다. 교사가 어떤 날은 엄격하게, 또 어떤 날은 봐주는 식으로 대응하면 학생들은 기준을 파악하기 어렵고, 규칙 자체에 대한 신뢰가 떨어진다. 반대로 교사가 차분하고 일관된 태도로 규칙을 적용하는 모습을 계속 보여주면 학생들은 자연스럽게 그 기준을 받아들인다. 규칙의 효과는 결국 내용보다 실행에서 나온다는 사실을 잊지 않는 것이 중요하다.

규칙의 내용은 교사의 교육철학이나 교실의 분위기에 따라 조금씩 달라질 수 있다. 막막하다면 생활 영역, 인간관계, 수업 태도와 같이 자주 마주하는 상황을 기준으로 정리해보는 것이 도움이 된다.

★ 학급 규칙 예시

생활 영역 규칙	① 등교 시간과 수업 시간을 지킨다. ② 학생다운 복장과 용모를 갖춘다. ③ 자기 책상 주변의 쓰레기는 수시로 정리한다.
인간관계와 갈등 규칙	① 친구 사이에 기본적인 예의를 지킨다. ② 선생님에게 예의를 갖춘다. ③ 뒷담화는 결국 나에게 돌아온다는 점을 명심한다.
수업 시간 규칙	① 수업에 적극적으로 참여한다. ② 수업하는 선생님에 대한 예의를 지킨다.

교실마다 상황이 다르므로 학급의 특성에 따라 규칙을 달리 구성해야 할 때도 있다. 예를 들어 비품 파손이 잦거나 갈등이 자주 일어나는 중학교 남학생 학급을 맡았을 때는 이런 문제 상황을 다룰 수 있는 규칙이 필요하다. 규칙의 예시는 어디까지나 참고일 뿐이다. 가장 중요한 것은 교실의 분위기와 학생들의 성향을 살피고, 그 반에 필요한 규칙을 교사와 학생이 함께 조정해나가는 과정이다.

학급 자치의 첫걸음,
1인 1역 운영법

개학한 지 며칠 되지 않았을 무렵, 신규교사 백 선생은 교실 뒤편에서 학생들을 바라보다가 문득 아이디어가 떠올랐다. 임용 면접을 준비하며 수도 없이 외웠던 '1인 1역'. 학생들이 자발적으로 역할을 맡고, 교실이 스스로 굴러가는 모습이 머릿속에 그려졌다. 그래서 큰 고민 없이 1인 1역을 시작했다. 하지만 현실은 달랐다.

처음 며칠은 다들 의욕적으로 움직였지만, 시간이 지나자 누가 어떤 역할을 맡았는지 흐릿해졌다. 역할을 잊어버리는 학생도 있었고, 맡은 일을 하지 않아 결국 담임이 다시 처리하는 일도 생겼다. 교실이 안정되기는커녕, 백 선생만 더 바빠진 느낌이었다. '이게 내가 생각한 1인 1역이 맞나?'라는 생각이 들었다.

수험생일 때 면접을 준비하며 외웠던 1인 1역은 잠시 잊어도 좋다.

현장에서 실제로 운영되는 1인 1역은 면접 속 모범 답안과는 분위기도, 난이도도 전혀 다르다. 의욕적으로 시작했지만 금세 흐지부지되거나, 학생들이 잘 따라주지 않아 교사가 혼자 애쓰게 되는 경우도 흔하다. 그런데도 많은 담임교사가 해마다 1인 1역을 다시 시도하는 이유가 있다. 잘만 정착하면 교실이 안정되고, 학생들이 스스로 움직이는 힘이 생기기 때문이다.

1인 1역이 뭐예요?

1인 1역은 말 그대로 학급 학생 한 사람에게 한 가지씩의 역할을 부여하는 운영 방식이다. 학생들이 학급의 작은 일들에 참여하며 소속감과 책임감을 기를 수 있도록 돕는 데 목적이 있다.

운영 과정에서 고려할 점도 있다. 모든 학생에게 역할을 배정하고 수행 여부를 확인하며 필요에 따라 피드백을 제공하는 데에는 교사의 시간이 상당히 소요된다. 학생들이 자신의 역할을 꾸준히 유지하도록 돕기 위해 초반에는 담임교사의 반복적인 안내와 점검이 요구된다. 학교급에 따라 운영 난이도에도 차이가 나타난다. 초등학교와 중학교에서는 생활 습관과 자기 조절 능력이 아직 충분히 형성되지 않아 역할을 익히고 안정적으로 수행하도록 세심한 관리가 필요하다. 반면 고등학교는 학생들의 역할 이해도가 높아 운영이 비교적 수월하다. 또한 생활기록부 작성 시 1인 1역 수행 과정에서 드러난 태도와 변화 기록이 가능하다. 고등학교의 경우 진로와 연계한 1인 1역 운영으로 생활기록부 내용을 한층 풍부하게 구성할 수 있다.

1인 1역 운영은 필수가 아닌 담임의 선택이다. 학급의 분위기와 교사의 여건에 따라 1인 1역을 적용할지를 결정해도 무방하다. 굳이 3월 초부터 무리해서 바로 시작할 필요도 없다. 학생들의 적응 과정과 학급 분위기를 충분히 살핀 뒤, 준비되었다고 느껴질 때 천천히 도입해도 전혀 늦지 않다.

1인 1역 단계별 운영 가이드

★ 1인 1역 운영 단계

① 역할 리스트 준비하기

② 역할 정하기

③ 역할 수행 확인 및 독려하기

④ 역할 교체 및 보상하기

⑤ 생활기록부 작성 연계하기

역할 리스트 준비하기

1인 1역을 시작하려면 먼저 우리 반에 어떤 역할이 필요한지를 고민해서 역할 리스트를 만들어야 한다. 학교마다, 학급마다 환경이 다르므로 다른 교실의 역할을 그대로 가져오기보다는 우리 반의 일상에서 학생들이 맡아주면 도움이 되는 일들을 중심으로 역할을 추려보면 된다. 학교에서 별도로 운영하는 봉사활동 도우미와 겹치지 않는지 확인하고, 반장, 부반장처럼 이미 해야 할 일이 많은 학생은 1인 1역 역할에서는 제외해도 무방하다.

역할은 학생들이 꾸준히 해낼 수 있는 작은 일을 중심으로 구성하는 것이 초기 정착에 훨씬 도움이 된다. 우리 교실에서 반복되는 작은 일 중 학생에게 떼줄 수 있는 일은 무엇인지 생각해보자. 아래는 실제 교실에서 사용했던 역할 예시다. 학급의 상황에 맞게 더하거나 줄이면서 우리 반만의 역할 목록을 만들어보자. 더 많은 역할 리스트는 신규 백서 자료집 QR코드를 통해 내려받을 수 있다.

⭐ 1인 1역 역할 예시

휴대전화 지킴이	교실 가드	에너지 가드	컴퓨터 도우미
출결 팀장	가정통신문 팀장	우리반 명언가	우리반 음악가

교실의 일상을 유지해주는 다양한 역할이 있는데, 가장 기본적인 역할로는 휴대전화 지킴이가 있다. 조·종례 시간에 휴대전화 가방을

가져다 놓고 다시 가져오는 일인데, 단순해 보이지만 매일 해야 하므로 은근히 체력이 필요한 역할이다. 한 명에게 맡기기보다는 여러 명이 번갈아 맡으면 부담이 줄어든다. 겉보기와 달리 의외로 꾸준히 맡고 싶어 하는 학생도 있다. 이 역할에 봉사활동 시간을 부여하는 학교도 있다.

교실 가드(또는 에너지 가드)는 이동수업 시 교실 문단속을 하거나 불을 끄는 역할이다. 몹시 어렵지는 않아 주번 역할과 묶어서 운영하기도 좋다. 반 전체가 이동하는 날에는 특히 유용하다. 컴퓨터 도우미는 학급 내 컴퓨터와 빔프로젝터와 같은 정보화 기기를 관리하는 역할이다. 컴퓨터 비밀번호를 아는 학생이 되기 때문에 인기가 많고, 기기를 잘 다루는 학생이 맡으면 수업 준비가 훨씬 수월해진다.

출결 팀장은 담임이 도착하기 전 지각자 이름을 칠판에 적어두는 역할이다. 지각이 잦은 학급에서는 특히 효과가 좋았고, 담임교사가 지각자를 일일이 파악하지 않아도 되어 편리했다. 가정통신문 팀장은 가정통신문을 나누어 주고 번호 순서대로 수합하는 역할이다. 늦게 제출하는 학생에게 잔소리하는 역할까지 맡겨 두면 학기 초 바쁜 시기에 담임에게 큰 도움이 된다.

우리 반만의 특색있는 역할도 넣어볼 수 있다. 우리 반 명언가는 주 1~2회 짧은 명언을 찾아와 칠판에 적는 역할이다. 작은 문장 하나로 학급 분위기를 감화시킬 수 있고, 초반에 명언의 기준을 안내하면 역할이 더 안정적으로 운영된다. 우리 반 음악가는 점심시간 신청곡을 받아 교실에서 음악을 트는 역할이다. 반 분위기를 활기차게 만드는 데 도움이 된다. 하지만 학년 차원의 컴퓨터 사용 규정도 고려해서 운영해야 한다.

역할 정하기

개학 후 1~2주 정도 적응 기간을 가진 뒤 역할 신청을 받으면 된다. 미리 준비한 역할 목록을 교실에 게시해 학생들이 원하는 역할을 충분히 검토할 시간을 마련한다. 그 후 학생들이 원하는 역할과 간단한 포부를 신청서에 적어 제출하도록 한다. 중복 지원에 대비해 3순위까지 받고, 신청서 내용을 기준으로 역할을 배정할 것임을 미리 안내하면 학생들도 신청서를 더 성실하게 작성한다. 역할 배정은 학생의 포부와 평소 성향을 함께 고려해 담임이 배치하는 방식이 가장 안정적이다. 고등학교의 경우에는 학생들의 자기 주도성이 더 크기 때문에, 학생끼리 회의를 통해 역할을 조정하는 방식도 선택할 수 있다.

⭐ 1인 1역 지원서 양식

1인 1역 지원서

학년 반 번 이름:

순위	원하는 역할	나의 포부
1순위		
2순위		
3순위		

역할 수행 확인 및 독려하기

역할이 정해지면 학생들이 수시로 확인할 수 있도록 학급에 게시한다. 수행 여부를 점검할 수 있는 자기 점검표를 함께 제시하면 학생들이 스스로 진행 상황을 살피는 데 도움이 된다. 학생들이 역할을 꾸준히 수행하도록 하려면 담임의 지속적인 피드백이 필요하다. 자기 점검표를 중심으로 수행 상황을 간간이 확인하고, 상황에 따라 작은 보상을 제공하는 방식도 동기 부여에 효과적이다.

★ 1인 1역 수행 자기 점검표 양식

1인 1역 수행 자기 점검표							
역할	이름	월	화	수	목	금	담임 확인
출결 팀장	신학생	√	√				
에너지 가드	백학생	√					

역할 교체 및 보상하기

역할 교체 주기는 학급의 상황에 따라 달리 정하면 된다. 1년간 그대로 유지하는 방식도 가능하지만, 한 학기 정도 주기로 바꾸는 것이 무난하다. 학생이 맡은 역할에 충분히 적응할 시간이 필요하므로 역할을 지나치게 자주 교체하는 것은 추천하지 않는다. 교체 시에는 역할 수행 정도를 살펴 칭찬하거나, 의미가 없어 보이는 역할은 과감히 없애고 새로운 역할을 추가해도 좋다.

역할을 바꿀 때 학생 투표를 활용하는 방법도 효과적이다. 학생들이 가장 열심히 한 사람을 직접 뽑도록 하면 역할 수행에 자연스럽게 동기 부여가 된다. 투표 결과는 교실에 게시하고, 다음 역할 선택 우선권이나 상점을 주는 방식으로 보상하면 참여도가 더욱 높아진다. 또, 투표 용지에 왜 이 학생에게 투표했는지 이유를 간단히 작성하도록 하면, 그 학생에게는 큰 격려가 되고 다음 역할 수행에도 좋은 힘이 된다.

★ 베스트 1인 1역 투표 양식

우리반 베스트 1인 1역 뽑기			
순위	역할	이름	뽑은 이유
1위			
2위			
3위			

★ 베스트 1인 1역 투표 결과 양식

우리반 베스트 1인 1역			
역할	이름	받은 표	뽑힌 이유
출결 팀장	신학생	10	- 매일 맡은 일을 성실하게 수행함. - 한 번도 지각하지 않고 출결을 확인함.

생활기록부 작성 연계하기

1인 1역이 안정적으로 운영되면 담임에게는 두 가지가 남는다. 하나는 각자의 역할을 잘 수행하여 원활히 운영되는 학급 시스템이고, 또 하나는 생활기록부에 활용할 수 있는 생생한 기록이다. 학생들이 맡은 역할을 수행하는 과정에서 자연스럽게 학생 개개인의 특징이 드러나고, 생활기록부에 작성할 수 있는 관찰 기록이 되기 때문이다.

1인 1역을 생활기록부에 어떻게 반영하면 좋을지 함께 살펴보자. 1인 1역은 생활기록부 창의적 체험활동의 '자율영역'과 '행동특성 및 종합의견'에 기록할 수 있다. 만약 진로와 관련된 역할을 수행했다면 창의적 체험활동의 '진로 영역'에 적는 것도 가능하다.

1인 1역 운영은 처음에는 다소 번거롭게 느껴질 수 있다. 그러나 학교생활이 빠르게 흘러가는 가운데에서도 학생들에게 우리 반에서 내가 맡은 역할이라는 작은 자신감을 심어주는 방법이 된다. 학급의 분위기를 살피며 각자에게 맞는 방식으로 천천히 운영하면 된다. 그렇게 쌓인 학급의 경험은 교실을 더욱 단단하게 만든다. 1인 1역 운영에 필요한 양식은 신규백서 자료집 QR코드에서 내려받을 수 있다.

1인 1역 생활기록부 작성 예시

해당 역할을 하면서 나타난 학생의 태도, 변화, 강점, 구체적인 장면을 짧게 정리하면 충분하다. 평소 교사가 간단히 관찰 기록을 남기면 도움이 된다.

① 숙제 알리미

학급 숙제 알리미 역할을 맡아 모든 과목의 숙제와 준비물을 빠뜨리지 않고 정리하여 학급 화이트보드에 공유함. 결석한 날에도 스스로 숙제 내용을 확인해 단체방에 안내하는 등 책임감 있는 모습을 보였고, 꼼꼼하고 세심한 성향이 두드러짐.

② 학습 도우미

학급의 학습 도우미로서 교과별 공부 모임을 조직해 자율학습 분위기 형성에 기여함. 담임이 제시한 역할을 넘어 학급의 학습 환경을 스스로 고민하며, 자율학습 시간 뽀모도로 타이머 도입을 직접 건의하는 등 주도적인 태도가 돋보임.

현실적인 학급 대화방 운영법

저녁이 되어 교무실을 나선 뒤에도, 신규교사 백 선생의 하루는 끝난 것 같지 않았다. 집에 돌아와 가방을 내려놓고 나서야 휴대전화를 확인했는데, 학급 대화방 알림이 이미 여러 개 쌓여 있었다. 낮에 전달하지 못한 수행평가 안내를 저녁에라도 공지해야겠다는 생각에 백 선생은 잠시 고민하다가 대화방에 메시지를 하나 올렸다. 곧 공지 아래로 메시지가 하나둘 달리기 시작했다.

"쌤, 수행평가 내일이죠?"
"아, 맞다! 오늘 해야 되는 거였네…"
"야 그거 몇 장이야?"
"ㅋㅋ 나 아직 시작도 안 했음"

그 사이 이모티콘이 올라오고, 의미 없는 짧은 대화들이 이어졌다. 중요한 공지는 어느새 화면 위로 밀려나 있었다. 백 선생은 같은 질문이 반복되는 대화방을 바라보다가, 휴대전화를 내려놓았다. 백 선생은 그제서야 학급 대화방에도 운영 기준이 필요하다는 걸 실감했다.

학급 대화방이 필요한 이유

최근 학급 운영에서 온라인 대화방은 더 이상 특별한 도구가 아니다. 학급을 운영하다 보면 학생들에게 급하게 공지해야 하는 일이 의외로 많다. 다음 날 필요한 준비물을 안내해야 하거나, 일정이 변경되는 등 급하게 전달해야 하는 일도 생길 수 있다. 또 수학여행이나 현장체험학습을 갔을 때 전체 공지 창구가 필요해지기도 한다. 반대로 학생들도 담임에게 당장 질문해야 할 순간들이 생기기 마련이다. 그러므로 학급 전체의 소통 창구를 만들어 두면 교사도 학생도 훨씬 효율적으로 소통할 수 있다.

학급 대화방 운영 시 가장 먼저 느껴지는 장점은 공지 전달의 효율성이다. 교사가 미처 전달하지 못한 안내가 있을 때 대화방을 통해 바로 공지할 수 있고, 기록이 남기 때문에 "못 들었어요", "친구한테 전달 못 받았어요"라는 이야기가 훨씬 줄어든다. 학생들도 다음 날 준비물이나 일정처럼 바로 확인해야 하는 내용을 편하게 물어볼 수 있어 여러모로 효율적이다.

대화방은 반 분위기를 조금 더 활기 있게 유지하는 데도 도움이 된다. 가끔 가벼운 참여 이벤트를 열면 학생들의 반응이 빠르고 즐겁다. '오늘 본 행복한 장면 올리기', '선착순 간식 지급'과 같은 깜짝 이벤트는 반 전체의 분위기를 띄우는 역할을 한다.

학급 관리 측면에서도 장점이 있다. 반장이나 부반장에게 학급에 게시된 숙제나 수행평가 일정 공지 등의 역할을 맡기면 편리하다. 여기에 온라인 투표 기능을 활용하여 반 티 결정, 의견 조사, 행사 준비와 같은 의견을 모아야 하는 일들을 빠르게 처리할 수 있다. 필요할 때 적절히 활용하면 학급 운영 전반이 수월해지는 효과가 있다.

현실적인 학급 대화방 운영 팁

학급 대화방을 만들 때는 카카오톡의 일반 채팅보다 오픈 채팅방을 활용하는 편이 좋다. 오픈 채팅방을 이용하면 교사가 학생들의 전화번호를 일일이 저장하지 않아도 되고, QR코드 하나로 간편하게 입장시킬 수 있어 편리하다. 개학 첫날 QR코드를 띄워 주고 곧바로 입장시키면 된다. 오픈 채팅방에는 학급 운영에 유용한 다양한 기능들도 있다. 공지 봇, 자동 알림, 상단 고정 같은 운영 편의 기능을 사용하면 대화방 관리가 한결 수월해진다.

백 선생은 공지방과 잡담방, 이렇게 2개의 학급 대화방을 만들어 운영한다. 공지방은 담임만 말할 수 있는 중요 전달 사항을 공지하는 방이고, 잡담방은 학생들이 서로 소통하며 자유롭게 이야기할 수 있는 방이다. 공지와 대화가 한곳에 섞이면 학생들이 메시지를 대충 넘겨보다가 중요한 공지를 놓치는 일이 생기므로, 공지방과 잡담방을 분리해 두는 것이다.

대화방을 만들었다면, 실제 운영에서 도움이 되는 몇 가지 요령을 알아두면 좋다. 먼저, 학생 초대는 QR코드를 제시해 학생들이 직접 입장하도록 안내하되, 프로필은 반드시 '학번_이름' 형태로 설정하여 신원을 명확히 확인할 수 있도록 한다. 학번과 이름이 한눈에 보이면 출결을 확인하고 개별 질문에 답변하기가 쉬워진다.

또한 중요한 공지는 상단 고정 기능을 적극적으로 활용한다. 시간표 변경, 준비물, 행사 일정처럼 며칠 동안 계속 확인해야 하는 내용은 상단 고정만으로도 전달력이 크게 높아진다. 오픈 채팅 봇 기능을 이용하면 반복 안내를 자동화할 수 있다. 예를 들어 '아침 8시 전, 지각·결석 예상되면 꼭 연락하기', '평일 11시 이후 잡담 금지' 같은 메시지는 채팅 봇이 자동으로 정해진 시간에 대신 안내하여 담임의 부담을 덜어준다.

그리고 외부인이 들어오지 않도록 설정을 미리 해두어야 한다. 오픈 채팅방 검색 허용을 꺼두고 입장 시 비밀번호를 걸어두면 예기치 못한 유입을 예방할 수 있다. 학급 대화방은 학생들이 실명으로 참여하는 공간이기 때문에 외부인이 들어오면 단순한 방해를 넘어 학생 개인정보가 노출될 위험이 있다. 초기에 보안을 단단히 해두는 것이 필요하다.

끝으로, 모든 소통을 대화방으로 해결하려고 하지 않는 것이 좋다. 학생 개별 사안이나 상담이 필요한 경우에는 담임의 업무용 번호나 별도 소통 창구를 이용하도록 안내하는 것이 더 안전하다. 사안에 따라서는 전화나 대면이 더 적절할 때도 있다.

학급 대화방은 편리하지만, 온라인 공간인 만큼 아무 기준 없이 시작하면 금세 혼란스러워질 수 있다. 늦은 시간 대화방 알림이 울리거나, 사진이나 대화가 무분별하게 올라오면서 학생끼리 오해와 갈등이 생기는 일도 종종 발생한다. 따로 정해둔 규칙이 없다면 담임이 매번 상황을 조정해야 하고 학생들 역시 어느 선까지 허용되는지 판단하기 어려워 불편함을 느낄 수 있다. 따라서 대화방을 만들 때는 교사가 기본적인 규칙을 제시하는 것이 필요하다.

우선 기본적인 대화 예절을 지킬 것을 안내한다. 학생끼리 사진을 허락 없이 올리거나 특정 친구를 겨냥한 말이 올라오지 않도록 '개인정보와 타인 언급은 주의하기' 같은 기준을 명확하게 알려준다. 이 안내는 대화방 입장 초기에 공지하고, 상단 고정하여 학생들이 잊지 않도록 한다.

공지방에서는 공지자만 말하도록 한다. 담임교사와 반장, 부반장 정도에게만 공지자의 역할을 부여하고 그 외의 학생들은 대화할 수 없도록 규칙을 정해두면 필요한 공지만 올라오도록 할 수 있다. 잡담방은 자유롭게 운영하되 기본적인 규칙은 교사가 잡아주는 편이 좋다. 밤늦게 대화가 이어지면 생활 리듬이 흐트러질 수 있기에 자동 알림을 통해 일정 시간 이후에는 대화를 줄이도록 안내하면 도움이 된다.

★ 백서 TIP ★

학생에게 교사의 카카오톡 계정을 노출하지 않고 싶다면 학생 연락처를 저장할 때 이름 앞에 '#'을 붙이면 된다. 이렇게 저장해두면 카카오톡의 자동 친구 추천에서 서로가 나타나지 않아, 학생에게 교사의 계정이 뜨는 일을 막을 수 있다. 사적인 영역을 깔끔하게 구분하고 싶은 신규교사라면 알아두자.

담임교사의 양 날개,
학급 임원 선거

　정신없이 지나가는 학기 초반, 신규교사 백 선생에게 새로운 메시지가 날아들었다. 학급 임원을 정해달라는 학생부의 요청이었다. 백 선생은 누가 반장이 되느냐가 학급 분위기에 매우 중요하다는 주변 선생님들의 말씀이 떠오르면서, 어떤 방식으로 학급 임원 선거를 진행해야 할지에 대한 고민에 빠졌다.

　학급 임원은 담임교사에게 여러 상황을 전달하고, 학급의 일을 이끌며, 학급 구성원 간의 관계 조율을 하는 등 학급 내에서 중요한 위치에 있다. 어떤 학생들이 반장, 부반장 역할을 맡는지에 따라 반의 분위기와 학생끼리의 관계가 크게 달라질 수 있다. 의욕적인 반장은 학급에 활기를 불러오고, 통솔력 있는 반장은 담임교사의 일을 크게 덜어줄 수 있다.

학급 임원 선거는 학급 문화를 만드는 첫 과정이다. 그러므로 담임 교사는 선거 당일만 신경 쓸 것이 아니라, 입후보부터 선거 당일까지 사전 과정을 차근차근 마련해가는 것이 중요하다. 기본 절차만 갖추어도 책임감 있는 학생들이 입후보할 가능성이 커지고, 임원 선거도 진지하게 진행될 수 있다.

학급 임원 선거 사전 준비 3단계

★ **학급 임원 선거 사전 준비 3단계**

① 입후보 신청	➡	② 담임교사 면담	➡	③ 학급 게시

학급 임원 선거가 안정적으로 진행되려면, 선거 당일보다 그 이전 사전 준비 과정이 더 중요하다. 담임교사의 철저한 사전 준비는 학생들이 선거에 진지하게 참여하는 분위기를 자연스럽게 형성할 수 있다.

먼저 입후보자 지원을 받아야 한다. 입후보를 원하는 학생에게 '학급 임원 입후보 신청서'를 나누어 주고 제출 기한을 명확하게 안내한다. 이 신청서는 기본 정보만 적는 문서가 아니라, 몇 가지 질문에 답하는 형식으로 구성하면 좋다. 다음과 같은 질문을 포함할 수 있다.

"반장, 부반장의 역할은 무엇이라고 생각하나요?"

"반에서 소외되는 학생이 있을 때 어떻게 행동할 것인가요?"

"학급에서 다툼이 생기면 어떤 방식으로 해결하고 싶나요?"

이 질문들은 학생이 임원 역할을 맡기 전 자신의 태도와 책임을 스스로 점검해보는 기회가 된다. '실제로 지킬 수 있는 약속만 적자'는 기준을 함께 안내하면 지나치게 거창한 공약 대신 현실적인 계획을 작성하도록 할 수 있다.

담임교사는 제출된 입후보 신청서를 바탕으로 학생과 짧게 면담을 진행한다. 이 면담은 학생을 평가하기 위한 시간이 아니라, 학급 임원 역할을 맡기 전 학생이 어떤 마음가짐을 가지고 있으며, 임원 역할에 대해 어떻게 생각하고 있는지 함께 확인하는 시간이다. 면담에서는 다음과 같은 점을 살펴보면 좋다.

우선, 입후보 신청서에 적은 공약이 학생이 실제로 지킬 수 있는 내용인지를 확인한다. 장난스럽거나 지나치게 거창한 공약을 내세우지는 않았는지 점검하는 것이 좋다. 간혹 '매일 주번을 대신하여 제가 청소하겠습니다', '매일 아침 가장 일찍 등교하여 교실을 정리하겠습니다'와 같은 지키기 어려운 공약을 내세우는 학생도 있을 수 있다. 이런 경우 '지킬 수 있는 공약'으로 수정하도록 안내하는 것이 좋다.

또 입후보한 학생이 사비를 사용하거나 과도한 지출이 필요한 계획을 세우지는 않았는지 점검한다. '저를 뽑아주신다면 우리 반 전체 햄버거를 사겠습니다'와 같은 공약은 민주 선거의 본질을 흐리는 일이 될 수 있고, 임원 선거를 장난스럽게 만들어버릴 우려가 있다.

끝으로 입후보 학생이 학교와 학급의 주요 행사에서 맡게 될 역할을 이해하고 있는지, 반장과 부반장에게 요구되는 책임의 무게를 인식하고 있는지를 먼저 살펴본다. 담임교사가 기대하는 반장과 부반장의 기준을 미리 제시하면 판단이 한결 분명해진다. 예를 들어 수학여행에서 소외되는 학생과 함께 버스 좌석에 앉을 수 있는지, 담임교사가 없는 교실에서도 다른 학생의 잘못된 행동을 제지할 수 있는지를 묻는다. 이런 질문을 거치면 단순한 호기심이나 재미로 출마한 학생은 자연스럽게 물러나고, 실제로 역할을 감당할 의지가 있는 학생이 남는다.

담임교사와의 면담을 통해 확인한 내용을 바탕으로 최종 입후보자를 정리해 학급에 안내한다. 입후보 신청서의 핵심 내용과 학생이 제시한 공약은 학급 게시판에 붙여 게시하는 것이 좋다. 이름, 주요 공약 정도만 간단하게 정리하면 된다. 선거 전에 학생들이 한 번씩 읽어보고 우리 학급에 기여할 임원을 충분히 고민한 후 투표할 수 있도록 안내하자. 이 과정이 있으면 학생들이 후보를 더 진지하게 바라보게 되고, 투표 기준도 자연스럽게 생긴다. 단순히 나와 친한 친구, 인기 있는 친구를 뽑는 것이 아니라 학급에서 어떤 역할을 맡아줄 수 있는지를 생각하며 선택하도록 돕는 단계다.

학급 임원 선거 당일 운영 3단계

★ 학급 임원 선거 당일 운영 3단계

① 투표에 임하는 태도	➡	② 후보자 연설	➡	③ 투표 진행

선거 운영은 절차가 분명할수록 교사와 학생 모두에게 도움이 된다. 선거를 시작하기 전, 장난스러운 분위기로 흐르지 않도록 투표에 임하는 태도를 짚는다. 입후보한 학생들이 신청서 작성과 담임 면담을 거쳐 선거를 성실히 준비해 왔다는 점도 알린다. 선거에서 탈락한 학생 역시 학급을 위해 나섰다는 사실을 한 번 더 강조하면, 결과와 상관없이 서로를 존중하는 분위기가 자리 잡는다.

학급 임원 선출의 기준도 미리 공유한다. 친분이 아니라 역할 수행 능력을 기준으로 투표해야 한다는 점을 분명히 한다. 갈등 조정 능력, 학급을 이끄는 통솔력, 공정한 태도를 기준으로 삼아 투표를 진행한다.

후보자 연설은 입후보 기호 번호순으로 진행하는 것이 좋다. 발표 순서가 명확하면 학생들이 불필요하게 긴장하거나 소란스러워지는 일을 줄일 수 있다. 기호 번호는 이름순으로 정할 수도 있고, 후보 등록 순서나 기호 추첨 결과를 기준으로 삼을 수도 있다.

후보자 연설에 앞서 두 가지 기준을 제시한다. 친구의 말을 끝까지 듣는 태도와 연설을 방해하지 않는 태도다. 기준이 분명하면 연설은 차분하게 이어지고, 선거 역시 존중 속에서 진행된다.

연설이 끝난 뒤 투표용지를 배부한다. 간단한 양식의 투표용지는 학생들의 태도를 한층 진지하게 만든다. 기호 번호와 함께 선택 이유나 바라는 점을 적도록 하고, 개표 과정에서 이를 함께 확인한다. 당선자는 그 과정에서 학급이 기대하는 역할의 방향을 읽을 수 있다.

투표가 끝난 뒤에는 용지를 두 번 접어 책상 위에 두게 한다. 수거는 담임 또는 도우미 학생이 맡는다. 투표는 1인 1표를 원칙으로 하되, 후보자가 4명 이상일 경우 1인 2표 방식으로 운영할 수 있다.

개표는 칠판에 판서하는 방식이 가장 직관적으로 이해하기 쉽다. 개표 도우미 학생은 두 명이 적당하다. 한 학생은 투표용지를 펼쳐 이름을 읽고, 다른 학생은 칠판에 정(正)자로 표시한다. 개표가 완료되면 선출된 반장, 부반장이 정식으로 학생들 앞에서 인사하도록 한다.

★ 학급 임원 선거 투표 용지 양식

2학년 5반 학급 임원 선거 투표용지		
반장		이유, 바라는 점	
부반장			
5반의 발전을 생각하며, 진정성 있게 투표합시다.		

처음 공개하는 교실,
학교 공개의 날

신규교사 백 선생은 평소보다 일찍 눈을 떴다. 학부모[1]가 학교에 방문하는 학교 공개의 날이다. 누군가에게 수업을 보여주어야 한다는 사실이 첫날 첫 수업을 앞두었을 때처럼 떨리게 했다. 학부모가 얼마나 오실지는 알 수 없지만, 많이 오시든 한두 분만 오시든 교실 뒷문이 열리는 순간을 상상하면 심장이 빨리 뛰었다. 백 선생은 마음을 다잡고자 노력했다.

"완벽하게 보이려고 애쓰는 날이 아니라, 평소 우리 교실을 그대로 보여주는 날이야."

---

1) 이 책에서 말하는 학부모는 학생을 돌보는 모든 보호자를 포함한다. 실제 상담에는 부모뿐 아니라 조부모, 친척, 위탁가정, 보호시설 관계자 등이 참여할 수 있다. 다만 이 책에서는 편의상 학부모로 통용하여 사용한다.

그리고 사실 가장 떨리는 건 이어지는 학부모 상담이다. 아직 학생들을 속속들이 파악하지는 못했기 때문에, 학부모 앞에서 무슨 말부터 꺼내야 할지 고민스럽다. 학교 공개의 날과 학부모 대면 상담을 앞두고 미리 준비해두면 좋은 것들을 정리해본다.

학교 공개의 날 준비하기

학교 공개의 날이란 학부모가 수업을 참관하고 담임교사와 공식적으로 상담을 할 수 있도록 학교를 개방하는 날이다. 학생의 교실에서의 생활과 수업 장면을 학부모가 직접 볼 수 있도록 하여 학부모가 학교에서 이루어지는 교육에 관심을 가지도록 하고, 담임교사와의 소통의 출발점을 만드는 자리라고 볼 수 있다. 일반적으로 일정 시간을 정해 수업을 공개하며, 공개 수업이 끝난 후 담임교사와의 면담 자리를 마련해두는 경우가 많다.

따라서 학교 공개의 날 전 담임교사는 학부모를 맞이하기 위해 사전 준비를 해야 한다. 교실의 상태, 학생들의 태도, 학부모와의 첫 대면 상담까지 모두 담임교사의 사전 준비가 필요한 일이다. 공개 수업을 앞두고 가장 먼저 살펴볼 것이 교실이다. 학부모는 교사의 수업 내용보다도 자녀의 학습과 생활 태도를 궁금해하는 경우가 많다. 따라서 교실의 첫인상이 수업 내용보다 중요할 수 있다. 학생들과 함께 사전에 간단히 교실을 정리해 두자. "부모님이 너희를 보러 오시면 너희 책상도 함께 보게 된다."라고 말하면 학생들도 정리해야겠다는 동기가 생긴다. 책상 서랍과 사물함을 깔끔하게 정리하게 하고, 책상 위나 창가에 쌓인 물건은 치우게 한 뒤 물티슈로 닦으면 교실 전체가 훨씬 깔끔해진다.

우리 학급에서 이루어지는 공개 수업이 어느 과목 수업인지를 확인하자. 담임교사의 수업이면 가장 좋겠지만, 중등에서는 다른 교과 선생님의 수업이 우리 반의 공개 수업이 되기도 한다. 공개 수업이 잘 이루어질 수 있도록 학생들이 교과서와 필기구 등의 준비물을 미리 챙겨놓도록 당부하자. 종이 울린 뒤 사물함이나 화장실에 다녀오지 않도록 하고, 부족한 준비물은 옆 반에서 미리 빌려오도록 하면 공개 수업을 진행하는 데 도움이 된다.

학교 공개의 날에 임하는 태도를 담임교사가 학생들에게 교육하는 것도 필요하다. 학교 공개의 날의 취지와 중요성에 대해 언급하고, 수업 중 부모님이 교실에 잠깐 들어오거나 복도에 다른 친구의 부모님이 계실 수 있다는 정도만 미리 알려줘도 학생들의 태도가 훨씬 차분해진다. 공개 수업이라고 해서 특별한 행동을 요구하기보다는, 평소 교실에서 지켜 오던 규칙과 기준을 잘 유지하도록 하는 것이 가장 안정적이다.

학교 공개의 날에는 많은 학부모가 방문하기 때문에, 교사도 평소보다 단정하고 전문성 있게 보이는 옷차림을 준비하는 것이 좋다. 기본적으로 교생 실습이나 수업 실연 때 입는 복장을 떠올리면 무난하다. 학생들도 공개의 날마다 교사들이 조금 더 차려입고 등장하는 모습을 보면 평소와 달라서 놀라기도 한다. 공개 수업은 평소보다 더 많은 눈길이 교사에게 머무는 시간이니, 복장까지 신경 써서 준비하면 수업 분위기에도 긍정적인 영향을 준다.

남교사는 짙은 남색, 화이트, 블랙, 카키, 브라운처럼 차분하고 전문적인 느낌의 색을 추천한다. 슬랙스에 와이셔츠와 넥타이를 매고 정장 재킷을 걸치는 조합이 가장 부담이 없다. 조금 격식을 덜어내고 싶다면 슬랙스에 남방과 카디건을 매치하거나, 면바지에 면남방과 카디건을 입는 편안한 조합도 괜찮다. 여교사는 화이트, 브라운, 짙은 남색, 블랙처럼 기본적인 색상 외에도 노랑이나 핑크처럼 화사한 색을 활용하면 공개 수업 날 따뜻한 인상을 줄 수 있다. 슬랙스에 블라우스와 정장 재킷을 입는 조합이 가장 부담이 없고, 무릎을 덮는 기장의 원피스도 단정하고 안정적이다. 반대로 구멍이 난 청바지, 후드티, 과한 프린팅 티셔츠처럼 격식이 없는 복장은 공개의 날에는 피하는 것이 좋다. 전체적으로 책임 있는 교사의 모습이 드러나는 단정한 옷차림이 가장 부담이 없다.

학교 공개의 날 학부모 대면 상담법

학교 공개의 날에는 공개 수업과 함께 학부모 대면 상담을 진행하는 경우가 많다. 공개 수업 직후 교실에서 바로 상담하기도 하고, 일정이 맞지 않아 다른 날로 대면 상담을 잡거나 전화 상담으로 이어지는 일도 있다. 여기에서는 그중에서도 공개 수업 직후 같은 날 이루어지는 대면 상담에 초점을 맞추어, 상담을 준비하고 진행하는 과정을 정리했다.

학교 공개의 날 대면 상담을 준비할 때는 학부모 안내서와 필기구, 포스트잇을 미리 챙기면 좋다. 학부모 안내서는 개학 날 학생들에게 나누어준 학교생활 안내서를 바탕으로 필요한 부분만 간단히 수정해 만들면 된다. 특히 출결, 성적, 생활 기록처럼 학부모가 궁금해하는 내용을 짧게 요약해 넣으면 상담 전반의 이해를 돕는다. 상담 시작 전에 안내서를 나누어주고 함께 살펴볼 수 있도록 볼펜도 함께 준비하자. 포스트잇은 개별 상담이 끝난 뒤 학부모가 자녀의 사물함에 짧은 메시지를 남길 때 사용하면 좋다. 학생에게 부모의 관심을 자연스럽게 보여줄 수 있어 상담의 마무리가 따뜻해진다.

학교 공개의 날 당일, 학부모 상담은 짧은 시간 안에 여러 명을 대상으로 이루어진다. 담임교사는 교실에 들어가 자신을 소개하고, 전체적인 상담 일정과 학부모 안내서 등 안내 사항을 전달한 뒤, 개별 상담을 진행하면 된다. 참석 인원이 많을 경우, 개별 상담 시간이 충분하지 않을 수 있으므로 추가적인 상담을 원한다면 별도로 상담 일정을 잡으면 된다고 덧붙이도록 하자.

참고로 여러 학부모를 만난 자리에서는 '학부모'라는 표현과 함께 '보호자'라는 표현을 함께 사용하는 것이 좋다. 학생을 실제로 돌보고 있는 사람이 부모가 아닌 때도 있기 때문이다. 조부모, 형제자매, 후견인 등 다양한 가족 형태가 있으므로 '보호자'라고 부르면 상대방의 역할을 자연스럽게 존중하는 표현이 된다.

개별 상담에서는 현재 학생의 학교생활에 초점을 맞춘다. 학기 초에는 성적이나 평가보다는 생활 태도, 수업 참여, 교우관계 같은 이야기가 중심이 된다. 보호자의 이야기를 먼저 듣는 것도 좋다. 집에서의 모습이나 걱정되는 부분을 묻고, 학교에서 관찰한 내용을 짧게 덧붙여 보자. 시간이 제한된 상담 자리이므로 한 학생당 한 가지 이야기만 나누어도 충분하다. 상담을 마칠 때는 바쁜 시간 내어 방문해 준 것에 대한 감사 인사를 꼭 전한다.

학교 공개의 날은 담임교사에게 부담이 큰 일정이지만, 학부모가 학급과 교사를 신뢰하게 되는 계기가 되기도 한다. 평소 교실의 모습을 자연스럽게 보여주면서, 담임교사가 학부모와 협력하고 학생 교육을 위해 함께 힘쓸 수 있는 관계를 형성해가는 출발점으로 삼도록 하자.

★ 백서 TIP ★

학부모에게 묻기 좋은 상담 질문 리스트

① 지각이 잦은 학생

- **질문** : 평소 등교 준비가 빠듯한 편인가요?
- **묻는 이유** : 지각은 단순한 태만이 아니라 아침 루틴의 구조적 문제가 원인인 경우가 많다. 집에서의 모습을 알면 학교에서 어떤 지도가 필요한지 감을 잡을 수 있다.

② 잔병치레가 있는 학생

- **질문** : ○○이가 아프면 조금 오래가는 편이더라고요. 건강과 관련해 제가 미리 알아두면 좋을 점이 있을까요?
- **묻는 이유** : 학생의 건강 정보는 수업 참여도나 출결 문제와 연결되기 때문에 담임이 꼭 알고 있어야 한다. 미리 파악해 두면 배려가 필요한 순간에 빠르게 대응할 수 있다.

③ 교우관계가 어려운 학생

- **질문** : ○○이가 먼저 다가가기보다는 지켜보는 편인데, 혹시 친한 친구가 다른 반에 있나요?
- **묻는 이유** : 학기 초 교우관계는 교실 분위기와 학급 적응에 큰 영향을 준다. 학생이 편안함을 느끼는 친구가 어디에 있는지 알면, 교사가 교우관계 형성을 더 자연스럽게 도울 수 있다.

학생 출결 관리법

출근 준비로 정신없는 이른 아침, 신규교사 백 선생의 휴대전화가 울렸다. 화면에는 낯선 번호가 떠 있었다. '이 시간에 누구지?' 싶어 전화를 받자, 반 학생의 어머니가 급한 목소리로 말했다. "선생님, ○○이가 오늘 학교에 못 갈 것 같아서요. 어떻게 하면 되나요?"

백 선생은 출결 처리 절차가 아직 익숙하지 않아 무엇부터 안내해야 할지 머릿속이 하얘졌다. 하지만 곧 학기 초 선배교사들이 해준 조언이 떠올랐다. 이럴 때는 무리해서 바로 답을 드릴 필요가 없다. "어머니, 제가 확인해보고 다시 연락드리겠습니다."라고 말씀드리면 충분하다. 모르는 부분은 확인한 뒤 차분히 안내해도 전혀 문제가 없다. 누구나 처음엔 헷갈리는 법이다. 이제 출결 유형과 기본 처리 절차를 하나씩 짚어보며 확실한 감을 잡아보자.

학교의 출결 유형 알아보기

담임교사는 학기 초부터 출결 유형과 처리 기준을 정확히 알고 있어야 한다. 대부분의 학교에서는 출결 업무 담당 교사가 기본 처리 요령을 안내해주며, 담임은 이 지침에 따라 출결을 기록하면 된다. 안내되지 않은 상황을 마주하거나 기준이 애매할 때는 임의로 판단하지 말고 담당 교사에게 확인한 뒤 처리하는 것이 좋다. 출결은 규정된 절차에 따라 기록해야 하는 업무이기 때문이다.

출결 유형은 학생의 등교 여부와 수업 참여 정도에 따라 지각, 결석, 조퇴, 결과로 나뉜다. 지각은 정규 수업 시작 이후 등교한 경우이고, 지각 기준 시간은 학교마다 다를 수 있다. 결석은 학생이 학교에 오지 않은 경우이다. 조퇴는 학생이 정상적인 일과를 채우지 못하고 일찍 하교한 경우이다. 결과는 수업 시간의 일정 비율 이상 참여하지 못한 경우이다. 보통 한 시간 기준 1/3 이상 미참여 시 결과로 처리하지만, 기준은 학교마다 상이하므로 학기 초 반드시 확인해야 한다.

같은 지각, 결석, 조퇴, 결과라도 사유에 따라 인정, 질병, 미인정, 기타로 다시 구분할 수 있다. 이 구분은 생활기록부 출결 상황과 진학 점수에도 직접 반영되므로 정확한 이해가 필요하다.

'인정'은 학교가 정당한 사유로 출석으로 인정하는 경우이다. 인정 출석으로 인정받기 위해서는 대부분 증빙서류와 공문 기안이 필요하며, 구체적인 절차와 인정 범위는 학교마다 다르다. 대표적으로 법정 감염병, 가족 경조사, 각종 대회 출전, 생리 결석 등이 있으며, 특히 '학교장 허가 교외 체험학습'은 학부모가 사전에 신청하고 학교장이 승인하면 인정 결석으로 처리된다. 학교장 허가 교외 체험학습은 국내 체험학습뿐 아니라 해외 체험학습도 포함되며, 학기 중 사용할 수 있는 일수는 시도 교육청 지침에 따라 다르므로 학기 초 반드시 확인해야 한다. 승인된 체험학습은 체험학습 보고서를 제출해야 인정 결석으로 처리 받을 수 있으며, 제출하지 않으면 미인정 결석으로 처리되는 학교도 있다. 또한 학교폭력 사안이나 교내 징계에 따른 출결을 인정으로 처리하는 학교도 있지만 일부 학교에서는 이를 미인정으로 분류하기도 하므로 반드시 담당 교사에게 기준을 확인해야 한다. 참고로, 인정으로 처리된 출결은 나이스에는 기록되지만, 생활기록부 출결 상황에는 표시되지 않기 때문에 인정 출결만 있는 경우에는 개근으로 처리될 수 있다.

'질병'은 학생이 아파서 등교하지 못한 경우로 진료확인서나 약 봉투 등 병원 서류 제출이 필요하다. 어떤 서류가 필요한지와 서류 한 장으로 처리할 수 있는 날짜 수는 반드시 출결 담당 교사에게 확인해야 한다. 백 선생의 학교는 진료확인서로 최대 3일까지 질병 결석이 가능하다.

'미인정'은 학교가 정당한 사유로 보지 않는 출결로, 고의적인 결석, 무단 지각, 가출 등이 포함된다. 증빙서류가 없으므로 생활기록부에 그대로 기록되며 상급학교 진학 시 출결 점수에 직접적인 영향을 준다. 따라서 담임은 미인정 지각이나 결석이 발생하지 않도록 지속적으로 지도해야 한다.

'기타'는 부모나 가족을 돌보는 상황, 가사 조력, 간병 등 학생의 개인적 사정으로 학교장이 인정하는 출결이다. 판단 기준이 모호한 경우가 많아서 출결 담당 교사와 학년 부장교사와 상의한 뒤 공문 기안을 통해 처리하는 것이 일반적이다.

★ 백서 TIP ★

출결 유형 확인하기

위 출결 유형을 숙지한 뒤, 아래 상황에서 각 학생의 출결 유형을 맞혀 보자.

① A 학생이 독감에 확진되어 학교에 오기 어렵다는 연락이 왔다.
→ 정답: 인정결석(독감은 법정 감염병에 해당한다.)

② B 학생이 복통을 호소하며 조퇴를 요청했고, 학부모와 통화로 확인했다.
→ 정답: 질병조퇴

③ 1교시가 시작되었는데도 C 학생이 보이지 않고 연락도 되지 않았다. 3교시가 되어서야 뒤늦게 등교했다.
→ 정답: 미인정지각

출결 처리 절차 알아보기

출결에 대한 기본적인 내용을 숙지했다면 출결 처리의 절차를 알아보자. 출결 처리는 출결 파악과 학부모 안내, 기록과 서류 제출의 단계로 진행된다. 먼저 학생의 출결 유형을 파악한다. 지각이나 결석은 대부분 학부모에게서 먼저 연락이 오고, 조퇴는 담임이 학부모에게 직접 전화해 조퇴 가능 여부를 확인한다. 만약 학생이 무단으로 등교하지 않는다면 즉시 학부모에게 연락하여 학생의 안전을 확인해야 한다. 미인정 결석의 경우, 3일 이상 지속되면 가정 방문을 해야 하는 규정이 있는 교육청도 있다. 시도교육청마다 관련 규정이 서로 다르므로, 미인정 결석 발생 시 출결 담당 교사에게 상황을 공유하고 규정을 확인하는 것이 좋다.

출결 문제가 발생하면 학부모에게 어떤 출결 유형에 해당하는지, 그리고 제출해야 하는 서류가 무엇인지 반드시 안내해야 한다. 담임교사가 출결 관련 서류를 안내하지 않아 날짜를 넘기는 등 문제가 생기면 책임지기가 어려우므로, 출결 관련 문제는 항상 학부모에게 연락하여 정확히 안내해야 한다.

출결 서류는 담임교사만 확인하고 끝나는 것이 아니라, 월말에 교무부에서 안내가 오면 제출해야 하니 잘 보관해두어야 한다. 학부모에게 출결 서류를 다시 요청해야 하는 불상사가 생기지 않도록 주의하자. 제출해야 할 출결 서류 기준은 학교마다 다를 수 있다. 백 선생의 학교를 예시로 살펴보자.

★ **출결 관련 필요 서류 예시**

- **병결석** :
  진료확인서, 약 봉투, 진단서
  등 병원 서류
- **법정 감염병** :
  진단명과 격리 기간이 명시
  된 병원 서류
- **경조사 (가족상)** :
  가족관계증명서, 사망진단서

- **대회 출전** :
  관련 공문
- **학교장 허가 교외 체험학습** :
  체험학습 신청서와 체험학습
  보고서

　학부모 안내가 끝나면 나이스 학급담임의 '출결관리 - 일일출결관리 (담임용)'에 접속하여 출결 사항을 기록해야 한다. 나이스에 출결을 기록할 때는 날짜, 교시(조퇴, 결과의 경우), 출결 유형, 사유를 입력해야 하므로, 출결 문제 발생 시 이를 잘 기록해두어야 한다. 출결 기록을 교사 교무수첩이나 메모장 등 다른 곳에 정리했다가 한 번에 나이스에 옮겨 적는 선생님도 많다. 학생이 몇 교시에 조퇴했는지, 사유가 무엇인지를 빠트리지 않고 잘 기록해두어야 이후 나이스 입력 시 곤란한 상황이 생기지 않는다.

　출석부를 작성하는 학교라면, 출석부 작성법에 맞추어 작성하면 된다. 기본적으로 출석부 뒷면에 적힌 출결 상황 처리 기준에 따라 기호를 기록하면 어렵지 않다. 학생 번호 옆에 출결에 맞게 기호를 표시하고, 표 아래 비고란에 학생 이름과 사유를 한 번 더 적어두면 누락을 방지할 수 있다.[2] 출석부의 누계와 나이스 입력 결과가 일치하면 정확하게 입력된 것이고, 다르다면 어느 한쪽에서 입력 누락이나 기호 오기재가 없는지 다시 확인해야 한다.

월말이 되면 교무부에서 출결 서류를 제출하고 나이스 출결을 마감하라는 안내가 올 것이다. 나이스에서 출결을 마감하고, 안내받은 대로 모아둔 출결 서류를 잘 정리하여 제출하면 된다.

★ 출석부 기호

결석 (질병, 인정, 미인정)	지각 (질병, 인정, 미인정)	조퇴 (질병, 인정, 미인정)	기타
◯	⊘	⊗	☐

---

2) 예) 05. 홍길동 - 병결(장염)

Note

★ 5장 ★

4월, 갈등을 지나 관계로

4월 초 어느 날, 신규교사 백 선생은 쉬는 시간 교실 문 앞에서 발걸음을 멈췄다. 교실 안에서는 두 학생이 얼굴을 붉히며 말다툼을 하고 있었고, 주변 학생들은 괜히 눈치를 보며 자리를 피하고 있었다. 3월 내내 조용하던 교실에서는 좀처럼 보기 힘들었던 장면이었다. 백 선생은 그제야 느꼈다. 학급이 이제 막 긴장을 풀고, 본모습을 드러내기 시작했다는 것을.

3월의 긴장이 풀리면 학생들은 서서히 각자의 개성을 드러낸다. 그 과정에서 마찰이나 오해, 말다툼 같은 갈등도 자연스럽게 생겨난다. 이를 지켜보던 담임교사도 학급 안의 관계 구조를 조금씩 알아볼 수 있게 된다.

이 시기 담임의 역할은 갈등을 표면적으로 해결하는 데서 그치지 않는다. 갈등의 원인을 세세하게 파악하고, 학생들이 서로의 입장을 이해하고 관계를 개선할 수 있도록 조정하는 과정이 필요하다. 이런 경험이 쌓이면 학생들은 문제가 생겨도 대화를 통해 풀어갈 수 있다는 것을 익히게 되고, 학급도 점점 안정된 분위기를 찾아간다. 비 온 뒤 땅이 굳어지듯, 갈등을 조정해 본 경험은 학생들의 관계가 극단으로 치닫지 않도록 붙잡아주는 힘이 된다.

또한 4월은 상담이 본격적으로 늘어나는 시기이기도 하다. 학생들은 친구 관계나 학교생활에서 겪는 어려움을 담임교사에게 털어놓기 시작하고, 학부모는 자녀가 학교에 잘 적응하고 있는지 궁금하여 상담을 요청한다. 담임은 학생 상담을 통해 학생의 기질과 고민을 파악하고, 학부모 상담을 통해 가정과 학교가 같은 방향에서 학생을 바라볼 수 있도록 조율하는 역할을 맡게 된다.

결국 4월은 학급 결속이 만들어지는 중요한 시기다. 갈등은 피할 수 없지만, 담임이 어떻게 대처하느냐에 따라 학급은 전혀 다른 분위기로 흘러간다. 이 장에서는 4월 담임이 꼭 짚고 넘어가야 할 생활교육의 원칙과 갈등 조정의 기본, 학교폭력 대처 방법, 학생 상담과 학부모 상담의 실제를 다루고자 한다. 작은 개입이 학급의 방향을 바꾸는 순간들을 함께 살펴보자.

어떻게 지도해야 하지?

학부모 상담은 어떻게 준비해야 하지?

학교폭력??

갈등???

담임교사의 숙명,
생활교육

오늘도 쉬는 시간의 교무실은 지도받는 학생들로 북새통이었다. 지각으로 불려온 학생, 수업 태도가 좋지 않다고 전달받은 학생, 친구와 다퉈 교무실로 온 학생까지. 신규교사 백 선생의 책상 앞에도 학생이 끊이지 않았다. 설명을 마치고 나면 돌아오는 말은 늘 비슷했다.

"왜요?"

백 선생은 오늘만 해도 이 말을 몇 번이나 들었는지 세어보기를 포기했다. 수업만 잘하면 좋은 교사가 될 줄 알았다. 그러나 막상 현장에 와 보니 수업 밖에서도 가르쳐야 할 것이 산더미였다. 교사는 수업만 하는 사람이 아니다. 교사는 학생들에게 수업 외에도 이런저런 잔소리를 해야 한다. 그건 잘못된 행동이야, 옳지 못한 행동이야. 교사는 무엇을 하려는 걸까?

학교는 교육 기관이다. 교육에는 학업 성취 외에도 학생들의 정서, 행동, 나아가 삶을 살아가는 방법에 관한 모든 것이 포함된다. 교사는 학생이 지식을 쌓고 좋은 성적을 받는 것뿐만 아니라, 올바르게 성장할 수 있도록 도와야 한다. 그 성장을 돕는 과정을 생활교육이라 한다. 여기에서는 도무지 쉽지 않은 생활교육에 관해 알아볼 것이다. 담임 교사로서 해야 할 생활교육의 범위와 원칙, 그리고 생활교육 루틴까지 살펴보자.

어디까지 지도해야 하는가?
생활교육의 의미와 범위

생활교육은 학생들의 문제 행동을 통제하고 처벌하는 것을 넘어, 학생이 바람직한 생활 습관과 태도를 형성하도록 돕는 모든 교육적 과정을 말한다. 따라서 교실에서의 작은 습관, 친구와의 말 한마디까지 학생의 모든 일상은 생활교육의 범주에 들어갈 수 있다. 공간적 한계도 거의 없다. 수업 시간 교실뿐 아니라 등하교 시간, 쉬는 시간, 학교 외부에서의 언행까지 교육의 범위이다.

생활교육은 '생활지도'라는 용어로도 익숙하다. 그러나 '지도'라는 단어가 교사가 위에서 아래로 가르치고 통제한다는 뉘앙스를 주기 때문에, 최근에는 생활교육이라는 단어로 많이 쓰고 있다. 현장에서는 두 단어를 의미의 구분 없이 사용한다.

생활교육의 중심에는 담임교사가 있다. 담임교사는 내가 맡은 반 학생들의 생활교육을 일차적으로 책임진다. 그래서 담임교사는 학생의 학교생활 전반에 꾸준히 관여하게 된다. 때로는 하교 이후의 생활까지 함께 살피며 학생을 이해하려 애쓴다. 마치 학교에서 만나는 또다른 보호자에 가깝다. 가장 가까운 어른이자, 필요할 때는 반복해서 이야기해야 하는 사람이다.

교사의 역할은 학습 지도에만 머물지 않는다. 학생이 학교라는 공동체 안에서 안전하게 생활하고, 관계를 배우며, 자신을 조절해 나가도록 돕는 일 역시 교육의 일부이다. 그래서 생활교육은 선택의 문제가 아니라, 담임교사가 맡아야 할 중요한 책임이다.

그러나 가정, 학원, 심지어 온라인 공간 같은 학교 교사가 관여할 수 없는 범위까지 교사가 모두 책임지고 교육하기란 어렵다. 현실적으로 교사는 등교부터 하교까지 학생의 생활을 파악하고 지도해야 한다고 볼 수 있다.

더욱 구체적인 생활교육의 범위는 학교 분위기에 따라 조금씩 다를 수 있다. 학교 규정이 엄격한 학교도 있고, 느슨한 학교도 있다. 생활교육이 엄격한 학교는 학년 전체가 함께 지도에 힘을 모으고, 면학 분위기가 비교적 빠르게 자리 잡는다는 장점이 있다. 학교마다 다른 생활교육의 범위를 가늠하는 데 도움이 되는 방법의 하나는 교내 학생 생활 관리 규정을 한 번 차분히 살펴보는 것이다. 복장과 두발 규정부터 소지할 수 있는 물품, 수업 태도와 일상생활 전반까지 비교적 자세하게 정리되어 있다.

어떻게 지도해야 하는가?
생활교육의 기본 원칙 5계명

첫 담임을 맡았을 때는 생활교육이 특히 쉽지 않다. 평소 애정을 갖고 친근하게 지내던 우리 반 학생들에게 쓴소리해야 하는 순간이 오면 마음이 무거워진다. 생활지도를 반복하다 보면, 감정과 원칙 사이에서 흔들리는 순간도 잦다. 그 과정에서 자연스럽게 정리되는 생활교육의 기본 원칙들이 있다. 여기에서는 현장에서 도움이 되었던 생활교육의 기본 원칙 다섯 가지를 정리해본다.

첫째, 인내는 쓰지만, 열매는 없을 수도 있다는 사실을 명심해야 한다. 생활교육의 효과는 단기간에 나타나지 않는다. 학생은 쉽게 바뀌지 않는다. 이것을 간과하고 빠른 변화를 기대하는 교사는 낙담하기 쉽고, 실망하기 쉽다. 교사는 반복적인 지도를 통해 학생이 변화할 때까지 기다려주어야 한다. 그리고 때때로, 결국 나아지는 모습을 보지 못한 채로 졸업시켜야 하는 때도 있다. 쓰디쓴 인내를 견뎌도 열매를 얻지 못하는 경우다. 하지만 교사의 인내는 1, 2년짜리 인내가 아니다. 5년, 10년 후에 꽃을 피워 선생님을 찾아올지도 모를 일이다.

둘째, 일관성이 중요하다. 교사는 정한 원칙을 상황마다 흔들림 없이 적용해야 한다. 기준이 달라지면 학생들은 규칙을 신뢰하지 않는다. 일관성은 말처럼 쉽지 않다. 지각 지도, 문제 행동 대응, 학부모 연락까지 모두 교사의 체력과 마음을 소모한다. 그럼에도 교사는 같은 기준을 반복해서 지켜야 한다. 학급 운영은 결국 피곤함을 견디는 힘 위에 세워진다.

셋째, 화내는 것이 아니라 교육해야 한다. 우리는 학생들에게 감정적으로 대응할 필요가 없다. 원칙이 있으면 적용하고, 교육자로서 해야 할 말을 하면 된다. 학생이 잘못했을 경우 잘못한 부분을 정확히 짚어 주자. 그리고 그것이 원칙임을 상기시키자. 소리를 지르고 언성을 높인다고 해서 더 효과 좋은 지도인 것은 아니다.

넷째, 공간의 중요성을 잊지 말자. 청소년기 학생들에게는 다른 사람들에게 보여지는 모습, 특히 또래 친구들에게 비치는 자기 모습이 매우 중요하다. 그러므로 지도 환경은 다른 학생들 앞보다는 교사와 학생이 차분히 대화할 수 있는 교무실이 더 좋다. 다른 학생들이 있는 곳에서 지도하기보다, 복도로 잠깐 불러내거나 교무실로 데려가 지도하는 것이 바람직하다. 학생의 자존심에 상처를 내는 것은 학생과 교사 간 관계에도 좋지 않다.

다섯째, 학생의 마음도 공감해주자. 학생은 아직 학생이다. 미숙한 것이 당연하고, 아직 잘 모르는 것들을 배우기 위해 학교에 있는 것이다. 그것을 바탕으로 학생의 마음을 이해하려고 노력하자. 학생의 마음을 먼저 알아주고, 그런 다음 바로잡아주기 위한 지도를 하는 순서가 더 좋다. 교사가 마음을 알아주면 지도받다가도 마음이 풀어지는 게 학생이다. 학생의 처지에서도 자신의 마음에 공감해주는 교사의 지도를 더 잘 따를 것이다. 아래와 같이 이야기해보면 좋을 것 같다.

"네가 어떤 마음으로 그랬는지는 이해한다. 하지만 그 행동은 잘못됐어."

"화가 났다는 걸 이해해. 하지만 잘못된 행동인 걸 너도 알지?"

당장 써먹을 수 있는 생활교육 루틴

생활교육의 기본 원칙을 알아도 막상 지도해야 할 상황이 발생했을 때 어떻게 대처해야 할지 어려울 수 있다. 문제 행동이나 문제 상황이 발생하면 담임교사로서 어떻게 대처해야 할지, 당장 써먹을 수 있는 생활교육 루틴을 알아보자. 만약 학교폭력이나 범죄 등 큰 문제가 발생했을 때는 담임 선에서 지도하고 마무리하는 것이 아니라, 학년 부장교사와 관리자와 함께 의논하고 대처해야 한다.

"무슨 일인지, 왜 그랬는지 선생님에게 말해 볼래?"

먼저 상황을 파악하고 학생이 그렇게 행동한 이유를 살펴야 한다. 잘못으로 교무실에 불려오는 학생은 스스로 인정해서 오기보다, 다른 학생이 알리거나 교사가 직접 보아 확인된 경우가 많다. 곧바로 다그치기보다는 학생이 자기 말로 상황을 설명할 수 있는 기회를 주는 것이 좋다. 그리고 학생이 왜 그런 행동을 했는지 담임교사로서 이해하려는 태도로 공감하며 들어보자.

"그건 잘못된 행동이야."

학생이 한 말을 충분히 듣고 상황 파악이 끝나면, 담임교사는 객관적인 기준으로 잘못을 짚어 주어야 한다. 이 단계에서는 교사가 적극적으로 나서야 한다. 잘못된 행동을 섣불리 감싸거나 옹호해서는 안 된다. 스스로 깨닫지 못한 부분이 있다면, 왜 문제가 되는 행동인지 분명히 짚어 주어야 한다. 간혹, 상처 줄까 봐 혹은 관계가 틀어질까 봐 단호하게 말하지 못하는 교사도 있다. 교사는 무조건 공감하며 감싸주는 친구 같은 존재가 아니다. 무엇이 잘못되었는지를 부드럽게, 그러나 단호하게 바로잡고 교정하는 역할을 맡아야 한다.

"앞으로 어떻게 해야 할 것 같아?"

학생이 자기 잘못을 파악했다면 교사는 필요한 조치를 해야 한다. 먼저 앞으로 어떤 행동 변화를 보일지 학생과 함께 해결책을 모색한다. 이때 의견을 묻는 이유는 학생에게 선택권을 넘기기 위해서가 아니라, 스스로 어떻게 행동해야 할지 생각하게 하기 위해서다. 가장 기본적으로는 교칙과 학급 규칙이라는 원칙에 따라 지도한다. 누군가에게 피해가 갔다면 복구하거나 사과하도록 하고, 학급 기물을 파손했다면 행정실 절차에 따라 보상하도록 한다. 교사에게 무례하게 행동했다면 그에 맞는 사과가 필요하다. 반성하는 듯한 태도를 보인다고 해서 쉽게 넘어가기보다는 자기 행동에 책임을 지도록 하는 과정이 학생에게 필요하다는 것을 잊지 말아야 한다.

지도가 끝나면 담임교사는 문제 행동에 어떻게 개입했고 어떤 방식으로 처리했는지를 기록으로 남겨 두어야 한다. 이는 이후 더 큰 문제가 생기거나 '담임교사는 뭘 했나요?'라는 질문이 나올 상황에 대비하기 위한 예방 장치다. 가장 공식적으로 활용할 수 있는 자료는 나이스 '행동특성및종합의견-누가기록' 탭에 남긴 기록이다. 참고로 누가기록에 작성한 내용은 생활기록부에 그대로 옮겨지는 자료가 아니므로, 오탈자나 문장 형식에 크게 얽매이지 않아도 된다. 누가기록이 아니어도 교무수첩이나 개인 다이어리에 정리해 두어도 충분하다. 기록을 남긴 뒤에는 행동에 변화가 나타나는지도 일정 기간 살펴볼 필요가 있다. 문제 행동이 반복된다면 추가 지도하거나, 필요에 따라 학부모(보호자)에게 협조를 요청하는 등 다음 단계를 고민해야 한다. 누가기록 작성 예시는 다음과 같다.

> "수학 수업 시간마다 휘파람을 불어 수업을 방해하였고, 국어 시간에도 앞좌석을 발로 차거나 지우개 가루를 던져 수업을 방해하였음. 휘파람 불기, 앞좌석 차기, 지우개 가루 던지기는 수업 방해에 해당함을 지도하고, 앞으로 수업을 방해하였다고 교과 선생님들이 말씀하시거나 친구들의 불만이 있을 때 벌점을 받기로 담임과 약속함. 수업 성찰지를 이틀 동안 작성하게 한 결과 교과 선생님들로부터 수업 태도가 개선되었다는 평가를 받고 지도를 마무리함."

생활교육 상황별 대응 원칙

생활교육에는 여러 양상이 있다. 보통 학생들이 일상에서 보이는 문제 행동은 수업 방해, 거짓말, 장난, 욕설 정도다. 겉으로는 사소해 보일 수 있지만, 담임교사의 개입이 늦어지면 같은 행동이 반복되거나 점점 강화되기 쉽다. 앞에서 정리한 루틴에 따라 지도하면 큰 어려움 없이 정리되는 경우가 많고, 담임교사가 꾸준히 지도를 이어갈수록 변화가 나타난다. 문제 행동이 계속 이어질 때는 학부모와 연락해 가정과 연계한 지도를 고민해볼 수 있다.

조금 더 어려운 상황은 학생이 담임교사가 하는 지도를 받아들이지 않을 때다. 교사에게 무례한 언행을 보이거나, 심한 경우 교권을 침해하는 행동으로 이어지기도 한다. 이런 모습은 사춘기 반항기 학생에게서 자주 나타난다. 이럴 때는 문제 행동만 바로잡는 데 그치지 않고, 교사와 어른을 대하는 태도까지 함께 짚어야 한다. 자칫하면 학생과 교사 사이의 관계가 틀어질 수 있으므로, 더욱 세심한 접근이 필요하다. 단순한 권위로 압박하기보다 이미 형성된 라포를 활용해 공감과 지도를 함께 이어가는 방식이 효과적이다.

이런 학생에게는 언성을 높이기보다 교칙에 따라 책임을 분명히 지게 하는 편이 더 효과적이다. 소리를 지르거나 압력을 가하면 반항심만 키우기 쉽다. 이때 교사는 학생 마음을 이해한다는 메시지를 먼저 전하되, 해당 행동이 분명히 잘못되었음을 또렷하게 짚어야 한다. 담임교사가 기본적으로 학생 편이라는 인식이 자리 잡히면, 지적을 공격이 아니라 조언으로 받아들이기 쉬워진다.

반항적인 학생을 지도할 때는 다른 학생들 앞에서 이야기하지 않도록 특별히 유의해야 한다. 공개적인 지적은 체면을 건드려 방어적인 반응을 키우기 쉽고, 지도 내용보다 감정이 먼저 남기 때문이다. 복도나 교무실로 자리를 옮겨 분위기를 바꾸고, 차분하지만 단호한 태도로 이야기하는 편이 오히려 효과적이다.

가장 다루기 어려운 유형은 ADHD나 사회적 의사소통 장애처럼 지도를 반복해도 행동이 쉽게 바뀌지 않는 학생들이다. 문제 행동이 계속 이어지고, 몇 차례 지도만으로는 눈에 띄는 변화가 나타나지 않아 교사와 보호자 모두 쉽게 지칠 수 있다. 이럴수록 담임교사는 학생 상태를 학부모와 공유하고, 학교와 가정에서 어떤 방식으로 대응할지 함께 방향을 맞춰야 한다. 진료 여부나 약 복용 여부 등 기본적인 정보는 담임교사가 미리 파악해 두어야 한다. 아울러 학교에서 보이는 생활 모습도 학부모에게 꾸준히 전달할 필요가 있다.

문제는 반복되는 문제 행동을 두고 부모나 교사는 상황을 받아들이거나 맥락을 파악할 수 있지만, 아직 미성숙한 또래 친구들은 그렇게 여기지 못할 수 있다는 점이다. 이로 인해 해당 학생이 반에 있으면 학급 전체가 갈등에 놓이기 쉽다. 교사는 학급 학생들에게 상황을 설명하며 협조를 구하고, 갈등이 학교폭력으로 번지지 않도록 꾸준히 지도해야 한다.

우리 반은 성장 중, 학급 갈등 해결하기

신규교사 백 선생은 요즘 학급에서 사건 사고가 끊이지 않아 걱정이 많다. 쉬는 시간에 일어나는 말다툼부터 온라인에서 발생하는 익명 글까지, 끊임없이 일어나는 갈등을 해결하고 학생들을 다독이느라 매일 학부모와 통화하며 하루를 마무리하는 게 일상이 되어가고 있다.

4월은 갈등과 저항이 본격적으로 드러나는 시기다. 서로 다른 성격과 개성을 지닌 수십 명의 학생이 한 교실에서 생활하다 보면, 크고 작은 갈등은 피하기 어렵다. 3월은 새 학기에 적응하느라 비교적 조용히 지나갔을 수 있다. 그 과정에서 담임교사가 반 분위기를 긍정적으로만 받아들이며 상황을 낙관적으로 판단했을지도 모른다. 하지만 4월에 접어들면 그동안 잠잠하던 문제들이 하나둘 모습을 드러내기 시작한다. 이처럼 학급 안에서 생겨나는 갈등을 효과적으로 관리하고 해결하려면, 담임교사는 어떤 지점에 주목하고 어떻게 대응해야 할까?

학급 내 갈등의 유형

학교에서는 수많은 기상천외한 사건 사고가 발생한다. 그중 흔하게 나타나는 갈등들을 몇 가지 유형으로 제시해보겠다. 학교급이나 학생 성별에 따라서 갈등의 종류는 또 천차만별로 달라질 수 있다. 일반적으로 고등학교에 비해 중학교의 갈등이 훨씬 자주 그리고 사소한 곳에서 발생하는 경향이 있다. 학생들의 성숙도 차이 때문이다. 중학교는 생활지도가 고등학교는 생활기록부와 수업 연구가 힘들다는 것은 어느 정도 맞는 말이다.

먼저, 장난에서 비롯된 갈등이 있다. 학생 사이가 크게 나쁘지 않더라도, 가벼운 장난이 순간 감정을 상하게 하며 다툼으로 번지는 경우다. 몸이나 머리에 손을 대는 행동, 별명을 부르는 말, 욕설 섞인 표현 등 장난의 형태는 다양하다. 대체로 장난의 수위를 조절하지 못했거나, 상대가 불쾌함을 느꼈다는 신호를 제때 알아차리지 못한 미숙함에서 시작된다. 학생들은 이전에는 문제없이 넘어갔던 장난이 갑자기 갈등으로 이어진 상황을 이해하지 못한 채, 서로의 반응 차이에서 혼란을 느끼는 모습을 보이곤 한다.

누군가의 잘못으로 갈등이 생기기도 한다. 실수로 문제를 일으키거나, 같은 행동을 반복하며 상대에게 피해를 주면서 갈등으로 이어지는 경우다. 수업을 방해하거나, 돈을 빌리고 갚지 않거나, 또래가 불편해할 만한 행동을 계속하는 모습이 여기에 해당한다. 아직 타인을 배려하며 행동하기가 익숙하지 않고 자기중심적인 태도가 남아 있는 청소년 시기에는 충분히 나타날 수 있는 상황이다.

교우관계에 문제가 생겨서 계속해서 갈등이 일어나는 때도 있다. 누군가의 잘못으로 인한 갈등이 반복될 경우, 학생들이 문제 학생을 싫어하게 되고 갈등이 굳어질 수 있다. 심해지면 잘못하지 않아도, 해당 학생이 개선 의지를 보여도 그저 싫어하기도 한다. 무리에서 배제하거나, 욕을 하거나 따돌림을 하는 등의 문제가 생긴다. 이때는 교우관계에 문제가 생긴 것이기에 학교폭력까지 번지지 않기 위해서 담임교사의 세심한 개입이 필요하다. 담임교사의 갈등 초기 개입을 통해 상황이 여기까지 오는 것을 어느 정도 방지할 수는 있다. 그러나 예민한 사춘기 학생들이 누군가와 사이가 나빠지거나, 누군가를 싫어하는 것을 담임이 다 통제할 수는 없기도 하다.

학급 내 갈등 해결 루틴

담임교사가 갈등을 그대로 두면 더 큰 문제로 이어질 수 있다. 교우관계와 학급 분위기가 흐트러지고, 상황에 따라 학교폭력으로 번질 위험도 커진다. 그래서 담임교사의 세심한 모니터링과 적절한 개입이 중요하다. 신규교사는 현장 경험이 많지 않아 학급 안에서 갈등이 생길 때 당황하거나 판단을 망설이기 쉽다. 아래에서는 갈등을 정리할 때 활용할 수 있는 담임교사의 기본 루틴을 정리한다. 실제 상황에서도 차분히 단계별로 적용해 보면 도움이 된다.

상황 파악과 정리

신백이와 규백이가 싸웠다며 담임교사를 찾아왔다. 이럴 때 담임교사는 어떻게 대응해야 할까? 다친 학생이 없고 당장 병원에 갈 상황이 아니라면, 우선 상황부터 차분히 파악한다. 누가, 언제, 어떤 맥락에서 무엇을 했는지 순서대로 확인한다. 학생 당사자에게 직접 묻되, 두 학생을 분리해 각각 이야기를 듣는 편이 좋다. 함께 있는 자리에서는 감정이 다시 상하거나 갈등이 격해질 수 있기 때문이다.

사안이 복잡하거나 바로 정리되기 어려워 보이면, 관련 내용을 학생이 자필로 정리하도록 한다. 이때도 학생은 각각 분리해 작성하게 한다. 학교마다 경위서, 진술서, 사실 확인서 등 명칭과 양식은 다를 수 있다. 진술서에는 관련 학생, 날짜, 사건의 흐름처럼 사실만 적도록 안내하고, 추측이나 개인적 감정은 배제하게 한다. 진술서를 작성하다가 수업 종이 울리면, 작성하던 내용은 그대로 두고 교실로 돌아가게 한다. 진술서 때문에 수업에 참여하지 못하는 상황은 수업권 침해로 이어질 수 있기 때문이다. 다음 쉬는 시간에 다시 와서 이어서 작성하도록 안내하면 된다.

이 과정에서 갈등과 폭력은 반드시 구분해야 한다. 상황을 살펴본 결과 단순한 갈등이 아니라 폭력으로 판단되면, 담임 차원에서 정리하지 말고 학교폭력 사안으로 보고해 규정에 따라 처리해야 한다. 아울러 모든 상황 파악은 학생이 하교하기 전에 마무리하는 편이 좋다. 집에 돌아간 학생이 학교에서 있었던 일을 보호자에게 전하면, 담임교사에게 연락이 이어질 수 있다. 이때 파악된 내용이 없다면 대응이 어려워질 수 있다.

상황 파악이 끝나면 교사는 학생들에게 상황을 교사가 사용하는 언어로 정리해 전달한다. 당사자가 아닌 어른의 관점에서 사실을 객관적으로 설명하며, 학생들이 감정에서 한 걸음 떨어져 상황을 바라볼 수 있도록 돕는다.

> "신백이가 규백이의 머리를 장난으로 때렸다는 거지? 규백이는 순간 기분이 나빠서 욕을 한 거고. 선생님이 보기에는 상대를 때리는 것과 욕하는 것 둘 다 올바른 행동은 아니야."

이때 교사가 학생들에게 화를 내며 감정적으로 지도할 필요는 없다. 학생들은 아직 미숙한 존재다. 자신들의 행동이 무엇이 문제인지를 잘못한 부분만 정확히 언급해주면 된다. 학생들이 자기 행동을 돌아보고 잘못을 인지했다면 다음 단계로 넘어가도 좋다.

교사 개입과 중재

학생들이 자기 행동을 인지한 뒤에는 교사가 갈등 해결을 돕는 방식으로 개입해야 한다. 진술서를 작성하고 교사의 설명을 듣는 과정에서 학생들의 감정은 어느 정도 가라앉아 있을 가능성이 크다. 이 시점에서는 학생들이 어떤 해결을 바라는지 확인하거나, 교사가 가능한 해결 방향을 제시할 수 있다. 상황에 따라 교사가 자리에 함께하며 사과와 화해를 돕거나, 발생한 피해를 복구하도록 안내하는 절차가 필요할 수도 있다.

> "규백이는 신백이가 어떻게 했으면 좋겠어? 혹시 사과받고 싶어?"
> "신백이는 어떻게 하고 싶어? 이 행동에 대해 사과할 마음이 있어?"

때로는 감정이 충분히 가라앉지 않아 사과나 문제 해결을 거부하는 모습이 나타나기도 한다. 교사가 강제로 이끄는 사과나 화해는 문제를 근본적으로 풀기보다, 겉으로만 정리된 임시 조치로 남을 수 있으므로 주의가 필요하다. 이런 상황에서는 생각할 시간을 더 주거나, 상대의 입장을 이해하도록 돕는 과정에 조금 더 시간을 들이는 편이 낫다.

관계에서 엉킨 지점을 풀어주되, 소란을 일으키거나 타인을 때리는 등 분명한 잘못이 드러난 상황에서는 규칙에 따라 엄중하게 지도해야 한다. 감정은 정리하되, 잘못에는 책임이 따른다는 점을 분명히 짚어주는 편이 바람직하다. 이 과정에서는 앞으로 어떤 태도로 행동해야 하는지도 함께 안내할 필요가 있다. 이후 학생들이 스스로 약속한 태도를 실제로 실천하고 있는지 살펴보는 사후 점검 역시 중요하다.

학부모 통화와 기록

사안이 마무리되면 관련 학생의 학부모에게 있었던 일을 전달한다. 학생이 고학년이거나 갈등의 정도가 가볍고, 학생들 사이에서 원만히 정리되었다면 반드시 전화할 필요는 없다. 다만 물리적 충돌이 있었거나 물건 파손이 동반되었거나, 문제 행동이나 갈등이 반복되는 흐름이 보일 때는 학부모에게 미리 알리는 편이 바람직하다. 이는 이후 문제가 커졌을 때 담임교사가 사전에 안내하지 않았다는 불만을 예방하는 데에도 도움이 된다. 아래에는 학급 갈등이 발생했을 때 학부모와 통화하며 자주 오가는 대화의 예를 정리했다.

교사: 어머니(아버님) 안녕하세요. 신백이 담임입니다. 혹시 잠깐 통화할 수 있으실까요?

학부모: 선생님 안녕하세요. 무슨 일이신가요?

교사: 다름이 아니라, 오늘 학교에서 있었던 일 때문에 전화드립니다. 오늘 신백이가 규백이에게 장난을 쳤다가 규백이 감정이 상한 모양이에요. 규백이가 화가 나서 욕을 해서 결국 서로 욕을 주고받으며 싸움이 있었습니다. **[무슨 일이 있었는지 설명]**

학부모: 그런 일이 있었군요.

교사: 교무실에 와서 서로 사과하고 화해했고, 친구를 놀린 것과 욕을 한 것에 대해서는 반성문을 작성하도록 지도하였습니다. **[학교에서 어떻게 지도했는지 전달]** 그런데 평소 신백이가 짓궂은 장난을 칠 때가 많아서요. 다른 친구들이랑도 사소한 마찰이 몇 번 있었습니다. 반 학생들이 신백이의 이런 부분을 싫어하게 되면 교우관계가 틀어질 수 있을 것 같아 우려됩니다. 학부모님께서도 가정에서 지도 부탁드립니다. **[가정에서 지도 부탁할 부분을 구체적으로 언급]**

학부모: 네 제가 집에서도 잘 지도하겠습니다. 감사합니다.

현실에서는 모든 통화가 간단하게 마무리되지는 않는다. 갈등 상황을 계기로 평소 학생의 학교생활 전반에 대한 상담으로 이어지면서 통화가 길어지기도 한다. 이런 상황에 대비해 교사가 평소 관찰해 온 학생의 모습 몇 가지를 정리해 두면 상담을 훨씬 수월하게 이어갈 수 있다. 학부모와의 통화를 마친 뒤에는 그 내용을 빠짐없이 기록으로 남겨 두는 편이 좋다.

'적자생존'이라는 말이 현장에서는 종종 다른 의미로 쓰인다. 여기서 말하는 적자생존은 '적합한 종이 살아남는다'는 진화생물학적 개념이 아니라, 기록을 남긴 사람이 상황을 설명할 수 있고 자신을 지킬 수 있다는 의미이다. 사소해 보이는 갈등도 쌓이면 불화로 이어지고, 어느 순간 담임도 인지하지 못한 채 학교폭력으로 번질 가능성도 있다. 이때 담임이 어떤 상황을 파악했고, 어떤 기준으로 개입했는지가 기록으로 남아 있어야 이후 대응이 가능하다. 그래서 담임의 판단과 개입 과정은 반드시 기록으로 정리해 두어야 한다. 나이스 '행동특성및종합의견-누가기록' 탭에 작성하면 된다.

갈등 없는 교실은 존재하지 않는다. 교사는 갈등을 없애는 역할을 맡지 않는다. 갈등이 생겼을 때 학생들이 스스로 해결하고 대처할 수 있도록 방향을 제시하고 이끄는 쪽에 가깝다. 갈등을 차분하게 다루고 중재하는 교실은 시간이 지날수록 점차 안정된다. 학기 초인 4월은 유난히 사건과 문제가 잦은 시기이지만, 시간이 흐르면 학생들은 교실에 익숙해지고 보다 안정된 환경 속에서 성장하는 모습을 보이게 된다.

학교폭력, 담임의 역할과 대응

유난히 조용한 오후였다. 신규교사 백 선생은 점심시간이 끝난 교무실에서 커피 한 잔의 여유를 즐기고 있었다. 메신저 알림도, 전화벨 소리도 울리지 않았다. 평소와 다르지 않은 하루라고 생각하던 그때, 교무실 문 앞에서 학생 하나가 머뭇거리다 들어왔다.

"선생님… 잠깐 이야기해도 될까요?"

백 선생은 흔한 상담쯤으로 여기며 자리를 권했다. 지각이나 친구 간 다툼 정도일 거라 생각했다. 하지만 이야기가 이어질수록 왠지 마음이 편치 않았다. 아이는 말을 꺼냈다 멈추기를 반복했고, 설명해야 할 부분에서 자꾸 말끝을 흐렸다. 그날 저녁, 학부모의 전화가 걸려왔다.

"선생님, 지금 이걸 아이들 장난 정도로 보시는 건가요? 우리 아이가 당한 일을 제대로 알고 계신 겁니까?"

그제야 백 선생은 이 일이 단순한 갈등으로 끝나지 않을 수도 있겠다는 생각이 들었다. 그리고 곧, 이 상황을 부르는 말이 분명해졌다. 학교폭력이었다. 그 이름이 붙는 순간, 문제는 교실 안의 일이 아니라 학교 전체가 책임져야 할 사안이 된다.

학교폭력은 담임교사가 겪는 일 중에서도 가장 풀기 어렵고 부담이 큰 문제다. 단순한 학생 간 갈등과는 차원이 다르다. 피해학생과 가해학생, 그리고 학부모까지 여러 이해관계가 얽히며, 사안이 시작되는 순간 관련된 사람들 대부분은 이미 예민해진 상태가 된다. 이 과정에서 담임교사는 상황을 정리해야 하는 위치이면서도 동시에 가장 먼저 불만과 의심을 마주하는 사람이 되기 쉽다.

특히 절차와 흐름을 충분히 알지 못한 채 섣불리 판단하거나 안내하면, 상황은 쉽게 꼬인다. 학생이나 보호자를 위로하려는 표현이 사실 관계를 흐리는 말로 받아들여질 수 있고, 선의로 덧붙인 설명이 책임을 회피하려는 태도로 오해받기도 한다. 불만 제기에 그치면 다행이지만, 악성 민원이나 법적 문제로까지 이어지는 사례도 학교 현장에서는 낯설지 않다.

학교폭력 사안에서 담임교사의 역할은 문제를 직접 해결하는 데 있지 않다. 상황을 명확히 파악하고, 정해진 규정 안에서 움직이며, 맡은 역할과 넘지 말아야 할 선을 지키는 데 있다. 이러한 기준을 처음부터 알고 대응하면, 담임교사는 불필요한 책임에서 한 발 떨어져 설 수 있다.

학교폭력의 정의와 주요 규정

> "학교폭력이란 학교 내외에서 학생을 대상으로 발생한 상해, 폭행, 감금, 협박, 약취·유인, 명예훼손·모욕, 공갈, 강요·강제적인 심부름 및 성폭력, 따돌림, 사이버폭력 등에 의하여 신체·정신 또는 재산상의 피해를 수반하는 행위를 말한다."[3]

많은 교사가 '이게 학교폭력인가, 단순 갈등인가'를 해석하는 문제를 놓고 혼란을 겪는다. 발생한 사건이 학교폭력에 해당하는지 판단하는 것은 담임교사의 역할은 아니다. 객관적인 상황보다는 학생과 학부모의 신고 의사가 가장 중요하다. 담임교사가 학교폭력 신고를 말리는 것은 추후 학교폭력 은폐 문제가 생길 수 있어 안전하지 않다. 물론 성사안, 그리고 폭력의 정도가 심한 경우 등 심각한 문제일 때는 예외다. 이런 경우 학생이나 학부모 의사 없이 담임교사가 곧바로 학생부에 신고 의사를 밝히고 사안을 인계하기도 한다. 다음 각 상황이 학교폭력인지 아닌지 판단해보자.

---

3) 「학교폭력예방 및 대책에 관한 법률」 제2조 1항

★ 학교폭력인가, 아닌가?

> ① 학생 A가 B와 싸운 상황: **학교폭력이 아니다.**
> ② A가 신고하고 싶다고 말했다: **신고를 접수한다.**
> ③ A가 B와 화해하고 넘어가기로 했다: **학교폭력이 아니다.**
> ④ 다음날 화가 난 학부모가 신고하고 싶다고 말했다: **신고를 접수한다.**

학교폭력 문제는 담임교사의 지도나 내부 해결로 끝낼 수 있는 사안이 아니다. 교사가 사건을 인지하고 피해학생 측이 신고 의사를 밝혔다면, 반드시 관련 규정과 절차에 따라 처리해야 한다. 따라서 담임교사는 관련 규정을 숙지하고 지침에 따라 대응하며, 학부모에게 잘못된 안내를 하지 않도록 주의해야 한다. 담임교사가 알고 있어야 할 것에는 학교폭력 사안 처리 절차와 피해학생 보호, 가해학생에 대한 조치사항과 학교장 자체 해결제의 조건 정도가 있다.

학교폭력 사안 처리 절차

학교폭력 신고가 접수된 이후에는 초기 사실 확인부터 사안 조사, 심의까지의 절차를 담임교사가 아닌 전담조사관이나 전담 기구에서 맡아 진행한다. 해당 사안이 학교장 자체 해결 요건을 충족하고 피해학생 측의 동의가 있다면, 교육청 심의위원회로 넘어가지 않고 학교 차원에서 종결할 수 있다. 반대로 요건을 충족하지 못하면 교육청 심의위원회에서 심의가 이루어지고, 그 결과에 따른 조치가 학교로 통보

된다. 이 과정에서 담임교사는 조사나 판단을 직접 수행하지 않는다. 대신 학부모의 문의에 대응하고, 학생들의 생활과 정서를 안정적으로 관리하는 역할에 집중하게 된다.

⭐ 학교폭력 사안 처리 순서도

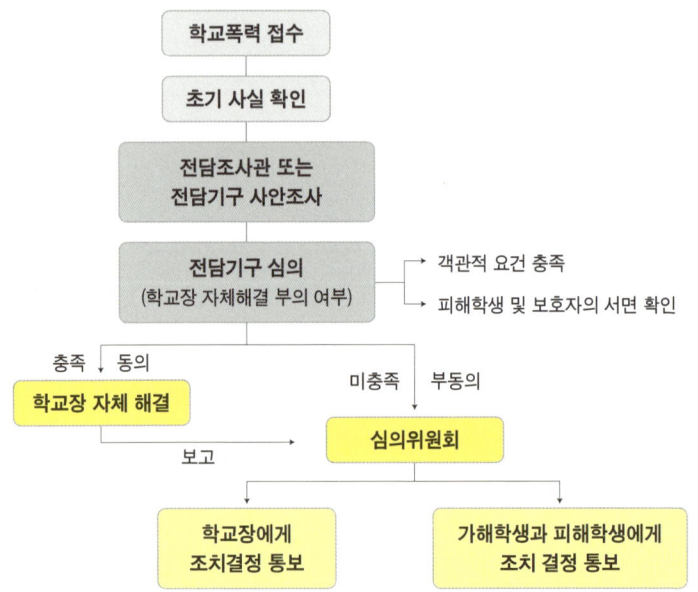

피해학생의 보호

학교폭력 신고가 접수되면 가해학생과 피해학생은 최대 7일 동안 분리할 수 있다. 같은 학급에 속한 학생이라면 가해학생이 교실 밖 다른 공간에서 생활하도록 조치하고, 다른 학급 학생이라면 각자 교실에서 생활하되 쉬는 시간이나 점심시간에 동선이 겹치지 않도록 관리한다. 피해학생이 원할 때 가정에서 보호받도록 조치하고, 그동안 출석을 인정받을 수도 있다. 이처럼 분리 조치가 이루어지면 학생이 정상적인 수업에 참여하지 못하는 상황이 생길 수 있다. 그래서 학교폭력 신고 과정에서 분리 조치가 적용될 수 있다는 점을 사전에 안내해 두는 편이 바람직하다.

> "학교의 장은 학교폭력사건을 인지한 경우 피해학생의 반대의사 등 특별한 사정이 없으면 지체 없이 가해자와 피해학생을 분리하여야 하며, 피해학생이 긴급보호를 요청하는 경우에는 다음 조치를 할 수 있다.
>
> 1. 학내외 전문가에 의한 심리상담 및 조언
> 2. 일시보호
> 3. 치료 및 치료를 위한 요양
> 4. 학급교체
> 5. 그 밖에 피해학생의 보호를 위하여 필요한 조치"[4]

학교장 자체 해결제

학교장 자체 해결제는 비교적 경미한 학교폭력 사안을 학교 내부에서 마무리하는 제도다. 학교장 자체 해결의 네 가지 기준을 충족하고, 피해학생 측의 동의가 있을 때 적용할 수 있다. 이 경우 사안은 교육청 심의위원회로 넘어가지 않고 학교 차원에서 종결된다. 교육청 심의 절

---

4) 「학교폭력예방 및 대책에 관한 법률」 제16조

차가 진행되지 않기 때문에 공식적인 가해학생 조치도 따로 이루어지지 않는다. 실제로 학교폭력 신고 이후 학생과 학부모 사이에서 사과나 합의가 이루어진 경우, 이러한 방식으로 사안이 정리되는 경우가 많다. 자체 해결제의 적용 기준은 아래 단락에서 다시 살펴본다.

> "다음 각 호에 해당하는 경미안 학교폭력에 대하여 피해학생 및 그 보호자가 심의위원회의 개최를 원하지 아니하는 경우 학교의 장은 학교폭력사건을 자체적으로 해결할 수 있다.
>
> 1. 2주 이상의 진단서를 발급받지 않은 경우
> 2. 재산상 피해가 없는 경우 또는 재산상 피해가 즉각 복구되거나 복구 약속이 있는 경우
> 3. 학교폭력이 지속적이지 않은 경우
> 4. 보복행위가 아닌 경우"[5]

가해학생에 대한 조치

학교장 자체 해결로 마무리되지 않고 심의위원회에 회부된 사안은 심의를 거쳐 가해학생 조치가 결정된다. 조치는 1호 서면사과부터 최대 9호 퇴학까지 가능하다. 다만 중학교는 의무교육 과정이므로, 8호 전학 조치가 가장 높은 수준의 처분이 된다. 이렇게 결정된 조치는 담임교사가 학교의 담당 부서 안내에 따라 학교생활기록부에 기재한다. 조치 유형에 따라 보존 기간은 서로 다르다.

---

5) 「학교폭력예방 및 대책에 관한 법률」 제13조의 2

★ 학교폭력 가해학생 조치사항

1호 피해학생에 대한 서면사과
2호 피해학생 및 신고학생에 대한 접촉, 협박 및 보복 금지
3호 교내봉사
4호 사회봉사
5호 특별교육 또는 심리치료
6호 출석정지
7호 학급교체
8호 전학
9호 퇴학 (의무교육에서는 제외)

「학교폭력예방 및 대책에 관한 법률」 제17호

★ 학교폭력 가해학생 조치사항 보존기간

조치사항	보존기간
1,2,3호	졸업과 동시에 삭제
4,5호	졸업 후 2년 보존 (졸업 직전 심의를 통해 삭제 가능)
6,7호	졸업 후 4년 보존 (졸업 직전 심의를 통해 삭제 가능)
8호	졸업 후 4년 보존
9호	영구보존(삭제 불가)

「초·중등교육법 시행규칙」 2024. 3. 1.부터 시행

담임교사 학교폭력 사안 처리 루틴

학교폭력 신고 의사 확인

학교폭력 사안은 담임교사가 가장 먼저 인지하는 일이 많다. 사안이 확인되면 관련 학생의 진술서를 우선 확보해 두는 편이 좋다. 이후 신고가 접수되면 조사관이 공식 진술서를 다시 받게 되지만, 담임교사가 사건을 정확히 이해하는 데에도 필요한 절차다. 아울러 신고 접수 이전까지 담임교사가 사안을 방관하지 않았다는 점을 보여 주는 근거 자료로도 활용할 수 있다. 사안 조사는 반드시 수업 시간 외에 진행하고, 학생들을 분리한 상태에서 각각 작성하도록 관리해야 한다.

상황을 살펴본 결과 학교폭력으로 판단된다면, 학생이나 학부모에게 신고 의사가 있는지 확인해야 한다. 이때 교사는 신고를 막거나 성급하게 화해를 권해선 안 된다. 학생이나 학부모가 신고 의사를 분명히 밝힌다면, 그 절차에 따라 진행하면 된다.

이때 학부모와 학생의 심정을 이해하고 공감하되, 중립적인 태도는 끝까지 유지해야 한다. 예를 들어 "평소에 문제없던 아이인데 의외네요.", "그럴 애는 아닌 것 같은데요.", "원래 착한 아이라서 일부러 그런 건 아닐 거예요."와 같은 말은 사실 확인이 끝나기 전에는 모두 추측에 해당한다. 이런 발언은 특정 학생의 편을 드는 인상으로 받아들여질 수 있으므로 주의해야 한다.

심의위원회에서 조치가 결정되기 전까지는 피해학생, 가해학생이라는 표현 대신 관련 학생이라는 용어를 사용한다. 참고로 성범죄 사안은 예외 없이 즉시 신고 대상이다. 사안의 성격상 판단이 어렵다면 학년 부장교사나 교감 등 관리자와 함께 상의하며 대응하는 것이 바람직하다.

학교폭력 신고 의사가 분명하거나, 신고 없이 담임 차원에서 지도를 요청할 때는 오히려 문제 해결이 비교적 수월하다. 반대로 신고는 원하지 않으면서 보상이나 사과를 요구하는 상황은 대응이 훨씬 까다롭다. 이럴 때 담임교사는 두 학부모 사이에 끼어 여러 차례 전화를 주고받으며, 감정이 격해진 항의를 직접 감당해야 하는 처지에 놓이기 쉽다. 이 경우 담임교사는 학생 지도를 넘어서는 조치를 대신할 수 없다는 점을 분명히 밝혀야 한다. 다만 상대측 학부모와의 직접 대화를 원한다면, 상호 동의하에 연락처를 전달하는 방식은 가능하다. 이를 거절한다면, 보상이나 사과를 공식적으로 요구하려면 학교폭력 신고 절차를 진행해야 한다고 안내하면 된다. 아래에는 피해학생측 학부모와 통화할 때 반복해서 등장하는 표현을 예로 담았다.

> **학부모:** 피해가 심각한 것 같아요. 골절 때문에 통원 치료비도 만만치 않네요. 보상을 받고 싶습니다.
>
> **교사:** 피해보상을 원하시면 학교폭력으로 접수되어야 합니다. 심의위원회에서 학교폭력이라고 처분이 나오면 병원비를 청구하실 수 있습니다.
>
> **학부모:** 학교폭력 신고까지는 좀 그렇고, 좋게 끝내는 대신 병원비만 좀 받을 수 없을까요?

교사: 죄송하지만, 담임이 피해보상 중재까지는 해드릴 수 없습니다. 저는 학교에서 학생들을 지도하는 것 이상의 조치는 해드릴 수 없어요. 학교폭력 신고 없이 진행하시려면 부담스러우시겠지만 직접 통화하셔서 조율하셔야 합니다. 혹시 원하시면 상대측 학부모님께 여쭤보고 번호를 전달해드릴까요?

학부모: 그렇게 해주세요. 감사합니다.

학교폭력 신고 후 안내

피해학생 측에서 신고를 원하면 신속히 학생부장에게 전달하고, 학년 부장교사에게도 보고한다. 또 가해학생 측 학부모에게도 학교폭력 신고가 접수되었음을 알려야 한다. 학생부에서 공식적인 절차를 안내하겠지만, 바로 학생부 전화를 받으면 대부분 학부모가 놀라기 때문에 담임교사의 1차 전달이 있는 것이 좋다.

학교폭력 신고가 접수되면 많은 학부모가 담임교사에게 진행 상황을 문의한다. 그러나 신고가 접수된 이후 진행 상황은 담임교사가 전혀 알 수 없고, 모든 조사와 심의 등은 전담 기구와 심의위원회를 통해 진행된다. 따라서 학부모의 계속된 문의에 시달리기보다는 학교폭력 문제에 담임교사는 개입할 수 없음을 강조해야 한다. 단, 어떤 절차로 처리되는지 등은 평소에 잘 숙지하고 있다가 안내하도록 하자.

그래도 많은 학부모는 답답함을 호소하게 된다. 이때 담임교사 역시 조사와 조치 결과를 기다리는 위치에 있음을 먼저 분명히 설명할 필요가 있다. 이후 학부모가 느끼는 불안과 답답함에 공감하는 태도를 함께 보여 주는 편이 바람직하다. 아울러 전담 조사관 조사와 심의위원회 조치 결정 과정에서 학생과 보호자에게 의견 진술 기회가 제공된다는 사실을 안내하면, 학부모의 불안을 조금이나마 덜 수 있다.

학교폭력 조치사항 기록 및 사후 관리

심의위원회에서 가해학생 조치가 결정되어 통보되면, 학교의 담당 부서에서 조치사항 기록 방법을 안내한다. 담임교사는 그 절차에 맞춰 학생 생활기록부에 반영한다.

학교폭력 신고 절차를 한 차례 거친 뒤에는 학생들 사이의 관계가 크게 손상된 상태로 남는 일이 잦다. 이후 갈등이 다시 불거지지 않도록 학교생활 전반을 세심하게 살핀다. 동아리나 방과후 활동, 다음 학년 진급 과정에서도 같은 학급이나 활동에 겹치지 않도록 미리 점검한다.

학교폭력 문제는 담임교사에게 여전히 가장 어려운 과제 가운데 하나다. 사안이 접수되는 순간부터 절차가 교육청 단위로 넘어가고, 담임교사는 더 이상 판단이나 결정의 주체가 되지 않는다. 그럼에도 학부모의 문의와 학생 관리, 교실 안 분위기는 여전히 담임의 몫으로 남는다. 잘못을 인정하고 절차를 차분히 받아들이는 경우는 생각보다 많지 않고, 결정 권한이 없는 담임에게 과도한 요구나 압박이 이어지는 상황도 적지 않다. 그만큼 학교폭력 사안은 앞으로도 많은 담임교사를 지치게 할 가능성이 크다. 이 책을 읽는 신규교사들이 관련 규정을 정확히 이해하고, 자신의 역할과 한계를 분명히 인식한 채 차분히 대응하며, 불필요한 상처 없이 사안을 마무리할 수 있기를 바란다.

학생의 마음을 여는
학생 상담

수업 시간에 늘 활발하게 손을 들고 발표하던 학생이 있었다. 그 학생은 쉬는 시간에도 친구들 사이에서 웃음소리가 끊이지 않았고, 교실 분위기를 주도하는 것처럼 보였다. 그래서 담임으로서 특별히 그 학생을 걱정할 이유가 없다고 생각했다. 어느 날, 별일 아니라는 듯 상담을 요청한 그 학생은 의자에 앉자마자 한동안 말을 잇지 못했다.

"선생님, 그냥… 요즘 좀 힘들어요."

그제야 신규교사 백 선생은 교실에서 보던 모습이 그 학생의 전부는 아니었다는 것을 깨달았다. 겉으로 보이는 태도만으로는 알 수 없는 이야기가 내면에 차곡히 쌓여 있었다. 학생 상담은 이렇게 시작되는 경우가 많다. 보기만 해서는 알 수 없는 것이 많고, 직접 듣기 전에는 이해하기 어려운 일들도 많다. 조례나 수업 시간의 겉모습만 보고 학생을 판단하기 쉽지만, 상담을 하면 전혀 다른 이야기가 나온다. 평소 활발해 보이던 학생이 가정 문제로 힘들어할 수도 있고, 조용해 보이던 학생이 친구 관계나 학급 분위기로 큰 스트레스를 받고 있을 때도 있다. 이렇듯 상담은 교사가 놓치기 쉬운 학생의 속마음을 들여다볼 수 있는 창구다.

상담을 위한 준비

상담은 반드시 정해진 자리에서만 이루어지지는 않는다. 쉬는 시간에 복도에서 나누는 짧은 대화 역시 상담으로 이어질 수 있다. 다만 교사가 상담과 관련된 자료를 미리 확인하고, 학생에게 던질 질문을 사전에 떠올려 두면 일상적인 대화도 깊이 있는 상담으로 확장된다. 경력교사는 여러 경험을 바탕으로 학생과의 대화를 자연스럽게 상담으로 연결하지만, 신규교사는 어떤 이야기부터 시작해야 할지 막막함을 느끼기 쉽다. 이런 부담을 줄이기 위해 상담에 필요한 기초 자료를 갖춰 두고, 평소 학생의 모습을 관찰해 간단히 메모해 두는 편이 도움이 된다. 상담 이후에는 기록지를 남겨 학생의 변화를 꾸준히 살펴볼 수 있다.

상담의 출발점은 학생에 대한 기본 정보를 파악하는 것이다. 보통 학기 초에 학생에 관한 기본적인 정보를 수집하기 위해서 학년에서 공통으로 배부하는 학생 상담 기초 자료가 있다. 상담 기초 자료에는 학생의 이름과 연락처, 보호자 연락처, 희망 진로, 선호 과목, 관심사, 취미와 특기, 친한 친구, 성격까지 학생을 이해하는 데 필요한 다양한 질문으로 채워져 있다. 이러한 상담 기초 자료는 상담을 위한 귀중한 자료로서 학생과의 대화가 자연스럽게 상담으로 이어지게 하는 열쇠가된다. 학생의 희망 진로에 '간호사'라고 적혀 있다고 가정해보자. 그럼학생에게 "간호사를 꿈꾸게 된 계기가 있어?", "너의 어떤 점이 간호사라는 직업과 잘 맞는다고 생각하니?"처럼 상담을 시작할 때 첫 질문을쉽게 꺼낼 수 있다.

또 교사는 평소 학생의 생활을 관찰하고 기록을 남겨두면 좋다. 생활 관찰 기록에는 학생의 대인 관계, 발표 태도, 수업 참여도처럼 수업과 생활 전반에서 드러나는 모습들을 담을 수 있다. 교실뿐 아니라 복도나 도서관 등 학교 안 여러 공간에서 교사가 직접 본 행동도 기록 대상이 된다. 예를 들어, 쉬는 시간마다 친구들과 어울리지 않고 혼자 도서관으로 향해 책을 읽는 학생이 있다면, 그 장면을 생활 관찰 메모로남겨 두었다가 이후 상담에서 교우관계에 어려움이 있는지 살펴볼 수있다. 이렇게 사소해 보이는 행동이라도 교사가 눈여겨보고 짧게 메모해두면, 형식적인 상담을 넘어서 학생과 훨씬 구체적인 이야기를 나누는 데 도움이 된다.

상담을 진행한 뒤에는 상담 기록지를 남겨 두면 다음 상담을 준비하는 데 큰 도움이 된다. 상담 기록지에는 상담 일시와 장소, 학생의 주요 발언, 교사의 피드백과 이후 계획 등을 정리해 둘 수 있다. 한 번의 상담만으로는 잘 드러나지 않던 학생의 마음이, 기록을 통해 이어진 상담 과정에서 점차 또렷해지기도 한다. 첫 상담에서는 친구와의 다툼만 언급하던 학생이, 다음 상담에서 교우관계 전반에 대한 고민을 털어놓는 경우도 적지 않다. 이런 변화를 교사가 파악하고 기록으로 남기면 이후 상담에서는 한 단계 더 깊은 이야기를 나눌 수 있다.

상담 기록지는 상담 이후 사라지기 쉬운 정보를 붙잡아 주고, 누적된 기록을 바탕으로 교사가 학생의 변화를 연속적으로 파악하도록 돕는다. 이렇게 정리된 내용은 이후 상담에서 질문의 방향을 잡고, 학생에게 맞는 조언을 건네는 데에도 활용할 수 있다. 또한 축적된 상담 내용은 시간이 지나 학생의 학교생활을 보여 주는 생생한 자료가 되며, 학기 말 생활기록부의 행동발달 및 특기사항을 작성할 때 담임교사가 참고할 중요한 근거로 활용된다.

학생 상담의 실제

상담은 학기 초 상담 주간에만 이루어지지 않는다. 학기 중에도 학생의 요청이나 교사의 판단에 따라 추가 상담이 이어질 수 있다. 어떤 학생은 교우관계에서 갈등을 겪거나 학교생활이 흔들리는 시기에 여러 차례 상담이 필요하고, 또 다른 학생은 한두 번의 상담만으로도 안정을 되찾는다. 상담의 기준은 횟수가 아니라 학생의 상황과 필요에 있다.

학년 초에 이루어지는 상담은 교사가 학생을 알아가는 데 초점이 맞춰진다. 3월과 4월의 상담은 학생의 성격과 흥미, 친구 관계를 파악하는 시간이다. 아래와 같은 가벼운 질문들로 학생의 마음을 열 수 있다. 이 시기의 상담은 교실에서 보이는 모습만으로는 알기 어려운 학생의 이야기를 들을 수 있는 기회가 된다.

"올해 학교생활에서 기대되는 게 있어?"
"수업 중에 그래도 재미있는 과목은 뭐야?"

2학기의 상담은 한 학기를 돌아보는 데 초점을 둔다. 이 시기에는 학생이 한 학기 동안의 학교생활과 학업 경험을 자연스럽게 떠올리고, 그 생각을 교사에게 말로 풀어낼 수 있도록 질문을 준비하는 편이 좋다. 아래와 같은 질문은 학생이 부담 없이 지난 한 학기를 되짚는 데 도움이 된다.

"이번 학기 중에 기억에 남는 순간이 있어?"
"이번 학기 중에서 특별히 아쉽거나 보완하고 싶은 부분이 있어?"

조금 더 이야기가 이어지면, "이번 학기 다시 돌아간다면, 조금 다르게 해보고 싶은 게 있을까?", "다음 학기에는 지금보다 덜 힘들어지려면 뭐가 바뀌면 좋을까?" 같은 질문으로 자연스럽게 다음 단계를 생각해보게 할 수 있다. 여기에 "요즘 들어 자주 생각하는 고민이 있어?"나 "하교 후에는 주로 어떤 걸 하면서 시간을 보내?" 같은 질문을 더하면,

학생의 관심사나 진로로 대화를 확장하기도 쉽다.

상담 주간이 아니더라도 학생이 먼저 상담을 요청하기도 한다. 이럴 때는 학생이 고민하는 주제를 함께 정리하고, 충분히 이야기를 들은 뒤 참고가 될 만한 조언을 건네는 방식으로 상담을 이어가면 된다. 상담 과정에서 우울감이 크거나 자해 흔적 등이 눈에 띈다면, 교사 개인의 판단에 맡기기보다는 전문적인 상담이 필요하다고 보고 상담교사와 연계하는 편이 바람직하다.

반대로 교사가 평소 관찰을 통해 상담이 필요하다고 판단해 학생을 부르기도 한다. 특히 친구와의 갈등이 반복되거나 문제 행동이 이어질 때는 교사의 개입이 중요해진다. 이때 곧바로 잘못을 지적하기보다 학생의 이야기를 먼저 듣는 태도가 상담의 출발점이 된다.

"상황이 어떻게 된 건지 네가 먼저 설명해보렴."

이런 방식으로 학생이 스스로 상황을 설명하도록 유도하거나, 글로 차분히 정리하게 할 수 있다. 그 다음에 교사는 학생의 행동 가운데 문제가 되는 지점을 짚어준다. 학생들은 잘못이 분명한 상황에서도 억울함을 느끼는 일이 적지 않다. 교사 기준에서 쉽게 공감되지 않더라도, 그 감정만큼은 한 차례 충분히 들어 줄 필요가 있다. 다만 감정에 공감하는 일과 행동의 책임을 분명히 하는 일은 구분되어야 한다. 이후에는 더 나은 선택을 위해 어떤 행동이 필요한지 함께 고민하며 상담을 이어가고, 그 과정은 기록으로 남긴다.

상담은 교사가 일방적으로 조언을 건네는 자리가 아니다. 학생이 자신을 돌아보고 자기 생각을 말로 꺼내는 과정일 때 의미가 있다. 교사는 먼저 충분히 듣는다. 필요할 때만 짧게 정리해 주고, 학생의 말 속에서 작은 실마리를 찾는다.

말수가 적은 학생이 "모르겠어요."라는 대답만 반복하더라도 그것 역시 하나의 신호일 수 있다. 조급해할 필요는 없다. 작은 단서들을 기억해 두었다가 다음 상담으로 이어가면 된다. 상담의 이유와 형태는 서로 다르지만, 결국 방향은 같다. 학생을 알아가고 성장을 돕는 과정이다. 상담은 특별한 기술에서 시작되지 않는다. 학생의 이야기를 놓치지 않겠다는 태도에서 출발한다. 그리고 그 태도는 짧은 대화를 넘어 한 학기와 1년을 아우르는 기록으로 남는다.

상담 관계 만들기

상담의 핵심은 기술보다 관계다. 학생이 교사를 신뢰할 수 있는 관계가 형성되어야 진짜 상담이 비로소 시작될 수 있다. 이런 관계가 먼저 형성되지 않고 진행되는 상담은 형식적으로 흘러갈 수밖에 없다. 가면 속 학생들의 진심을 듣기 위해서는 학생이 교사와의 관계에서 신뢰와 안정감을 얻어야 한다. 그럼 그런 신뢰와 안정감 있는 관계는 어떻게 형성할 수 있을까?

먼저, 평소 학생과 교사 간 소소하지만 일상적인 상호작용을 해야 한다. 상담 때 한 번의 따뜻한 말보다 학교생활 속 교사와 학생 간의 여러 번의 작은 상호작용이 쌓일 때 신뢰 관계가 자란다. 복도에서 마주쳤을 때의 짧은 대화, 걱정되는 학생에게 건네는 한마디, 학생에게 특별한 일이 있을 때 쏟는 관심이 학생과의 관계를 점차 쌓아나가는 방법이다. 학생마다 마음을 여는 속도도 다르다는 것을 인정해야 한다. 어떤 학생은 교사에게 쉽게 다가오고 말도 잘 건네지만, 한 학기 내내 교사에게 말 거는 것조차 어려워하는 학생들도 있다. 이럴 때는 학생들의 다름을 인정하고 학생이 내는 신호에 조용히 보조를 맞추면 된다. 학생들의 성향과 속도를 맞춰주는 교사에게서 학생은 편안함과 안정감을 느낄 수 있다.

교사는 평소에 학생을 잘 관찰하고 기억했다가 말로 표현해야 한다. 학생이 표현한 짧은 말이나 행동, 표정의 변화, 망설이는 기색을 놓치지 않고 지켜보고 기억해두자. 다음 상담 때 언급하면 학생은 선생님이 나에게 관심이 있다고 생각하고 신뢰하게 된다. 본인의 사소한 점도 관찰하고 기억해줘서 자신도 모르는 자기 자신의 모습을 알려주는 선생님은 믿음직스럽다. 결국 상담은 특정한 장소나 시간에만 존재하는 활동이 아니라, 교사가 학생을 대하는 방식 전체가 만들어내는 관계의 결과다. 학생은 잘 알려주는 교사보다 나를 알아주는 교사에게 마음을 연다. 이 믿음이 학생과의 관계를 깊이있게 만들어주는 힘이 될 것이다.

학부모와 함께 걷는 방법,
학부모 상담

"선생님, 학부모로부터 상담 요청이 왔습니다. 급하게 상담이 필요하다고 합니다. 연락처를 함께 남깁니다."

행정실에서 보낸 쪽지였다. 때는 3월 첫 주, 나조차도 학교에 적응하지 못했는데 학부모 상담이라니, 혹시 민원은 아닐까? 무슨 큰 문제가 생긴 건 아닐까? 신규교사 백 선생의 머릿속은 온갖 상상으로 복잡해졌다. 조심스레 번호를 눌러 전화를 걸면서, 해당 학생에 대해 알고 있는 정보를 떠올리려고 노력해보았다.

생각해보면 교사는 학생의 다양한 모습 중 극히 일부만 알고 있다. 교실에서 수업을 듣는 태도, 조례와 종례 때의 짧은 대화, 복도에서 스치듯 나누는 인사가 전부일 때가 많다. 담임교사라 하더라도 하루 중

학생과 대화할 수 있는 시간은 그리 많지 않다. 하지만 교사가 학생에 대해 다 파악하지 못했더라도 학부모 상담 요청은 학기 중 언제라도 발생할 수 있다. 담임교사로서 갑작스러운 학부모의 상담 요청에 대응하기 위해서는 학부모 상담 방법에 대해 미리 고민해보고 준비해 둘 필요가 있다.

학부모 상담의 형태

학부모 상담은 학생 상담과 마찬가지로 정해진 상담 기간에만 이루어지는 것이 아니다. 학생의 문제 행동이나 우려되는 변화가 있을 때 교사의 요청으로 상담이 진행되기도 하고, 가정에서 관찰한 학생의 모습 때문에 학부모의 요청으로 상담이 시작되기도 한다. 누가 먼저 상담을 요청했는지는 중요하지 않다. 중요한 것은 교사와 학부모 모두 학생의 성장을 위해 관심이 있다는 점이다.

학기 초에는 학교 공개의 날을 중심으로 공식적인 학부모 대면 상담이 이루어진다. 보통 사전에 대면 상담을 신청한 학부모 명단이 정리되기 때문에, 담임교사는 어느 학생의 학부모가 상담을 원하는지 미리 알고 준비할 수 있다. 이처럼 다수의 학부모가 한자리에 모일 때는 개별 상담에 앞서 담임이 학급 운영 방침과 생활지도 원칙을 전반적으로 안내하는 것이 좋다. 학급의 기준을 먼저 공유해두면 이후 상담의 방향이 훨씬 정리된다. 전반적인 안내가 끝난 뒤에는 학부모 한 사람당 약 5분 정도의 개별 대면 상담을 진행하면 된다. 이때는 문제를 해결하려 애쓰기보다, 담임으로서 학생에 대해 알아두어야 할 점이 있는지 묻는 데 초점을 두는 것이 좋다. 학부모의 이야기를 통해 가정에서의 학생 모습이나 생활 배경을 파악할 수 있다.

개별 학부모 상담은 학기 중 비정기적으로 이루어진다. 학업 부진, 교우 갈등, 생활 태도 문제 등 상담의 내용은 다양하다. 특히 교우 갈등과 관련된 상담에서는 갈등 당사자 모두의 이야기를 확인하고, 상황이 과장되거나 축소된 부분은 없는지 차분히 살펴볼 필요가 있다. 학부모는 자기 자녀 이야기를 중심으로 상황을 이해할 수밖에 없다. 그래서 교사는 상담 과정에서 한쪽으로 치우치지 않고 중립을 지키는 태도가 중요하다. 갈등의 맥락을 정확하게 정리한 뒤 상담을 시작해야, 오해가 쌓이거나 갈등이 확대되는 것을 막을 수 있다.

가능하다면 평소에 학부모와 소통하며 학생에 관한 이야기를 나누는 것이 좋다. 담임교사는 학생뿐만 아니라 학부모와도 신뢰 관계를 쌓아가야 한다. 학생에게 문제가 생겼을 때, 평소 소통이 있던 학부모와 그렇지 않았던 학부모를 대하는 부담감은 크게 다를 수밖에 없다. 따라서 문제가 생겼을 때만 연락하기보다 학생의 작은 변화나 칭찬할 점이 있을 때도 간단한 문자로 소식을 전해보자. 학부모와의 신뢰가 쌓여 있다면 대면 상담이든 유선 상담이든 훨씬 안정적으로 이어갈 수 있다.

학부모 상담을 위한 준비

상담은 겉으로는 즉흥적인 대화처럼 보이지만, 사실 준비가 절반이다. 경험 많은 베테랑 교사는 언제든 대화를 매끄럽게 이끌 수 있지만, 신규교사에게는 철저한 준비가 필요하다. 학생에 대한 교사의 평소 관찰 기록이나 질문 준비는 상담을 이끌어가는 발판이 된다.

상담을 준비할 때는 어떤 주제로 이야기를 풀어갈지 미리 정해두는 게 좋다. 나는 주로 관계와 생활 습관 두 가지에 초점을 둔다. 관계는 교우관계뿐 아니라 가정 내의 관계도 함께 본다. 평소 친하게 지내는 친구가 누구인지 묻는다. 집에서는 부모와 얼마나 자주 대화하는지도 확인한다. 주로 어머니와 이야기를 많이 하는지, 아버지와 많은 이야기를 하는지, 혹은 가족과 외식을 즐기는지도 물어본다. 이런 질문 하나하나가 학생의 사회적 관계망을 이해하는 단서가 된다.

생활 습관 이야기를 나누다 보면 학부모와 금세 공감대가 생긴다. 잘 자는지, 잘 먹는지, 여가를 어떻게 보내는지가 결국 아이의 학교생활과 연결되기 때문이다. 집에서 수면은 충분한지, 식사는 잘 챙겨 먹는지, 운동은 하는지, 혹은 주로 게임 같은 활동에 많은 시간을 쓰는지 확인한다. 이런 질문은 학부모가 학생의 생활 방식을 돌아보게 하고, 교사에게는 학생의 학업, 정서 상태 등과의 연결 지점을 발견할 기회를 만든다.

성적은 학부모가 가장 궁금해하는 부분이지만, 나는 먼저 꺼내지 않는다. 부모를 통해 성적 이야기가 전달되면 학생은 압박을 크게 느끼고, 그 압박이 곧 부모와 자녀의 갈등으로 이어질 수 있기 때문이다. 나아가 담임과 학생 사이의 신뢰에도 금이 갈 수 있다. 그래서 성적은 요청이 있을 때만 다룬다. 성적에 관해 이야기하게 되면 점수 자체보다 학습 과정과 태도에 초점을 맞춘다. 잘한 점을 먼저 짚고, 개선할 점을 이어서 말한 뒤, 구체적인 실천 조언으로 마무리하는 것이 바람직하다.

학기 초 학교에서는 상담 주간을 설정하고 담임교사와의 학부모 상담을 집중적으로 이루어지게끔 한다. 이때 상담 신청은 가정통신문 형태로 학교에서 일괄 발송하는 경우가 많고, 때에 따라서 담임교사가 문자로 상담 신청을 알리고 적극적으로 상담 신청하도록 독려할 수 있다.

상담 신청서에는 일정, 장소처럼 꼭 필요한 정보만 담는다고 끝이 아니다. 예를 들어, "학부모님과 함께 학생의 학교생활을 공유하고, 앞으로 어떤 방향으로 도와갈지 이야기 나누고자 합니다." 이런 문장을 상담 신청 안내와 함께 보냄으로써 학부모 상담은 교사와 학부모가 함께 학생에 대해 고민하고 보살피는 자리라는 분위기를 만들어준다. 상담 신청서에 상담 희망 시간대나 사전 질문을 적을 수 있게 하면 학부모가 원하는 상담의 주제를 미리 파악할 수 있다. 이를 통해 학부모를 수동적 참여자에서 능동적 대화 상대로 바꾸어 줄 수 있고, 교사에게는 상담의 방향을 잡는 단서를 줄 수 있다.

　학부모 상담은 학생을 둘러싼 정보를 공유하는 자리다. 문제를 모두 해결하는 시간이 아니다. 교사가 학생을 어떻게 보고 있는지, 지금 단계에서 무엇을 확인해야 하는지를 정리하는 데 목적이 있다. 이 선을 분명히 하지 않으면 상담은 감정 노동으로 흐르기 쉽다.

　상담의 성격은 시기에 따라 달라진다. 학기 초 상담은 교사가 학생을 알아가기 위한 출발선이다. 이 시기에는 교사가 많은 설명을 하기보다, 학부모로부터 정보를 얻는 데 집중하는 편이 낫다. 이전 학교생활에서 어려웠던 점이나 가정에서 보기에 학생이 힘들어하는 상황 정도만 파악해도 충분하다. 이는 1년 동안 학생을 지도하기 위한 기본적인 정보를 쌓는 과정이다.

　학기 중이나 학기 말 상담에서는 교사가 파악한 학생의 현재 상태를 정리해 제시해야 한다. 성적표 등의 자료를 함께 보며 학년 평균이나 학급 내 위치처럼 비교 기준을 먼저 제시한다. 이는 설득을 위한 장치라기보다, 상담의 방향을 감정에서 사실로 옮기기 위한 단계에 가깝다. 이후 학생의 강점을 학습 태도나 교과 활동과 연결해 설명하고, 동시에 어려움을 겪는 지점도 함께 짚는다. 잘하는 점만 강조하는 상담은 오히려 기대를 키운다. 현재의 가능성과 함께 한계를 함께 보여주는 것이 상담을 현실적으로 만든다.

　모든 학부모가 같은 태도로 상담에 임하지는 않는다. 성적과 진로에 강한 불안을 느낄 수도 있고, 교사의 설명을 듣는 데 그칠 수도 있다. 중요한 것은 모든 상담을 끝까지 끌고 가려 하지 않는 것이다. 교사는 학부모의 반응을 살피며, 지금 이 상담에서 어디까지 다루는 것이 적절한지 판단해야 한다. 중등학교에서 교사는 학생의 모든 학습 과정을 관리할 수 없고, 그렇게 약속해서도 안 된다. 상담은 요구를 모두 받아들이는 자리가 아니라, 현재 상태를 정리하고 다음 단계를 제안하는 자리다.

협력이 가능한 경우에는 학교와 가정의 역할을 분명히 나누는 것이 도움이 된다. 학교는 학습 태도와 교실 안에서의 행동, 또래 관계를 중심으로 학생의 모습을 정리해 전달하고, 가정은 생활 리듬이나 정서 상태처럼 일상에서 확인할 수 있는 부분을 맡는다. 이때 가정에 요청하는 역할은 학습 내용에 개입하는 것이 아니라, 학생이 스스로 자신의 생활과 학업을 관리할 수 있는지를 살피는 것이 현실적이다. 역할이 명확할수록 책임이 한쪽으로 쏠리지 않고, 상담은 안정적으로 이어진다.

상담은 한 번으로 끝나지 않는다. 그래서 상담이 끝난 뒤에는 반드시 기록을 남겨야 한다. 상담 일시와 주요 내용, 학부모의 관심사, 교사가 제안한 방향 정도만 적어 두어도 충분하다. 이 기록은 다음 상담을 이어 갈 수 있는 힘이 되고, 학생 지도를 누적해서 판단할 수 있는 자료가 된다. 동시에 교사 자신을 보호하는 역할도 한다. 학부모 상담은 한 번의 말솜씨로 성과를 내는 일이 아니다. 교사가 감당할 수 있는 범위를 분명히 하고, 그 안에서 학생의 현재 상태를 정리해 공유하는

과정에 가깝다. 이 선을 지킬 때 상담은 과도한 부담이 아닌 현실적인
대화가 된다.

신규교사의 불안과 대응

첫 학부모 상담을 앞둔 신규교사는 자연스럽게 두려움을 느낀다.
상담 자리에서 학부모가 공격적으로 나오지는 않을지, 예상하지 못한
질문에 제대로 답하지 못하면 어쩌지 하는 걱정이 이어진다. 특히 갑
작스럽게 걸려 온 학부모의 연락은 경험이 부족한 교사에게 긴급한 상
황처럼 느껴지기 쉽다.

하지만 실제로 상담해보면 학부모가 기대하는 것은 완벽한 해답이
아닌 경우가 많다. 교사가 학생에게 관심을 가지고 지켜보고 있다는
사실이 전달되는 것만으로도 상담의 목적은 상당 부분 달성된다. 답을
바로 내놓기 어려운 질문이 나왔을 때도 무리해서 설명하려 애쓸 필요
는 없다. 확인이 필요한 사안은 이후에 다시 살펴보겠다고 분명히 말
하는 편이 오히려 신뢰를 쌓는 데 도움이 된다.

감정이 격앙된 상태의 학부모를 만났을 때도 마찬가지다. 즉각 반
박하거나 방어하려 들기보다, 자녀를 걱정하는 마음이 크다는 점을 먼
저 받아들이는 것이 필요하다. 상황을 차분히 정리하고 확인하겠다는
태도를 유지하는 것만으로도 대화는 더 이상 격해지지 않는다. 신규교
사에게 중요한 것은 상황을 완벽하게 통제하는 기술이 아니라, 경청하

고 정직하게 대응하며 일관된 태도를 유지하는 힘이다.

또한 교사가 상담 자리에서 반드시 무언가를 설명해야 한다는 부담을 가질 필요는 없다. 학부모 상담은 담임으로서 학생을 더 깊이 이해할 수 있는 기회이기도 하다. 교실에서는 보지 못했던 가정에서의 모습이나 생활 습관, 관계 속 고민을 학부모를 통해 알게 되는 경우도 많다. 상담을 학생에 관한 이야기를 듣는 시간으로 활용해도 충분하다.

결국 학부모 상담은 교사와 학부모 모두에게 학생의 또 다른 모습을 들여다볼 수 있는 창이 된다. 서로 다른 위치에서 바라본 정보가 모일 때, 학생을 보다 입체적으로 이해할 수 있고 이후의 방향도 함께 고민할 수 있다. 그 지점에서 상담은 부담스러운 절차가 아니라, 학생 성장을 위한 중요한 연결 고리가 된다.

★ 6장 ★
5월, 각자에서 우리로

6장. 5월, 각자에서 우리로

　신규교사 백 선생은 5월 학사일정표를 한참 들여다보았다. 체육대회, 수련회, 수학여행이 연달아 적혀 있었다. 숨 돌릴 틈이 생기나 싶었지만, 다시 분주해질 시간이 다가오고 있었다. 5월은 한 해 중 가장 활기찬 달이다. 화창한 봄 날씨에 교실 밖으로 나가 함께 뛰고, 웃고, 새로운 경험을 만드는 행사들이 줄줄이 이어진다. 체육대회, 수학여행, 현장 체험학습과 같은 학교의 굵직한 행사들이 5월에 주로 이루어지기 때문이다. 학생들은 이달에 있는 여러 이벤트를 손꼽아 기다리는 경우가 많다.

　백 선생은 교실에서 먼저 변화를 느꼈다. 쉬는 시간과 점심시간마다 학생들의 발걸음은 자연스럽게 체육관과 운동장으로 향했고, 체육복 차림으로 교실을 드나드는 모습도 눈에 띄게 늘었다. 수업이 끝난 뒤에도 교실에 남아 삼삼오오 모여 이야기를 나누는 시간이 길어졌다. 그동안 교실에서 보던 학생들의 모습과는 또 다른 활기가 피어나고 있었다.

하지만 5월에 계획된 다양한 행사에 대한 학생들의 기대가 커질수록 이동과 인솔, 안전 관리, 그리고 예상하지 못한 돌발상황까지 담임교사가 감당해야 할 몫도 함께 늘어난다. 5월에 이루어지는 다양한 행사의 운영은 담당 부서가 맡지만, 학생들과 가장 가까운 거리에서 각종 행사를 함께 경험하는 사람은 결국 담임교사다. 그래서 5월은 즐거운 달인 동시에, 담임교사의 준비와 판단력이 가장 자주 시험대에 오르는 시기이기도 하다.

체육대회와 수학여행처럼 학교 차원에서 운영되는 행사도 있고, 담임의 재량으로 기획할 수 있는 학급 행사도 있다. 사고 없이 행사를 마무리 하는 데서 멈추지 않고 학급의 결속력을 키우며 학생들에게 오랫동안 기억에 남는 경험이 되기 위해서는 담임교사의 역할이 중요하다.

체육대회, 수학여행, 수련회..
5월은 중요한 행사가 많군!

교실을 하나로 묶는
학급 행사

    4월의 크고 작은 갈등이 지나간 뒤, 신규교사 백 선생의 교실에는 묘한 정적이 남아 있었다. 큰 문제는 정리된 듯 보였지만, 학생들 사이에는 여전히 어색한 거리감이 느껴졌다. 자연스럽게 섞이기보다는 각자 익숙한 자리로 흩어졌고, 교실 안의 분위기는 쉽게 풀리지 않았다. 수업이나 훈화만으로는 바꾸기 힘든 흐름이었다.

    백 선생은 고민 끝에 자투리 시간을 활용해 작은 활동 하나를 준비했다. 거창한 계획은 아니었다. 모둠별로 참여하는 간단한 게임이었다. 게임을 준비하는 내내 마음이 편하지만은 않았다. 이런 활동이 과연 효과가 있을지, 오히려 분위기를 더 어색하게 만들지는 않을지 걱정이 앞섰다. 하지만 막상 활동이 시작되자 교실의 분위기는 예상과 다르게 흘러갔다. 평소 말을 섞지 않던 학생들이 자연스럽게 한자리에 모였고, 실수에도 웃음이 터져 나왔다. 누가 시키지 않아도 서로를 바라보고 반응하는 장면들이 이어졌다. 백 선생은 그 짧은 시간 동안 교실의 공기가 분명히 달라졌다는 것을 느꼈다.

5월은 한 학급이 느슨한 집단으로 남을지, 하나의 공동체로 자리를 잡을지가 결정되는 시기다. 3월의 적응기와 4월의 갈등기를 지나온 학생들에게 필요한 것은 반복되는 교사의 훈화보다는 함께 단합하여 움직이고 다양한 경험하는 시간이다. 이때 적절한 학급 행사는 공동체 의식과 소속감을 키워 교실을 단단히 묶어 주는 접착제 역할을 해줄 수 있다. 학급 행사는 특별해서 의미가 생기는 것이 아니다. 함께 웃고, 같은 장면을 공유하며, 자연스럽게 관계가 이어지는 과정 자체가 힘을 가진다. 교실의 분위기를 바꾸는 여러 학급 행사를 살펴보자.

여러 가지 학급 행사

학교에서는 학생들을 위한 다양한 행사가 기획되고 진행된다. 체육대회나 수학여행처럼 부서 단위로 운영되는 행사도 있지만, 담임교사가 비교적 자유롭게 기획하고 운영할 수 있는 학급 행사도 있다. 여기에서는 준비 부담이 크지 않으면서도, 학급 분위기를 변화시킬 수 있는 담임교사 주도의 학급 행사를 중심으로 살펴본다.

정기적으로 반복할 수 있는 학급 행사는 학급 운영의 리듬을 만들어준다. 매달 한 번쯤, 큰 부담 없이 이어갈 수 있는 활동이 있다는 것만으로도 담임교사와 학생 모두에게 심리적 여유가 생긴다. 가장 부담 없이 시작할 수 있는 활동은 생일을 함께 축하하는 일이다. 생일 당일을 모두 챙기기 어렵다면, 매달 초 해당 월에 태어난 학생들을 한 번에 축하하는 방식이 현실적이다. 이때 중요한 것은 무엇을 주느냐보다, 교실 안에서 어떤 장면을 만들어주느냐다. 간단한 간식이나 선물만으로도 충분하지만, 여기에 친구들의 축하가 더해지면 행사의 의미는 훨씬 또렷해진다. 칠판에 생일인 학생의 이름을 크게 써 두고, 친구들이 한 줄씩 축하 말을 적게 하거나 종이를 돌려 짧은 글을 남기게 하는 것도 좋다. 평소 조용하던 학생이 친구들의 축하를 받으며 어색하게 웃는 모습을 보게 될 때, 담임교사는 이런 작은 활동이 교우관계의 출발점이 될 수 있음을 체감하게 된다.

생일 축하와 함께 활용하기 좋은 활동은 서로를 칭찬하는 시간이다. 한 학생을 칭찬하면 그 학생이 다시 다른 친구를 칭찬하는 방식으로 이어가거나, 글로 장점을 적어 전달하는 식으로 진행할 수 있다. 칭찬받을 학생이 교탁 앞에 앉고, 친구들이 돌아가며 등 뒤 칠판에 장점을 써주는 방식도 있다. 말로 하는 칭찬이 부담스러운 학생들도 적지 않기 때문에, 포스트잇이나 카드, 칠판에 짧게 적게 하면 참여 문턱이 훨씬 낮아진다. 이때 교사는 칭찬의 방향을 잡아주는 역할을 맡아주면 좋다. 외모나 인기처럼 눈에 잘 띄는 요소보다는, 일상 속 행동과 태도에 초점을 맞춘 기준을 먼저 제시하면 활동의 결이 달라진다. 수업 중 친구를 도와준 모습이나 맡은 일을 조용히 해낸 태도처럼 구체적인 장면이 언급될수록, 학생들은 서로를 이전과 다른 시각으로 바라보게 된다.

교실 분위기를 환기하는 데에는 가벼운 놀이 중심의 학급 대회도 효과적이다. 오목이나 공기, 알까기처럼 준비물이 간단한 종목으로 토너먼트를 구성할 수 있다. 이때 중요한 것은 경기 결과보다 참여 방식이다. 게임에 직접 참여하지 않는 학생들에게도 해설, 심판, 기록 담당 같은 역할을 나누어주면 구경만 하는 학생이 줄어든다. 경쟁이 과열되는 분위기가 느껴지면 규칙을 조금 완화하거나, 이벤트 매치를 섞어 분위기를 환기하는 것도 방법이다. 이런 활동은 말수가 적거나 교우관계에서 소외되기 쉬운 학생을 교실 안으로 자연스럽게 끌어들이는 데 도움이 된다.

창의적 체험활동 시간이나 수업이 애매하게 남는 순간에는 준비가 복잡하지 않으면서도 교실의 분위기를 환기할 수 있는 간단한 활동이 잘 어울린다. 수업 진도가 끝나고 수업 시간이 10분 정도 남았을 때나, 오후 시간대에 학생의 집중력이 눈에 띄게 떨어질 때 특히 효과를 본다. 이럴 때 퀴즈 형태의 활동이 도움이 된다. 인물이나 음악 퀴즈처럼 익숙한 형식도 좋지만, 반에서 있었던 일이나 교실 안에서 자연스럽게 공유된 이야기, 교사의 소소한 경험을 소재로 삼으면 반응은 훨씬 빠르게 돌아온다. 예를 들어 "지난주 체육 시간에 공에 맞고도 끝까지 웃고 있었던 학생은 누구였을까?"나 "오늘 우리 반에 가장 먼저 교실에 들어온 학생은 누구일까?" 같은 우리 학급만의 이야기로 만든 퀴즈를 던지면, 문제를 듣는 순간부터 학생들의 시선이 움직이기 시작한다. 정답을 맞히기 전부터 여기저기서 웃음이 터지거나, 서로 눈치를 보며 이름을 속삭이는 모습이 나타난다. 몸으로 표현하거나 칠판에 그림을 그려 맞히는 방식처럼 움직임이 들어가는 활동은 졸린 오후 교실을 깨우는 데 특히 효과적이다. 처음에는 몇몇 학생만 반응하다가도, 한두 문제만 지나면 자연스럽게 참여하는 학생이 늘어난다.

학기 말에는 한 해 동안 쌓인 관계를 천천히 정리하는 성격의 활동이 잘 어울린다. 이 시기에는 새로 무언가를 만들어내기보다 이미 있었던 장면들을 다시 꺼내어보는 방식이 자연스럽다. 한 해를 마무리하는 학급 시상식도 자주 활용된다. 모든 학생에게 하나씩 상을 주는 방식으로 진행하면 된다. 질문을 많이 했던 모습, 늘 먼저 교실에 도착하던 태도처럼 구체적인 장면이 떠오르는 시상일수록 학생들의 반응은 자연스럽다. 간단한 쿠폰이나 작은 혜택을 덧붙이면 학생들이 즐거워한다. 학기 말로 갈수록 사진이나 영상으로 한 해를 돌아보는 활동도 잘 어울린다. 일 년 동안 찍어둔 여러 사진에 음악을 입히는 것만으로도 충분하다. 여기에 롤링 페이퍼를 함께 진행하면 학기 말 추억 여행이 된다. 롤링 페이퍼를 활용할 때는 교사가 한 번 걷어 내용을 살펴본 뒤 전달하는 편이 좋다.

학급 행사 준비 시 유의할 점

신규교사가 학급 행사를 준비할 때 가장 흔히 빠지는 함정은 규모를 키우는 일이다. 한 번 하기로 마음먹으면 이것저것 더 얹고 싶어지지만, 처음부터 완성도를 높이려 들수록 준비는 버거워진다. 작은 행사부터 시작해도 충분하다. 준비하면서 '이 정도면 충분하다'는 지점에서 멈추는 연습이 필요하다. 행사를 기획할 때 모든 결정을 교사가 혼자 떠안지 않아도 된다. 전체적인 흐름은 교사가 정하되, 세부 선택은 학생들에게 맡기는 방식도 있다. 일정한 틀을 주면 학생들은 그 안에서 각자 역할을 분배하고 자율적으로 활동할 수 있다. 다툼이 생길 수 있는 지점까지만 교사가 조정하고, 그 외의 과정은 지켜보는 편이 좋다.

학급 활동을 준비할 때 가장 먼저 점검해야 할 것은 교실 안의 안전이다. 활동 중 학생들이 자리를 이동하거나 뛰어다닐 상황이 생기지는 않는지, 책상과 의자 배치로 인해 부딪칠 위험은 없는지 미리 살펴볼 필요가 있다. 바닥에 놓인 물건이나 활동에 방해가 될 수 있는 교실 환경을 사전에 정리하는 것만으로도 사고를 예방할 수 있다. 활동 전에 교실을 한 번 더 둘러보고 필요한 정리를 마치면, 수업과 활동을 보다 안정적으로 진행할 수 있다.

학급 행사는 끝나고 나면 금세 잊힌다. 행사 때 찍은 사진 한두 장을 남겨두면 학기 말에 이를 다시 꺼내 볼 수 있다. 이 기록은 학생을 위한 추억 자료이면서 동시에 교사를 위한 업무 자료이기도 하다. 다음 해 같은 행사를 다시 준비하게 되었을 때, 무엇을 준비했고 어떤 점을 조심해야 했는지를 가장 먼저 알려 주는 참고 자료가 된다. 학급 행사는 결과로 평가하기보다 과정으로 남는다. 거창하지 않아도 괜찮다. 작게 시작하고, 가볍게 시도하며, 자주 반복하다 보면 교실에 활기가 생긴다.

교실 밖 체육대회, 담임이 챙길 것들

5월 초, 신규교사 백 선생은 업무 메신저로 받은 체육대회 안내 메시지를 천천히 읽어 내려갔다. '체육대회'라는 단어는 학생 시절의 웃음과 함성을 떠올리게 하지만, 담임교사가 된 지금은 전혀 다른 장면이 먼저 그려졌다. 종목 일정, 선수 명단 제출, 반티 신청 마감, 안전 유의 사항까지, 공문 한 장에는 챙겨야 할 일들이 빼곡히 적혀 있었다. 그날 하루를 교실이 아닌 운동장과 체육관에서 반 학생들과 함께 보내야 한다는 사실이 실감났다.

체육대회는 학생들에게는 축제의 날이지만, 담임에게는 가장 역동적이고 예측하기 어려운 하루다. 흥분한 분위기 속에서 작은 방심이 사고로 이어지기도 하고, 경기 결과 하나에 반 분위기가 순식간에 달라지기도 한다. 이날 담임의 역할은 하루가 사고 없이 마무리되도록 하는 데 있다. 눈에 잘 띄지 않는 디테일을 챙기고, 문제가 커지기 전에 한발 먼저 움직이는 판단이 필요하다. 체육대회를 앞두고 신규교사가 무엇을 준비해야 하고, 당일에는 어떤 순간에 어떤 선택을 해야 하는지, 현장에서 바로 도움이 되는 포인트들을 중심으로 살펴보자. 체육대회는 부담스러운 날이 아니라, 몇 가지 기준만 알고 있으면 충분히 즐길 수 있는 날이다.

체육대회 전 준비

체육대회 준비는 거창하지 않다. 신규교사라면 준비의 목표를 완벽한 운영이 아니라 사고 없이, 소외 없이 하루를 넘기는 데 두는 편이 낫다. 이를 위해서는 먼저 우리 학교 체육대회의 성격부터 파악할 필요가 있다. 학교마다 운영 방식과 분위기가 다르기 때문이다. 반별 경쟁이 중심인 학교도 있고, 여러 반을 섞어 팀 단위로 운영하는 학교도 있다. 반티를 자유롭게 정하는지, 학년 공통으로 맞추는지, 응원전이나 축하 무대가 있는지도 학교마다 다르다. 이런 정보는 공문만으로는 알기 어렵다. 작년에 체육대회를 경험한 동료교사에게 담임이 맡게 되는 역할과 준비 범위를 미리 물어보면 준비의 방향이 훨씬 또렷해진다.

보통은 체육대회 전 학급 반티를 주문한다. 학급 반티는 학생들이 돈을 모아서 주문하거나, 학급비를 일부 혹은 전부 사용하는 예도 있다. 학년이 높으면 반티를 학생들이 알아서 선정하도록 맡겨 두이도

되지만, 아직 저학년의 경우 담임교사가 창의적 체험 활동 시간 등을 활용하여 반티 선정을 도울 수도 있다. 반티 디자인과 색상만 확인하고 끝내기보다는, 등판 문구나 별명까지 한 번 더 살펴보는 것이 좋다. 학생들은 재미로 정했지만, 특정 학생을 놀리는 표현이나 선정적으로 오해받을 수 있는 문구가 섞여 있는 일도 있다. 반티는 담임이 최종적으로 확인한다는 기준을 분명히 해두자.

학생 선수 역할 분배도 체육대회 전에 이루어진다. 보통 체육교사가 전체 틀을 잡지만, 학급 내부의 분위기까지는 담임이 더 잘 안다. 운동을 좋아하는 학생에게 역할이 몰리고, 몇몇 학생은 자연스럽게 빠지는 구조가 되기 쉽다. 학생들이 공정하게 선수를 분배할 수 있도록 관리해주자. 경기에 뛰지 않는 학생에게도 응원 단장, 사진 담당, 물관리 담당처럼 작은 역할이라도 부여하고, 경쟁보다는 모든 학생이 참여하는 데 초점을 맞추도록 지도하는 것이 필요하다.

체육대회 전날에는 간단한 안내를 한 번 더 하는 것이 좋다. 복장, 준비물, 휴대전화 사용, 개인 간식 관련 기준을 짧게 정리해 전달하자. 특히 체육대회 날은 들뜬 분위기 속에서 평소에는 하지 않던 행동이 나오기 쉽다. '안 되는 건 안 된다'는 기준을 미리 알려두는 것만으로도 당일의 갈등은 크게 줄어든다. 체육대회 준비는 결국 당일을 편하게 보내기 위한 사전 정리라고 할 수 있겠다.

체육대회 당일 담임이 할 일

체육대회 날 교사들은 평소 수업할 때보다 체력적으로 더 지치고 힘들 수 있다. 사방이 뻥 뚫린 운동장과 열띤 분위기는 학생들을 흥분시키기에 딱 좋다. 그러니 학생들에게 관련 안내와 당부사항을 미리 전달하고 담임이 챙겨야 할 것을 빼먹지 말도록 하자.

먼저 담임교사는 가능한 한 우리 반 근처를 벗어나지 않는 것이 좋다. 체육대회 날에는 예상하지 못한 상황이 연달아 벌어진다. 학생이 갑자기 사라지기도 하고, 다툼의 기미가 보이기도 하며, 다친 학생이 생기기도 한다. 이때 담임이 자리에 없으면 상황은 커지고, 담임이 근처에 있으면 대부분은 크게 번지지 않는다. 항상 보이는 위치에 있는 것만으로도 통제 효과는 충분하다.

다음으로 챙겨야 할 것은 인원 관리다. 학생들에게 자리를 비우거나 화장실에 갈 때는 반드시 말하고 다녀오도록 안내하고, 중간중간 인원을 확인하자. 어수선한 틈을 타 교실이나 교문 밖으로 이동하는 학생이 생기기 쉽다. 특히 담임이 다른 일로 잠시 자리를 비운 사이 이런 일이 자주 발생한다. 틈틈이 눈으로 확인하는 것만으로도 상당 부분 예방할 수 있다.

안전사고 대응은 망설이지 않는 것이 중요하다. 다친 학생이 생기면 상황을 지켜보며 판단하려 하지 말고, 보건교사를 바로 호출하자. 작은 부상처럼 보여도 체육대회 날은 흥분과 더위로 인해 증상이 커질 수 있다. 빠르게 다친 학생을 인계하고, 담임교사는 주변 학생들을 정리하는 데 집중하는 것이 좋다.

체육대회 날 담임교사는 관리자이면서 동시에 기록자다. 안전 관리 만큼 중요한 또 하나의 역할은 체육대회 사진을 남기는 일이다. 경기 하는 모습, 응원하는 모습, 쉬는 시간의 표정까지 틈틈이 찍어두자. 이 사진들은 학기 말 학급 영상 제작이나 학부모 상담, 생활 기록 정리에 서 생각보다 큰 힘을 발휘한다.

경기 결과에 따른 분위기 관리도 담임의 몫이다. 특히 줄다리기나 계주처럼 반의 승패가 분명한 종목에서 지면, 반 분위기는 순식간에 가라앉는다. 이때 실망감은 서로를 향한 비난으로 바뀌기 쉽다.

"결과는 졌지만, 응원은 우리가 제일 컸다."
"다친 사람 없이 끝난 게 제일 잘한 거다."

경기가 끝난 직후는 반 분위기가 가장 쉽게 흔들리는 순간이다. 아 쉬움이 큰 종목일수록 누군가를 탓하는 기색이 슬그머니 드러나기도 한다. 그래서 담임의 말 한마디가 필요하다. 결과보다는 과정에 시선 을 돌려주고, 다친 사람 없이 끝났다는 사실을 짚어주는 것이 좋다. 체 육대회는 승부를 가르는 날이 아니라, 함께 땀 흘리며 하루를 버텨낸 경험을 남기는 날이라는 점을 이야기해주자. 체육대회 날 담임의 역할 은 눈에 띄지 않는다. 그러나 하루가 끝났을 때 다친 학생 없이, 역할 없이 방치된 학생 없이, 서로를 탓하는 말 없이 마무리됐다면 성공적 인 체육대회라고 할 수 있다.

수학여행, 추억 뒤에 숨은 담임의 일

　학생이 아닌 교사로 가는 수학여행이라니. 신규교사 백 선생은 설레기도 하지만 걱정도 앞선다. 수학여행은 학생들에게는 즐겁고 특별한 경험이지만, 담임에게는 책임감이 따르는 자리이기 때문이다. 평소보다 훨씬 넓은 공간에서, 훨씬 긴 시간 동안 학급 전체를 인솔해야 하니 정신을 똑바로 차려야 한다.

　제대로 준비한 수학여행은 학급의 관계를 단단하게 만들고, 학생과 더욱 돈독해질 수 있는 기회가 된다. 사전에 담임교사가 어떤 준비를 하고, 돌발상황에 어떻게 대처해야 할지 함께 알아보자. 여기에서의 내용은 수학여행뿐만 아니라 현장 체험학습에도 적용할 수 있다.

수학여행 사전 준비하기

　안전하고 즐거운 수학여행을 위해서라면 사전 준비가 철저해야 한다. 현장에서 흔히 벌어지는 상황의 8할은 준비가 제대로 되어 있지 않아서 일어난다. 수학여행 전체 일정을 기획하고 준비하는 건 보통 학년 부장교사다. 담임교사가 할 일은 학년 부장교사가 공유해주는 수학여행 자료를 꼼꼼히 읽고 숙지하는 것이다. 특히 집합 장소와 시간, 학생 준비물 등을 잘 확인하자. 수학여행 당일에는 교통상황 등에 따라 시간이 늦어지는 등 일정이 달라질 수도 있다. 수학여행 인솔자 단톡방을 잘 보고 있다가 변경된 일정이 있다면 곧바로 학생들에게 안내해야 한다.

　담임교사는 수학여행에 필요한 자료를 챙기고 휴대해야 한다. 비상 연락망을 토대로 인솔자 선생님들 번호, 반 학생과 학부모님 번호, 버스 기사님 번호가 모두 핸드폰에 저장되어 있어야 한다. 혹시 귀찮아서 학기 초 학생, 학부모 번호를 아직 다 저장하지 않았다면 수학여행 가기 전까지는 모두 저장하자. 수학여행에서는 여러 변수가 발생할 수 있기에 담임교사는 항상 연락이 가능한 상태여야 한다. 비상 연락망 외에도 일정표, 학생 명단, 버스 탑승 명단, 방 배정표 등의 서류는 프린트하거나 핸드폰에 저장하여 상시 휴대한다. 학생의 특이질환, 약복용 여부, 알레르기에 대해서도 숙지하고 있어야 한다. 보건 선생님과도 공유하고 있는 것이 좋다.

　학생들에게 사전 교육을 실시해야 한다. 수학여행 전 잔소리는 해도 해도 모자르지 않다. 안전 문제와 준비물에 관한 사항, 여행지에서의 예절과 규칙에 관해 반복해서 교육하자. 특히 다른 학생 혹은 교사의 사진을 찍어 SNS에 게시하거나, 관광지에서 문화재를 훼손하는 등의 행동에는 엄중하게 처벌될 수 있다고 경고해야 한다. 수학여행에서 들뜬 마음에 하는 섣부른 행동이 학교에 돌아와서 선도위원회 회부 등의 결과로 이어질 수 있음을 학생들에게 주지시킨다. 사전 교육에서는 특히 학생들에게 전자 담배나 도박성 물품, 그리고 칼과 같은 위험 물품을 가져오지 않도록 안내해야 한다. 사전에 학생부 및 학년부에서 상의하여 소지품 검사를 할 것인지, 위험 물품을 들고 와서 적발되었을 시 학생을 귀가 조치할 것인지 등을 논의해보고 원칙을 세운 후 공지하는 것이 좋다. 학생에게 꼭 가져오라고 하면 좋은 준비물은 보조배터리다. 온종일 핸드폰을 하는 학생들이 배터리가 방전되어 연락이 끊어지는 곤란한 경우가 생길 수 있다. 항상 연락할 수 있는 상태여야 하므로 보조배터리를 따로 챙겨오라고 공지하자.

수학여행 출발하기

버스 앞문이 열리는 순간부터 담임교사의 업무는 시작된다. 버스에서는 항상 탑승 인원을 점검해야 하고, 학생들이 안전띠를 맸는지 확인해야 한다. 휴게소에 들리고 다시 출발할 때 안전띠 착용 여부를 재확인하는 것을 잊지 말자. 화장실이 급하다는 학생이 웬만하면 생기지 않도록 휴게소에 들를 때마다 화장실을 보내는 것이 좋다. 버스를 오래 타다 보면 멀미하는 학생이 생길 수 있는데, 자리를 앞쪽으로 옮겨주고 사전에 준비한 멀미약을 주면 된다.

관광지에 도착하면 학생들에게 일정과 집합 장소, 집합 시간을 자세히 안내해주자. 말로도 이야기해야겠지만 단톡방에도 한 번 더 안내를 남겨놓는 것이 좋다. 관광지 도착 시 학생들에게 강조해야 할 것은 두 가지다. 시간을 꼭 지킬 것, 무단으로 이탈하지 말 것. 선생님들이 돌아다니며 관리 감독한다고 사전에 알리면 된다.

숙소에 도착해서도 긴장을 늦출 수는 없다. 친한 친구들끼리 배정된 방이 있다면 의기투합하여 사고를 칠지도 모르기 때문이다. 몰래 배달 주문하기, 다른 방에 침입하기, 베개 싸움하다가 베개 터뜨리기 등 교사 눈을 피한 여러 가지 007 작전이 펼쳐질 수 있다. 적은 내부에만 있는 것이 아니다. 만약 숙소에 다른 학교 학생들도 있다면 괜한 기싸움이 진짜 싸움으로 번질 수도 있다. 인솔 교사끼리 당번을 정해서 복도에서 감독하고 취침 전 모든 방에 들러 인원을 점검하면서 학생들의 동향을 확인하는 것이 좋다.

새벽에는 돌발상황에 대비해야 한다. 친구들과 먹은 과자와 음료수 때문에 배탈이 난 학생, 갑자기 열이 나는 학생 등 다양한 상황이 발생할 수 있다. 아픈 경우는 보건 교사에게 알리고 비상약으로 처치할 수 없는 경우 빠르게 근처 병원의 응급실로 이동해야 한다. 여기까지 읽고 나면 담임교사는 언제 쉴 수 있는지 궁금할 수 있다. 실제로 담임교사는 수학여행 때 5시간 이상 자기 힘든 경우가 많다. 따라서 이동하는 시간에 틈틈이 수면을 보충하고, 수학여행 가기 전부터 체력을 관리해 두어야 한다.

여러 가지 상황별 매뉴얼

수학여행에서는 교사가 예상하지 못한 다양한 상황이 발생할 수 있다. 학교가 아닌 바깥에서는 담임교사로서 어떻게 대처하면 좋을지 상황별 매뉴얼을 알아보자. 먼저, 학생들끼리 싸운 경우다. 몸싸움한 경우, 우선 학생을 분리한 후 치료해야 한다. 학생들이 본인의 입장을 설명할 수 있으면 감정이 진정된 후 각자의 진술을 들어보자. 이대로 활동을 계속할 것인지 중단하고 담임 옆에 있을 건지 등을 물어볼 수 있다. 활동을 계속한다면 서로 접촉하지 않도록 당부하고, 숙소로 복귀한 후 학생들의 잘잘못을 가리고 정리하면 된다. 기분 좋게 수학여행 왔는데 싸우게 기분 나쁘게 돌아갈 것인지 아니면 잘 풀고 즐겁게 여행할 것인지 생각해서 행동하라고 주의도 준다.

또 수학여행 중 발열 환자가 생길 수도 있다. 약을 먹었는지 확인 후 보건교사에게 인계한다. 38도 이상 고열이라면 근처 병원에 가야할 수 있다. 부모님께도 상황을 알리고 근처 병원에서 치료받고 수학여행에 합류할 것인지, 아니면 부모님이 와서 학생을 데려갈 것인지 학생, 학부모, 인솔 교사들, 관리자의 의견을 종합해서 결정한다.

학생의 물건이 분실되거나 숙소에 두고 오는 일이 생길 수도 있다.

숙소에 두고 온 경우 물건을 찾으러 돌아갈 필요는 없다. 보통 숙소에서 각 방의 분실물을 모아서 학교에 택배로 보내주는 경우가 많다. 따라서 분실물 발생 시 학년 부장교사를 통하여 숙소에 문의하면 된다. 관광지에서 물건을 분실하였으면 유실품 센터나 안내 데스크에 문의한다. 물건 분실은 기본적으로 개인의 책임이기 때문에 그 물건을 찾는다고 일정을 미루거나 멈출 수가 없는 경우가 많다. 그러므로 수학여행 시 고가의 물건은 소지하지 않도록 사전에 주의를 주는 것이 좋다.

수학여행에서는 별별 일이 다 생기지만 중요한 것은 담임교사 혼자 판단하지 않는 것이다. 현장에는 함께 논의할 다른 선생님과 관리자가 있으므로 상황을 빠르게 공유하고 협의하여 결정하면 큰 무리 없이 수학여행을 마무리할 수 있을 것이다.

★ 7장 ★

6월과 7월, 학기 마무리

신규교사 백 선생은 탁상 달력을 괜히 넘겨보며 미소를 지었다. 6월, 숨 가쁜 한 학기도 이제 슬슬 마무리되어 간다. 웬만한 업무는 손에 익었고, 학급은 안정기에 접어들었으며, 학생들과도 즐겁게 지내고 있다. 6월에 접어든 학교는 교사도, 학생들도 학교에 적응하여 잠시 소강상태에 접어들며, 다가오는 기말고사를 준비하면서 학기를 마무리하는 분위기가 된다. 기말고사를 치른 후엔 여름방학을 앞두고 들뜬 기분으로 지내게 된다.

그러나 여유로운 학생들과는 달리, 교사들은 6월 말이 되면 학기를 마무리하느라 다시 분주해진다. 특히 이 시기에는 생활기록부 작성이라는 큰 산이 기다리고 있다. 생활기록부 작성은 담임교사의 필수 업무 중 하나로, 한 학기 동안의 학생의 성장과 변화를 기록으로 남기는 중요한 작업이다. 또 방학을 앞두고 학급을 정리하고, 학생들이 무사히 방학할 수 있도록 하는 여러 실무도 남아 있다.

6월과 7월은 한 학기 동안 있었던 일들을 돌아보고, 공식적으로 마무리하며, 기록을 남기는 달이다. 이 장에서는 생활기록부 작성의 기초, 그리고 담임교사로서 한 학기를 정리할 때 도움이 될 실질적인 팁들에 관해 이야기한다. 신나는 첫 여름방학을 앞두고 성공적인 학기 마무리를 위해 담임교사의 임무를 다해보자.

학기 말의 큰 산,
생활기록부 작성하기

6월 중순, 신규교사 백 선생은 오랜만의 여유를 만끽하고 있다. 지필평가 출제도 끝났고, 수행평가 채점도 마무리했다. 처음엔 모든 게 낯설기만 했던 신규교사 생활도 이제 조금씩 익숙해져 한결 편안해진 것 같다. 이제 여름방학 계획을 세워볼까 하던 찰나, 옆자리 선생님의 말씀이 귓전에 꽂힌다.

"선생님, 생활기록부 작성 시작하셨어요?"

미처 예상하지 못했던 큰 산이 남아 있었다. 생활기록부 마감을 해야 방학이 온다고들 한다. 미리 한 학생의 생활기록부를 살펴보니 무슨 항목이 이렇게나 많은지, 이걸 교사가 다 쓴다는 게 믿기지 않는다.

자율, 동아리, 봉사… 이게 다 누가, 어떻게 쓰는 걸까?

생활기록부란 학생의 학교에서의 학업, 비교과 활동, 생활 태도 등을 종합적으로 기록하는 법정 장부다. 상급학교 진학 시, 나아가 취업 시에도 활용되는 공식 문서이기 때문에 실수나 오류 없이 꼼꼼하게 작성해야 하는 자료이기도 하다.

담임교사가 학생의 생활기록부에 작성해주어야 할 부분은 꽤 많다. 우선 나이스에서 학생 생활기록부를 한 부 출력하여 펼쳐 놓고 어떤 내용들이 있는지 차근차근 살펴보자. 생활기록부는 크게 담임교사가 작성할 부분과 교과교사가 작성할 부분 두 가지로 나누어져 있다. 여기에서는 담임교사가 작성해야 하는 항목 위주로 설명하고자 한다. 생활기록부를 전혀 모르는 신규교사의 관점에서 알려 줄 테니 차근차근 따라오면 된다. 다만, 이 글에서 설명하는 내용은 중학교 생활기록부 기준이며, 고등학교 생활기록부는 기록해야 할 수준과 깊이가 다르기에 이 글에서는 가장 기본적인 생활기록부의 틀만 다룬다. 이제 방학이 코앞이다!

창의적 체험활동, 그리고 자동봉진

창의적 체험활동은 현장에서 줄여서 '창체'라고 부르는 비교과 활동을 기록하는 영역이다. 학생이 수업 이외에 참여한 다양한 학교생활 경험을 남기고, 그 과정에서 무엇을 배웠는지를 보여준다. 창의적 체험활동의 하위 항목으로는 자율·자치 활동, 동아리활동, 봉사활동, 진로활동이 포함된다. 4가지 영역의 앞 글자를 따서 '자·동·봉·진'이라고도 흔히 줄여 부른다. 항목마다 업무 담당자가 있으므로 학기 말 생활기록부 시즌이 되면 작성법을 메시지로 안내해주는 경우가 일반적이다. 그때 안내받고 입력하면 어렵지 않으니 지금은 '아 이런 게 있구나' 정도로 인지만 하고 있으면 된다.

자율·자치 활동 항목은 담임교사가 학생의 학교생활 가운데 자율활동과 자치활동에서 보인 태도와 역할을 기록하는 영역이다. 자율활동은 학생이 활동에 참여하는 과정에서 학교생활에 적응하고, 자기 삶을 주도적으로 설계해 나가는 경험에 초점을 둔다. 학급 단위로 운영되는 각종 행사나 프로젝트 활동에서 학생이 어떤 역할을 맡았는지, 활동 과정에서 어떤 배움과 변화를 보였는지가 기록의 중심이 된다. 자치활동은 공동체의 구성원으로서 학생이 학급이나 학년, 학교 운영에 참여하며 역할과 책임을 수행하는 것이다. 학급 회의나 학급 대표 활동처럼 학생 스스로 의사 결정 과정에 참여하고, 타인과 소통하며 공동의 문제를 해결하는 경험이 이에 해당한다. 이 과정에서 드러난 책임감, 소통 능력, 협력의 태도가 자치활동 기록의 핵심이 된다.[6]

자율·자치 활동은 한 학기 동안의 교육과정 안에서 이미 일정과 활동이 정해져 있는 때가 많고, 시간표에 '창체'라고 명시되어 있는 시간에 해당 활동들이 이루어진다. 따라서 평소 자율·자치 활동 시 학생의

---

6) 울산광역시교육청. 「창의적 체험활동 플러스 자율활동·자치활동 안내」. 울산 창의적 체험활동 플러스. https://use.go.kr/crm/index.do

참여 방식과 태도를 꾸준히 관찰하고 간단한 메모를 남겨 두는 것이 중요하다. 이렇게 축적된 기록은 생활기록부 작성 부담을 줄여 주는 기반이 된다.

자율·자치 활동에서 입력해야 하는 내용은 크게 두 가지다. 누가기록과 학생부자료기록이다. 누가기록은 한 학기 동안 이루어진 활동의 시수와 간단한 활동 내용을 입력하는 부분이다. 누가기록은 동일한 활동을 모든 담임교사가 같은 기준으로 입력할 수 있도록, 담당자가 각 활동의 날짜와 시수, 내용을 정리한 엑셀 파일을 제공한다. 담임교사는 이 파일을 참고해 자신의 학급에 해당하는 내용을 그대로 입력하면 된다. 단, 자율·자치 활동은 학생이 실제로 참여한 내용만 입력해야 한다. 따라서 학생이 결석한 날에 누가기록이 되지 않도록 주의해야 한다. 출결을 마감한 후 입력하면 나이스가 결석 학생을 자동으로 걸러 오류를 예방할 수 있다.

⭐ **자율·자치 활동 누가기록 안내 파일 예시**

	월	일	요일	교시	활동내용	시수
1	3	4	화	2	개학식	1
2	3	10	월	4	학급회 조직	1
3	3	24	월	4	학교폭력 예방 교육	1
4	3	31	월	4	교육활동 침해행위 예방 교육	1

★ 자율·자치 활동 누가기록 입력 화면

*일자	2025.03.24.	
*이수시간	☐	✔ 최대 이수시간 적용
활동내용		

누가기록을 모두 작성했다면, 이제 학생부자료기록을 작성할 차례다. 학생부자료기록은 누가기록과 달리 생활기록부에 직접 보여지는 기록이다. 학생이 활동에 어떤 태도로 임하였는지, 어떤 결과물을 보여주고 얼마나 성장을 이루었는지에 대한 교사 관찰 기록을 문장으로 작성하면 된다. 누가기록과 마찬가지로, 실제로 활동한 결과만 입력해야 하므로 학생이 결석한 날의 활동 내용을 학생부자료기록에 작성하지 않도록 주의해야 한다. 참고로, 시상계획과 관련이 있는 활동은 자율활동 특기사항에 입력할 수 없다. 자율·자치 활동 학생부자료기록 작성 예시는 다음과 같다.

"장애 인권 교육(2025.06.23.)에서 영상을 시청하며 장애인에 대한 잘못된 편견을 버리게 되었으며 장애가 있는 친구들을 존중하고 배려하는 마음을 갖게 되었다고 소감문을 작성함."

"학급 반장(2025.03.01.~2026.02.28.)으로서 학급의 단합을 위해 적극적으로 나서고 체육 행사에서 반 전체가 좋은 공연을 할 수 있도록 처음부터 끝까지 최선을 다함."

다음은 동아리 활동이다. 동아리는 학생이 소속된 동아리 담당 교사, 스포츠 담당 교사가 작성해주는 항목이다. 동아리도 자율·자치 활동과 마찬가지로 누가기록, 학생부자료기록 두 가지가 작성 완료되어야 한다. 담임교사는 동아리 담당 교사와 스포츠 담당 교사가 누가기록을 빠짐없이 제대로 작성해주었는지, 시수에 오류는 없는지 학생의 출결과 비교하여 확인하고, 학생부자료기록에 오탈자가 없는지 확인해주면 된다.

봉사활동은 공식적으로 봉사 시간으로 인정받는 봉사활동 내용을 담임교사가 입력해주는 항목이다. 학교에서 실시한 봉사활동은 학기 말 담당자가 보내주는 봉사활동 확인서를 참고하여 입력하면 되는데, 자율활동이나 동아리와 달리 특기사항 없이 누가기록만 입력하면 된다. 학생이 결석한 날 봉사활동이 입력되지 않도록 유의하는 것이 중요하다. 학생이 개인적으로 외부에서 수행한 봉사활동을 입력해달라고 요청하는 경우 관련 규정을 숙지하여 처리해야 한다.

마지막으로 진로활동에서 작성해야 할 항목은 누가기록과 희망분야, 그리고 특기사항으로 나뉜다. 자율·자치 활동과 마찬가지로 업무 담당자가 보내주는 파일에 적힌 시수와 진로활동내용을 누가기록에 그대로 입력한다. 희망분야와 특기사항은 생활기록부에서 보여지는 부분이다. 희망분야에는 학생이 희망하는 진로 분야를 직업명으로 입력하고, 특기사항은 자신의 진로 희망을 위해서 수행한 구체적인 활동에 대해 문장으로 입력한다. 진로교사가 작성하거나, 담임교사가 진로교사가 준 파일을 토대로 작성해준다. 만약 학생이 아직 구체적인 진로를 결정하지 못했다면 희망분야에 '진로 탐색 중임.'이라고 적어주어도 무방하다. 희망하는 직업이 뚜렷하지 않더라도 특기사항에는 내용을 입력해주어야 한다.

독서활동상황기록

독서활동상황은 학생이 학기 중에 책을 읽었다면 담당 교사가 확인하고 생활기록부에 기록해주는 공간이다. 학생이 독후활동을 '독서로' 홈페이지에 작성하거나, 교내 독후감 양식 등을 채워서 제출했을 때 등 독서활동을 증명하는 방법은 학교마다 다를 수 있다. 학생이 특정교과와 관련된 독서기록을 남겼다면 학생의 교과 담당 교사가 기록을 입력하게 된다. 반면에 특정 교과로 분류하기 힘든 책과 관련된 독서기록은 담임교사가 입력한다. 이때 보통 책 제목과 저자를 적어주는데, 독서 담당 교사의 안내대로 생활기록부에 입력하면 된다. 특목고나 외국어고, 과학고에 진학할 생각이 있는 학생이라면 1학년 때부터 차근차근 기록을 남길 수 있도록 담임교사가 안내해야 한다.

행동특성 및 종합의견

행동특성 및 종합의견은 담임교사가 학생의 한 해 변화와 성장을 압축하여 서술하는 공간이다. 점수나 결과로 환산되기 어려운 태도, 성장, 관계, 학습 과정, 학교생활 등을 작성한다.

행동특성 및 종합의견에서 담임교사가 작성해야 할 부분에는 누가기록과 학생부자료기록이 있다. 누가기록은 한 학기 최소 몇 개 이상 작성하라는 교내 지침이 있다. 학교별로 다른데, 일반적으로 한 학기 1~2개 이상 작성하라고 권고한다. 반드시 학생이 출석한 날에 작성되어야 한다. 누가기록은 생활기록부 담당자와 담임교사만 열람할 수 있으니, 어느 정도 형식의 구애 없이 작성해도 괜찮다. 행동특성 및 종합의견 누가기록 예시는 다음과 같다.

"체육대회 때 선수 출전 명단을 조율하는 과정에서 마찰이 있었는데 나서서 중재하는 리더십을 보임."
"축제 뒷정리를 자발적으로 하는 모습이 인상 깊음."

특히 다른 학생과 갈등이 잦거나, 관심군 학생은 학교에서 무슨 일이 있을 때마다 자세하게 기록하고 담임 대처도 적어주면 좋다. 행동특성 및 종합의견 누가기록은 사건이 발생했을 때 담임교사를 구제해 줄 수 있는 중요한 기록물이다.

행동특성 및 종합의견의 학생부자료기록은 생활기록부에 반영되는 부분이다. 담임교사가 학년말에 누가기록을 바탕으로 학생에 대한 관찰 내용을 종합적으로 작성하면 된다. 학기별로 작성할 필요는 없어서 1학기 말에는 작성하지 않아도 괜찮다. 학생의 성격, 긍정적 행동, 부정적 행동, 학업, 교우관계, 진로 연계할 내용 정도를 떠올린 후 종합하면 적어줄 내용이 많다. 참고로 부정적인 내용을 작성하는 것은 지양해야 하는데, 만약 부정적인 내용을 작성하게 된다면 개선 가능성을 함께 언급하고 누가기록이나 메모 등 관련 기록을 잘 보관해야 한다. 예를 든다면 아래와 같이 쓸 수 있다.

> "학기 초 또래 친구를 장난으로 놀리거나 불편하게 하는 행동이 반복되었으나, 이후 자기 행동이 타인에게 미치는 영향을 성찰하도록 돕는 과정에서 점차 언행을 조절하려는 모습이 나타남. 현재는 또래 관계에서 갈등 상황을 피하려 노력하며, 주변 친구의 반응을 살피고 배려하는 방법을 깨닫게 됨."

생활기록부 작성은 여러 예시 문장을 찾아보고 작성해보기를 권한다. 최근에는 생성형 AI를 활용하여 생활기록부 문장 작성에 도움을 받기도 한다. 그러나 생성형 AI를 사용할 때는 어디까지나 보조적인 수단으로 활용하고, 교사가 문장을 검토하고 재작성하는 것이 중요함을 잊지 말자.

★ **행동특성 및 종합의견 학생부자료기록 예시**

성격	• 긍정적인 태도로 친구들과 활발히 소통하며, 학급 분위기를 부드럽게 만드는 데 기여함. • 차분하고 온화한 성품으로 주변을 배려하는 모습이 돋보이며, 시력이 낮은 친구를 위해 자리를 바꿔주는 등 배려를 실천하는 학생임.
긍정적 행동	• 학교생활에 만족하며 다양한 활동에 적극적으로 참여하고, 규칙을 성실히 지키는 태도가 돋보임. • 자리 이동 때 결석한 학생의 책상을 자발적으로 옮기는 등, 일상에서 배려를 실천하는 모습이 인상적임.
부정적 행동	• 장난기가 많아 주변을 활기차게 만들지만, 가끔 상대의 기분을 상하게 할 때가 있음. 교사의 지지와 독려를 바탕으로 긍정적인 변화를 위한 개선 노력해 나가는 점이 인상 깊음. • 수업시간 중 잡담이나 평소 친구들과의 장난으로 지적받는 일이 종종 있었으나 교사가 지적하면 빠르게 개선하고자 노력하는 점이 기특함.
학업	• 학업 성적 향상에 뚜렷한 목표 의식을 갖고 학습 태도가 훌륭한 학생으로서 생각을 논리적이고 명확하게 표현할 줄 알며 이해력이 우수함. • 수업 태도가 우수하고 학업 성적이 전반적으로 뛰어나 다양한 과목에서 고른 성취를 보임.
교우관계	• 교우관계가 원만하여 같은 반뿐만 아니라 다른 반에도 친구가 많고 소통이 활발함.
진로 연계	• 본인의 진로 희망과 관련된 교내 방송부 활동을 적극적으로 참여하였으며, 영상 제작과 방송 장비 관리에 대해 관심을 가짐.

야호, 방학이다!
방학 준비하기

드디어 방학이 코앞이다. 신규교사 백 선생에게 이 방학은 처음으로 한 학기를 끝까지 지나온 뒤에 맞이하는 시간이다. 발령받던 날부터 숨 가쁘게 흘러온 장면들이 떠오른다. 서툴게 하루하루를 넘겨 왔기에 여기까지 왔다는 사실이 조금 뿌듯하게 느껴진다. 다만 마음껏 기뻐하기에는 이르다. 교사의 방학은 방학식이 끝나고 학생들이 모두 교실을 떠난 뒤에야 비로소 시작된다.

그래서 백 선생은 방학식 전날과 당일을 나누어 준비하기로 했다. 예측하기 어려운 일정일수록 미리 정리할 수 있는 일은 전날 끝내 두는 편이 낫다. 당일에는 확인과 정리에만 집중하기 위해서다.

방학식 준비하기

　방학식을 앞두고 전날 교실을 한 번 점검한다. 학기 동안 붙여 두었던 안내문이나 활동 결과물 가운데 더 이상 필요하지 않은 것은 미리 정리한다. 교실 상태를 정돈해 두면 다음 날 아침에는 추가 정리에 시간을 쓰지 않아도 된다. 학생들에게도 사물함 정리를 안내한다. 여름 방학식이라면 교과서만 남기고 나머지 물건은 모두 집으로 가져가게 하고, 겨울 방학식이라면 사물함과 서랍을 완전히 비우게 한다. 우유처럼 상하기 쉬운 음식물이나 체육복처럼 냄새가 날 수 있는 물건은 방학 동안 문제가 되기 쉽다는 점을 분명히 짚어 챙겨가도록 한다. 교실이나 복도에 개인 물품을 따로 보관해 둔 경우가 있는지도 함께 확인한다.

　방학식은 결석해도 되는 날이 아니라 한 학기를 공식적으로 마무리하는 일정이라는 점도 분명히 안내한다. 알림장이나 학급 공지를 통해 여러 차례 미리 안내해두면 혼란을 줄일 수 있다. 방학식 당일에 진행될 일정인 통지표 배부와 가정통신문 전달, 청소 등을 미리 공유해 두는 것도 도움이 된다.

　방학식 당일에는 평소보다 조금 일찍 학교에 도착하는 것이 좋다. 방학 날 아침의 교무실은 유난히 붐비기 때문이다. 성적 통지표를 미리 인쇄해두고 출결이 제대로 반영되었는지 마지막으로 점검한다. 인쇄 상태를 확인한 뒤 담임 도장을 찍어 교실로 가져가면 마음이 한결 놓인다. 성적 통지표는 학생뿐 아니라 학부모도 함께 보는 것이므로 정갈하게 봉투에 넣어서 전달하는 것이 좋다. 교실에서는 학급 대청소가 이어진다. 휴지통 담당 학생은 마지막으로 쓰레기를 비우고 통을 정리하고, 다른 학생들은 이날만큼은 개인 쓰레기를 남기지 않고 교실을 비운다. 이어서 방학 동안 반복될 수 있는 물놀이 등 안전 문제와 스마트폰 사용 문제를 함께 짚는다. 특히 방학 기간 중 온라인 언행과 관련해 생길 수 있는 상황을 언급하며 한 학기의 생활지도를 마무리한다.

학생들이 모두 귀가하면 교실은 잠시 고요해진다. 이때 청소 상태를 다시 확인하고 선풍기와 전자칠판처럼 방학 동안 사용하지 않을 전자기기의 전원을 차례로 정리한다. 창문과 교실 문을 확인한 뒤 불을 끄고 나서야 한 학기의 일정이 끝났음을 실감한다.

한 학기를 끝내면서

교사로서의 삶은 내가 예상했던 것보다 쉽지 않았다. 학생들끼리 갈등이 일어나는 일도 있었고, 자리에 오래 앉아 있지 못하고 돌아다니며 수업을 방해하는 학생도 여럿 있었다. 야심차게 준비해 간 활동은 계획대로 흘러가지 않았고, 상담 시간을 맞추려다 허겁지겁 급식을 먹고 체하는 날도 있었다. 하루를 마치고 집에 돌아왔는데 갑작스럽게 화가 난 학부모의 연락을 받기도 했다.

하지만 힘든 일만 있지는 않았다. 체육대회 날에는 학생들의 이름을 부르며 응원하며 학생들과 운동장과 체육관을 누볐다. 수업 때는 볼 수 없었던 아이들의 해맑게 웃는 얼굴이 먼저 내 눈 가득 들어왔다. 체험학습 버스 안에서 한 학생이 말없이 과자 하나를 내밀었던 날도 있었고, 어느 날에는 수업이 술술 잘 되었던 날도 있었다. 그날 평소에 자주 졸기만 하던 학생으로부터 수업이 재미있었다는 짧은 쪽지를 건네받기도 했다. 그 쪽지는 지금도 내 책상 앞에 붙여 두었다.

축제가 끝난 날의 에피소드도 떠오른다. 대부분 학생이 귀가한 뒤에도 임원 몇 명은 학교에 남아 뒷정리를 이어 갔다. 집에서는 굳이 하지 않았을 음식물 쓰레기까지 챙겨 버리며 묵묵히 움직이는 모습이 눈에 들어왔다. 퇴근하며 마주친 학생들에게 고맙다고, 수고했다고 짧게 인사를 건네고, 학부모에게도 학생을 칭찬하는 문자를 보냈다. 그날 학부모에게서 온 답신은 오래도록 기억에 남았다.

"선생님, 저희 신백이 때문에 고생 많으시지요. 선생님의 지도와 격려 덕분에 신백이도 학교생활에 잘 적응한 것 같고, 요즘은 집에서 담임 선생님 좋다는 이야기를 매일같이 합니다. 항상 감사하고 잘 부탁드립니다."

그때, 내가 건넨 말이나 행동이 누군가에게는 생각보다 큰 영향을 미칠 수 있다는 걸 알게 됐다. 평소에는 수업 시간이나 생활지도 중에 했던 말들이 아이들에게 어디까지 닿고 있는지 가늠하기 어려웠다. 사춘기 학생들의 마음은 눈에 보이지 않았고, 행동의 변화도 쉽게 확인되지 않았다. 그래도 학생들에게 조금이라도 따뜻하게 말을 건네려 애

썼고 필요할 때는 잘못된 행동을 분명하게 짚으려 했다. 나의 말이 그들에게 닿고 있는지 확신하지 못하면서도 그 일을 멈추지는 않았다. 그날의 경험은 내가 해 왔던 말들이 완전히 허공으로 사라지고 있지는 않았다는 사실을 확인하게 했다.

평가 기간이 시작되면 학교는 다시 정신없이 바빠진다. 시험지 검토와 문제 오류 확인, 답안 채점과 서술형 피드백이 이어지면서 책상 앞에 붙어 있는 시간이 길어진다. 그 와중에 전혀 다른 일도 터진다. 관계가 좋지 않던 학생들 사이의 일이 커지거나 선도위원회로 이어지는 상황을 마주할 때도 있다.

그래도 방학은 온다. 방학식이 끝나고 학생들이 교실을 비운 뒤, 정리된 책상과 조용해진 복도를 한 번 더 바라본다. 불이 꺼진 교실에 잠시 서 있다가 문을 닫는다. 그제야 한 학기가 끝났다는 사실을 체감한다.

이 롤러코스터는 매년 반복된다. 새 학기가 시작되고 또 방학이 올 때까지 교사의 마음은 쉼 없이 기대했다가, 실망했다가를 반복한다. 지쳐서 나가떨어질 때쯤 다시 방학이 오고, 한 학기를 정리하고 숨을 고른 뒤 다시 힘껏 새 학기를 시작하면 된다. 우리 모두 첫해를 돌아보면 무엇을 얼마나 잘했는지는 또렷하지 않다. 다만 하루하루 교실에서 학생들과 부대낀 기억만은 남아 있다. 완벽하게 해낸 날은 많지 않았다. 그래도 학생들과 함께 수업하고, 함께 웃고, 말을 건네며 한 학기를 지나왔다. 그것만으로도 성공적인 한 학기였다고 말할 수 있다.

3부. 수업

교사가 되면 무엇보다 수업을 잘하고 싶었다. 신규교사 백 선생은 수업이 곧 교사라는 직업을 증명하는 자리라고 여겼기에 열심히 준비해서 최고의 수업을 보여주고 싶었다. 하지만 열정 가득한 마음과는 달리, 백 선생은 점차 지쳐 갔다. 한 차시 수업 준비에만 몇 시간씩 걸렸고, 한 시간 수업을 마치면 다음 수업을 위해 퇴근 후 개인 시간을 다시 쏟아야 하는 날들이 반복되었다. 또 막상 교실에 서보니, 이전에 상상했던 수업과는 거리가 멀었다. 흥미를 보이지 않는 학생들의 시선을 끌어야 했고, 엎드린 학생을 깨우다 수업의 흐름이 자주 끊겼다. 게다가 진도는 촉박한데 수행평가와 지필평가 등 각종 평가도 챙겨야 한다니... 마치 유리공 세 개를 한 번에 저글링 하는 듯한 위태로움의 연속이었다.

하지만 여러 어려움에도 불구하고 수업과 평가는 교사로서의 많은 고민과 그에 따라오는 보람이 함께 담긴 일이다. 준비한 활동에 학생들이 반응하고, 평가 이후 달라진 모습을 볼 때면 공을 들인 시간이 헛되지 않았다는 생각이 든다.

교과교사로서 마주하게 되는 수업과 평가는 신규교사에게 부담이 큰 영역이다. 3부 '수업'에서는 이러한 과정을 신규교사의 관점에서 풀어낼 것이다. 수업 준비의 기초와 하루하루 반복할 수 있는 수업 준비 루틴을 살펴보고, 수행평가와 지필평가 등 각종 평가를 원활히 준비하고 운영하는 과정을 정리한다. 또한 현장에서 바로 활용해 볼 수 있는 에듀테크를 함께 소개한다.

★ 8장 ★
수업

8장. 수업

신규교사 백 선생은 첫 수업을 위해 교실 문을 열고 들어갔던 날이 떠올랐다. 전날 계속 수정에 수정을 거듭하면서, 공들여 만든 학습지와 PPT를 품에 안은 채였다. 백 선생은 괜히 더 덤덤하게 보이려고 노력하면서 교탁 앞에 섰다. 호기심 가득한 학생들의 시선이 한꺼번에 모였다. 교과와 이름을 소개하고, 학생들에게 준비한 학습지를 나눠주자 첫 질문이 나왔다. 중학교 1학년 첫 수업에서 들은 말은 생각보다 더 의외였다.

"선생님, 볼펜으로 써요, 연필로 써요?"

순간 긴장이 풀리며 웃음이 나왔다. 연필로 쓰라고 정해주면서 여러 생각이 들었다. '생각보다 많은 것을 교사가 알려줘야 하는구나.' 백 선생은 교무실로 돌아와 준비했던 수업의 난이도를 조정하면서, 실제 현장에서의 수업은 수업 실연 때와는 완전히 다를 것이라는 점을 직감했다.

신규교사에게는 수업은 생각한 것만큼 흘러가지 않을 때도 있고, 현장에서 새로 배워야 할 것들도 많다. 처음 하는 수업 준비에 시간이 너무 오래 걸려서 매일 퇴근 후 휴식이 부족하기도 하다. 8장에서는 첫 수업 오리엔테이션에 담으면 좋을 내용과, 처음 수업을 준비하는 신규교사를 위해 수업을 준비하는 가장 기초적인 방법을 소개한다. 수업 준비 시간을 줄이기 위한 수업 루틴 만드는 방법도 함께 다룬다.

수업이 힘들면 교사는 매일 힘들 수밖에 없다. 신규교사가 학교 현장에 빠르게 적응하고 자신만의 수업을 만들어갈 여유가 생길 때까지 이 장에서의 내용을 적극적으로 활용해보면 좋겠다.

안녕하세요~
담임교사 백선생입니다. ^^

두근두근
첫 수업 준비하기

   새 학년 첫날 아침, 신규교사 백 선생은 오늘 수업을 어떻게 시작해야 할지 곰곰이 생각했다. 첫 수업부터 교과서를 펼쳐 진도를 나가야 할지, 아니면 교과와 교사를 소개하며 오리엔테이션으로 시간을 써야 할지 고민이 되었다. 교실 문을 열면 어떤 눈빛들이 나를 바라볼지, 학생들은 나에게 무엇을 기대하고 있을지 떠올리다 보니 마음이 괜히 바빠졌다.

   새 학년 첫 수업은 선생님에 대한 학생들의 기대가 가장 높은 날이다. 어떤 선생님이 들어오실지, 수업 분위기는 어떨지, 이 과목에서 어떤 경험을 하게 될지 학생들의 머릿속은 호기심으로 가득하다. 이때 형성된 첫인상은 생각보다 오래 남는다. 그래서 첫 수업은 교사와 학생 사이의 관계가 처음 만들어지는 시간이라고 말할 수 있다.

좋은 수업은 무엇일까? 학교 수업은 인터넷 강의와 다르다. 교사가 혼자 말을 잘한다고 해서 좋은 수업이 되지는 않는다. 수업은 교사와 학생이 함께 만들어가는 과정이다. 교사의 전문성에 학생의 참여와 반응이 더해질 때 비로소 살아 있는 수업이 된다. 그래서 첫 수업부터 곧장 진도를 나가기보다는 교과를 소개하고 학생과 교사가 서로 알아가는 데 시간을 할애하면 좋다. 교과 소개, 교사 소개, 학생 소개 등에 시간을 쓰면 아주 좋다. 이때 분위기를 지나치게 풀기보다는 수업에서 지켜야 할 규칙과 선을 함께 제시하자. 첫 수업에서 원칙과 기준이 분명하면 학생과의 관계는 수업을 거치며 차차 쌓일 것이다.

교사와 교과 소개하기

교실에 처음 들어서는 순간, 학생들의 시선이 한꺼번에 교사에게 쏠린다. 일 년 동안 함께할 교사를 처음 마주하는 시간이니 궁금증이 클 수밖에 없다. 긴장되겠지만 차분하게 교사 자신의 소개부터 시작해 보자. 눈치가 빠른 학생들은 이미 교사의 이름 정도는 알고 있을지도 모른다. 간단한 자기소개로 시작해도 좋고, 학생들에게 퀴즈를 내어 맞혀 보게 하는 방식도 분위기를 풀기에 효과적이다. 이런 방식은 학생들의 기억에 오래 남고, 첫 시간의 긴장도 자연스럽게 낮춰 준다.

학생들은 교사에 대한 기대 못지않게 새롭게 배우게 될 교과에 대한 기대도 품고 있다. 교과에 대한 첫인상을 잘 심어주면 학생들이 그 과목을 즐겁게 배우도록 하는 동기를 심어줄 수 있다. 따라서 교사는 첫 시간에 학생들에게 이 과목을 왜 배워야 하는지, 그리고 무엇을 배우게 될 것인지에 대해 알려줄 필요가 있다.

먼저 과목의 의미를 알려준다. 사회라면 지금 우리가 사는 사회를 이해하고 판단할 수 있는 눈을 기르는 과목이고, 과학이라면 세상이 돌아가는 과학적 원리를 이해하는 과목이다. 이렇게 과목의 존재 이유를 학생의 삶과 연결 지어 설명하면 좋다. 학생들은 이 과목을 배우는 것이 자기 삶에 어떤 도움이 될지를 가장 궁금해한다.

이어서 교과의 목표를 이루기 위해 수업에서 무엇을 배우게 될지 소개한다. 교과서의 목차를 함께 살펴보며 한 해 동안 다루게 될 내용을 가볍게 훑어보면 충분하다. 이 과정에서 어떤 단원이 가장 기대되는지 질문해 보면, 학생들의 관심과 학습 동기를 끌어내는 데에도 도움이 된다.

수업 방식 안내하기

수업은 교사와 학생이 함께 만들어가는 과정이다. 첫 수업은 그 호흡을 맞추는 출발점이다. 이 과목이 어떤 방식으로 진행되는지, 평가와 과제는 어떻게 이루어지는지, 수업 중에 지켜야 할 약속은 무엇인지 등을 간단히 안내하면 학생들도 수업의 흐름을 이해하고 한결 편안하게 참여할 수 있다.

수업 방식을 안내하려면 먼저 수업의 큰 틀을 정리해 둘 필요가 있다. 진도를 교과서 중심으로 나갈 것인지, 별도의 학습지를 활용할지와 같은 기본 방향을 미리 고민해 두어야 한다. 아래의 세부 사항을 참고해 수업 구조를 한번 점검해 보자. 참고로 같은 교과교사가 있다면, 학생들에게 안내하기 전에 교과 협의를 거치는 것이 바람직하다.

먼저 어떤 수업 자료를 사용할지 결정해야 한다. 가장 기본이 되는 자료는 교과서이다. 교과서를 중심으로 다른 자료를 함께 제공할지 미리 방향을 정리해 두는 것이 좋다. 추가 자료로는 EBS 연계 문제집과 같은 외부 자료가 있을 수 있고, 교사가 제공하는 학습지나 PPT도 활용할 수 있다. 학습지나 PPT의 경우 출판사에서 제작해 둔 자료를 활용해도 되고, 필요에 따라 교사가 직접 만들어 사용하는 방법도 있다.

원활한 수업을 위해 교사가 정한 수업 규칙을 분명히 제시할 필요가 있다. 수업 규칙은 교사와 학생이 함께 만들어가도 좋지만, 교사의 교육철학이 담긴 기준 하나 정도는 처음부터 제시하는 편이 낫다. 흔들리지 않는 원칙이 드러나면, 학생들도 이 수업에서는 반드시 지켜야 할 선이 무엇인지 분명하게 인식한다.

백 선생의 경우 세 가지 정도를 제시한다. 수업 종이 치면 자리에 앉기, 도덕 시간에는 욕이나 비하 발언하지 않기, 서로에 대한 예의 지키기다. 이 기준을 꾸준히 강조해 온 덕분에, 우리 학교 학생들은 이제 '도덕 시간에는 욕을 하면 안 된다.', '도덕 시간 전에는 선생님이 오시기 전에 자리에 앉아 있어야 한다'는 점을 자연스럽게 받아들인다. 수업에 어떤 규칙이 필요한지는 경력이 쌓일수록 자연스럽게 드러난다.

처음부터 어렵고 다양한 규칙을 정하기보다는, 가장 기본적인 한두 가지만 먼저 제시하는 편이 좋다.

학생들이 수업을 중요하게 여기고 집중하도록 이끄는 방법은 여러 가지가 있다. 그중 하나가 수업 보상이다. 중학생에게는 칭찬 쿠폰처럼 다소 단순해 보이는 보상도 의외로 효과가 있다. 고등학생의 경우에는 생활기록부 기록과 연계된 안내가 동기 부여에 도움이 되기도 한다. 학교에 상·벌점 제도가 있다면, 수업과 어떻게 연결되는지 미리 알려두는 것도 한 방법이다.

수업 중 발표에 참여하거나 학습지를 성실하게 작성한 학생에게 포인트를 부여하는 방식도 활용할 수 있다. 이 포인트는 실제 보상이 아니라 프로그램을 통해 제공되는 가상의 점수로 일정 개수가 모이면 상점으로 전환된다. 개인이 포인트를 모아 상점을 받는 구조도 가능하고, 반 전체의 포인트가 일정 기준에 도달하면 자유 시간이나 다른 보상을 제공하는 방식으로 운영할 수도 있다. 이런 보상 체계가 자리 잡히면 학생들이 발표에 자발적으로 참여하는 모습도 자연스럽게 나타난다.

평가 안내하기

수업 방식 다음으로, 아니 어쩌면 학생들이 가장 궁금해하는 부분은 평가다. 지필평가와 수행평가가 언제 이루어지는지, 각각의 반영 비율이 어느 정도인지는 첫 수업에서 대략 짚어 줄 필요가 있다. 다만 첫 수업은 평가계획이 아직 확정되기 전인 시점일 수도 있다. 이럴 때는 정확한 일정과 기준은 추후 계획이 정리되면 다시 안내하겠다고 설명하면 충분하다. 첫 수업에서 어디까지 안내할지는 같은 교과교사와 미리 협의해 두는 편이 좋다.

시험을 치른다는 사실 외에도, 학생들에게 수업 참여의 동기를 줄 수 있는 요소가 있다. 바로 생활기록부의 과목별 세부능력 및 특기사항이다. 이 항목은 교과교사가 학생의 생활기록부에 직접 기록하는 영역이므로, 그 의미를 첫 수업에서 분명히 짚어 둘 필요가 있다. 작성 예시를 간단히 소개하며 진학과 어떻게 연결되는지 보여 주면 학생들도 이 수업의 무게를 체감하게 된다. 이러한 안내는 해당 교과 수업에서의 긴장감과 집중도를 높이는 데 도움이 된다.

아이스 브레이킹

수업 시간에 여유가 있다면 간단한 아이스 브레이킹 게임을 진행해도 좋다. 아이스 브레이킹은 첫 수업에서 다소 경직되기 쉬운 분위기를 풀고, 학생들이 서로 편안하게 말을 트도록 돕는 활동이다. 겉보기에는 가볍고 재미있는 활동처럼 보이지만, 수업에서 학생들의 참여를 자연스럽게 끌어내고 교사가 학생을 파악하는 데에도 큰 도움이 된다. 아래는 첫 수업에서 활용하기 좋은 간단한 활동들이다.

손바닥 자기소개

학생에게 종이를 나눠준 뒤, 종이에 자기 손바닥을 대고 따라 그리게 한다. 손바닥의 각 손가락 하나마다 질문을 배치해 자기소개를 구성하도록 한다. 엄지는 나를 가장 잘 표현하는 한 가지, 검지는 요즘 빠져 있는 관심사, 중지는 다른 사람들이 나에 대해 조심하였으면 하는 것, 약지는 남들에게 잘 말하지 않는 나만의 장점, 새끼는 올해 수업에서의 목표 등으로 구성할 수 있다. 손바닥을 완성한 후 발표하게 하고, 교실 뒤편 게시판에 게시할 수 있다.

이 활동은 학생의 개별 특성을 첫 시간에 빠르게 파악하고, 발표 부담이 적어 자연스럽게 자기소개하게끔 도와준다. 학생이 직관적으로 이해할 수 있는 쉬운 활동이고, A4 용지만 준비하면 빠르게 진행할 수 있다는 장점도 있다.

자기소개 빙고

3X3 혹은 4X4 빙고 판을 만든다. 각 칸에는 나와 관련된 단어들을 적도록 한다. 사는 지역, 성별, 좋아하는 것, 싫어하는 것, 취미 등 자신을 나타내는 키워드는 무엇이든 가능하다. 빙고 칸을 다 채운 후 학급 전체 빙고, 혹은 모둠별 빙고를 진행한다. 자신의 차례가 오면 자신과 관련된 키워드와 이유를 함께 말한다. 비슷한 것을 적은 학생도 자신의 칸에 색칠할 수 있다.

이 활동은 학생의 특성을 파악할 수 있고, 서로 비슷한 것을 적은 친구들끼리 자연스럽게 취향을 공유하고 동질감을 느끼게 되는 효과가 있다. 선생님 성함이나 친구 이름 빙고, 좋아하는 것만 채운 빙고 등으로 응용할 수 있다.

수업 계약서 작성

수업 규칙을 함께 만드는 간단한 활동을 준비해도 좋다. 모둠을 만든 후 수업 중 지켜야 할 규칙에 대해 학생들이 1가지씩 아이디어를 내도록 한다. 모둠별로 수업에서 가장 필요한 규칙 1가지, 그 규칙을 지켜야 하는 이유, 그리고 규칙을 지키지 않았을 때의 처벌과 잘 지켰을 때의 보상을 정해보도록 한다. 각 모둠의 안건을 모아서 발표시키고 가장 괜찮은 규칙 2~3가지를 수업의 규칙으로 결정하여 적용한다. 채택된 규칙을 제시한 모둠에는 작은 보상을 주는 것도 좋다.

이 활동은 학생들과 함께 수업 규칙을 정해 책임감을 높이고, 학기 초 수업 분위기의 기준을 잡을 수 있는 효과가 있다. 학생이 직접 만든 규칙이기에 책임 있게 실천할 확률이 높아지고, 규칙에 대한 공감대를 자연스럽게 형성할 수 있다.

이 사람을 찾아라

★ 이 사람을 찾아라 활동지 예시

안경을 쓴 사람	나와 이름의 성이 같은 사람	영화를 좋아하는 사람	봄에 태어난 사람	피아노를 잘 치는 사람	친해지고 싶은 사람

인물 특징과 빈칸이 적힌 표를 만들어 활동지를 준비한다. '안경을 쓴 사람', '영화를 좋아하는 사람', '봄에 태어난 사람', '수학을 좋아하는 사람' 등 특징은 교사가 상황에 맞게 만들면 된다. 활동지를 나누어준 뒤, 학생들은 교실을 자유롭게 돌아다니며 해당 특징에 맞는 친구를 찾아 빈칸에 이름을 적는다. 활동 시간이 끝나면 발표를 통해 내용을 함께 나누고, 가장 많은 이름을 적은 학생에게는 간단한 보상을 마련해도 좋다. 이 활동은 서로의 특징을 묻고 이름을 알아가는 과정에서 학급 구성원 간의 교류를 자연스럽게 이끈다. 짧은 시간 안에 서로를 파악하는 데 도움이 되며, 교실 분위기를 활기차게 만든다.

수업이 끝날 무렵에는 활동을 정리하며 자연스럽게 수업을 마무리해보자. 발표를 하거나 활동 결과가 돋보였던 학생에게는 간단한 보상을 주어 칭찬하고, 함께 정한 수업 규칙이 있다면 다음 시간을 위해 이때 한 번 더 짚어주면 된다. 수업의 마무리에는 다음 시간에 대한 기대를 남기면 좋다. 오늘 수업 내용을 간단히 정리하고, 다음 시간부터 본격적으로 어떤 내용을 다룰지 예고하면 된다. 첫 단원의 이름을 언급하거나 다음 시간에 필요한 준비물을 안내해도 좋다.

가장 기초적인
수업 준비 가이드

　신규교사 백 선생은 첫 학기 수업을 준비하며 한 가지 질문 앞에 서게 되었다. '이번 시간에 학생들이 무엇을 배우고, 어디까지 도달해야 할까?' 교과서와 연간 계획표를 펼쳐보니 가르쳐야 할 내용은 분명했지만, 그 내용을 어떤 순서로, 어떤 깊이로 다루어야 할지는 교사의 판단에 달려 있었다. 그제야 백 선생은 수업 준비가 학생의 학습 과정을 설계하는 일이라는 사실을 실감했다.

　수업이야말로 교사의 전문성이 가장 뚜렷하게 드러나는 영역이다. 준비된 교사는 단순히 자료가 많거나 설명을 잘하는 교사와는 다르다. 수업 전문성이 있는 교사는 주어진 수업 시간 안에 학생이 도달해야 할 수준을 먼저 정하고, 그에 맞게 설명의 순서와 활동을 설계한다. 학생의 수준을 고려한 발문 하나까지도 수업 준비의 대상이 된다.

신규교사에게 수업 준비는 교사로서의 전문성을 기르기 위한 기본 과정이다. 첫해에 쌓은 수업 설계 경험과 자료는 이후 교직 생활의 기준점이 된다. 주먹구구식으로 수업을 이어가기보다는, 수업을 체계적으로 설계하고 보완해가며 자신만의 수업을 만들어가야 한다. 그 출발점이 되는 가장 기초적인 수업 준비 방법을 정리해본다.

무엇을 가르쳐야 하는지 고민하기

수업을 안정적으로 운영하려면 먼저 해당 교과 수업에서 무엇을 가르쳐야 하는지가 선명해져야 한다. 이를 위해서는 교과서를 펼치고 연간 수업계획을 대략적으로라도 세워두는 것이 좋다. 먼저 교육과정의 성취기준을 분석해야 한다. 성취기준은 교사가 수업에서 무엇을 다루어야 하는지를 제시하는 기준이다. 성취기준에 담긴 핵심 개념과 학생에게 요구되는 이해의 수준, 태도와 행동을 충분히 살펴보고 그 의미를 해석할 필요가 있다. 학생이 어느 수준까지 도달해야 하는지를 분명히 하면 수업의 목표도 자연스럽게 또렷해진다. 아래에서는 2022 도덕과 교육과정에 제시된 성취기준 하나를 예로 들어 살펴보겠다.

"[9도04-01] 인간 이외의 생명체를 도덕적으로 고려해야 하는 이유를 정당화하고, 생명을 가진 존재들이 겪는 고통에 공감하며 생명을 소중히 여기는 태도를 기른다."

위 성취기준에 도달하기 위해 가르쳐야 할 지식, 기능, 태도는 각각 무엇인가 생각해볼 수 있다. 인간 이외의 생명체를 도덕적으로 고려해야 하는 이유를 알고(지식), 생명을 소중히 여기는 태도를 가지며(태도), 생명체의 고통에 실제로 공감할 수 있도록 해야 한다(기능)는 분석이 가능하다.

성취기준을 분석한 후, 교과서 단원 구성을 파악한다. 단원마다 어떤 개념을 중심으로 하는지, 어떤 활동을 전제로 설계되어 있는지, 왜 이런 순서로 단원이 배치되어 있는지 등을 훑어보자. 앞서 분석한 교육과정 성취기준이 단원에 어떻게 녹아 있는지 살펴보면서 수업에서 어느 부분을 강조해야 할지에 대한 감을 잡을 수 있다.

그 후 교수학습의 범위를 정해야 한다. 같은 과목을 맡은 교사와 의논하여 학기별로 어디까지 진도를 나갈 것인지, 지필평가 전 어느 정도까지 가르칠 것인지 범위를 설정해야 한다. 핵심 개념을 충분히 다루되, 교사 판단하에 비중을 줄여도 되는 부분은 조정할 수도 있다. 교수학습의 범위가 결정되면 평가계획과 연결하면 된다. 어떤 단원에서 수행평가를 할지, 어떤 단원을 지필평가에 포함할지, 평가 문항이 어떤 성취기준을 측정할지를 미리 고민하면 좋다.

차시별 수업을 준비하기 전 위 과정을 토대로 이 교과의 목표와 교수학습 내용에 대해 확실한 파악이 선행되어야 한다. 이렇게 초안을 완성해둔 후, 실제로 수업이 시작되면 교사는 학생의 수준이나 학급 분위기 등을 고려하여 각 차시 수업을 보완할 수 있다.

한 차시 수업 설계의 기본

이제 한 차시 수업을 어떻게 구성할 것인지 고민해야 한다. 중학교 수업 한 차시는 45분, 고등학교는 50분간 진행된다. 긴 시간을 어떻게 채울지 고민될 수 있지만, 실제 수업 시간은 생각보다 쏜살같이 지나가기 일쑤다. 알찬 수업을 위해서는 촘촘한 수업 설계가 필요하다.

우선, 한 차시 학습 목표를 명확히 한다. 그 시간 동안 학생이 어디까지 도달하면 되는지를 명확히 하는 것이다. 목표가 선명해야 어떤 내용을 어떻게 구성할지 계획을 세울 수 있다.

도입은 5분, 길어도 7분이면 충분하다. '오늘 이걸 배울 거야'를 제시하는 것을 넘어서, 왜 이 내용을 배우는지, 지난 시간과 어떻게 연결되는지를 충분히 보여주고 학습 동기를 유발해야 한다. 이 시간이 학생들을 이번 수업에 집중시킬 수 있느냐 없느냐를 결정짓는 시간이기도 하다. 백 선생은 주로 학생들에게 영상, 이미지 등의 자료를 제시하고, 단원과 관련된 질문을 던지며 도입을 연다.

도입 이후에는 본격적인 수업이 시작된다. 배워야 하는 핵심 개념을 교사가 적절한 자료를 제시해가며 이해하도록 도울 수 있다. 혹은 활동을 통해 학생이 직접 탐구하거나 익히도록 할 수도 있다. 교사는 학생이 목표에 도달할 수 있도록 어떤 방식으로 도울 것인지를 고민하면 된다.

수업의 끝에는 그날의 수업을 정리해주는 것이 필요하다. 핵심 개념을 다시 언급하고, 학생들이 배운 것을 스스로 자신의 언어나 생각으로 꺼내 볼 수 있도록 유도하는 것이 좋다. 간단한 체크 질문이나 미니 퀴즈로 인출을 도와줘도 된다. 그 후 다음 시간을 예고하고, 오늘의 내용이 다음 시간과 어떻게 연결되는지 언급해주면 수업의 연속성이 생긴다.

수업 자료 제작하기

차시 계획이 끝났다면 수업 자료를 제작해야 한다. 선생님들이 흔히 활용하는 수업 자료는 PPT, 학습지, 활동지 등이 있다. 수업 자료는 섞어 사용하거나 매번 디자인을 바꾸기보다는 처음부터 통일하는 것이 좋다. 디자인과 글꼴은 통일하고, 반복되는 형식을 템플릿 형태로 저장해서 사용하는 것이다. 시간 단축 효과는 물론, 학생들에게도 일관된 형태로 수업 자료가 제공되니 혼란을 줄일 수 있다.

우선 어떤 수업 자료를 쓸 것인지를 결정해야 한다. 수업에는 PPT가 필요한가, 학습지가 필요한가? 아니면 노트를 준비시킬까? 혹은 교과서만 있으면 되는가? 본인에게 편하고 잘 맞는 수업 자료가 무엇인지, 담당 교과에 적합한 수업 자료가 무엇인지에 대한 고민이 우선 필요하다. 백 선생은 학생들이 수업을 들으며 손으로 쓰는 것이 중요하다고 생각하기 때문에 빈칸이 뚫려 있는 학습지를 직접 만들어서 제공한다. 또한 학생들의 수업 집중도를 끌어내기 위해 시각 자료가 포함된 PPT도 직접 제작한다. 교사의 성향에 따라 PPT 없이 판서로만 수업하거나,

학습지 대신 노트를 준비시켜 모든 내용을 필기시키기도 한다.

수업 자료를 결정했다면 자료를 효율적으로 빠르게 제작하는 것이 중요하다. PPT를 제작할 때는 수업의 흐름대로 슬라이드를 구성하면 된다. 백 선생은 단원명, 학습목표, 동기유발, 개념 설명, 관련 심화 자료, 활동, 정리, 다음 차시 예고 순서로 PPT를 제작한다. PPT 템플릿을 매번 바꾸기보다는 동일한 템플릿에 내용만 수정해서 쓰는 것이 수업 준비 시간을 단축하는 방법이다. 항상 수업 준비 시간이 부족한 신규 교사 때는 PPT 디자인에 너무 공들이기보다는 가독성을 신경 쓰는 것이 더 좋다.

학습지는 학생들이 수업을 들으며 필기할 부분을 빈칸 처리하거나, 활동하면서 적을 공간을 만들어주는 식으로 제작한다. 학습지에 '3줄 이상 쓸 것', '3가지 이상 쓸 것' 등 작성 조건을 구체적으로 넣어 두면 교사가 수업 시간에 일일이 잔소리하지 않아도 학생들이 알아서 보고 채울 수 있도록 할 수 있다. 학습지는 수업에 한 번 활용해보는 것을 추천한다. 학습지에 빈칸을 뚫어두고 중간중간 학습지를 검사하면 수업 참여도가 놀라울 정도로 올라가기 때문이다.

수업 자료를 정리하여 보관하기

수업이 끝나고 나면 수업 자료와 기록을 잘 정리하는 것이 내년의 나를 위해 좋다. 자료들을 제때 잘 정리하지 않으면 단기적으로는 자료를 찾느라 시간이 낭비되고, 장기적으로는 본인만의 자료가 남지 않게 된다. 물론 신규교사일 때는 수업 준비만으로 벅차겠지만 한 번 만든 자료를 잘 정리해주는 습관은 교직 생활 내내 도움이 될 것이다.

먼저 수업 자료를 어디에 저장하고 쌓아갈 것인지 결정해야 한다. USB, 외장하드처럼 저장 매체를 이용하는 방법과 드라이브나 클라우드 같은 서버에 자료를 보관하는 방법이 있다. USB와 외장하드는 익숙하고 사용법이 직관적이며, 해킹으로부터 비교적 안전하다. 그러나 분실하거나 파손될 경우, 모든 데이터를 잃어버릴 수 있다는 치명적인 단점이 있다. 실제로 주변에 선생님들께서 분실 및 파손으로 인해 몇 년간 모든 수업 자료를 모두 날리는 것을 보았다. 또한 필요할 때 USB나 외장하드 같은 저장 매체를 가지고 있지 않으면 바로 수업 자료를 열어볼 수 없다는 것도 단점이다.

구글 드라이브와 원 드라이브, 노션과 같은 클라우드를 이용하는 것의 장점은 언제 어디서나 인터넷만 연결되면 본인이 올린 수업 자료에 접근할 수 있다는 것이다. 또한 분실 위험도 없다. 반면에 단점은 저장 용량이 부족하면 유료로 전환해서 구독료를 내야 하고, 만약에 해킹당하면 자료를 모두 잃을 수 있다는 것이다. 교사는 학교 이메일 계정으로 가입하면 원드라이브 용량 1TB를 무료로 사용할 수 있으니 참고하자.

하루살이 수업 준비는 끝, 수업 루틴 만들기

"저 어제도 새벽까지 수업 준비했어요…"

퀭한 표정의 신규교사 백 선생은 옆자리 동료 선생님에게 한탄했다. 임용 합격 후 교실에 첫발을 들이자마자 시작되는 건 끝없이 돌아오는 수업과 수업 준비다. 수업이 끝나면 다음 수업 준비, 그게 끝나면 또 다음 수업 준비. 하루하루 쫓기듯 살던 백 선생은 문득 이런 생각이 든다. "난 언제쯤 여유가 생길까?" 특히 처음부터 모든 자료를 만들어야 하는 신규교사에게 수업 준비 시간은 늘 부족하다. 여러 학년을 맡게 되거나 과목 수가 늘어나면 준비량은 두세 배로 늘어나기도 한다.

수업 준비의 굴레에서 벗어나려면 어떻게 해야 할까? 이번 장에서는 수업 준비 시간을 획기적으로 단축하고, 교사에게 지속 가능한 리듬을 만들어주는 수업 루틴 만들기 방법에 대해 알아보자. 수업 준비에 허덕이는 하루살이 같은 일상, 이제는 벗어날 때다.

수업 루틴을 만드는 다양한 방법

신규교사들이 유독 수업 준비가 힘든 이유는 자기만의 체계화된 수업 틀이 없어서다. 이 단원 저 단원 수업 방식이 계속 바뀌거나, 학습지 양식이 통일되지 않아 매번 달라지는 수업은 교사도 준비가 어렵고 학생도 혼란스러울 수 있다. 좋은 수업을 하고 싶은 마음은 당연하다. 하지만 매시간 수업을 새롭게 구성하고 준비하는 방식은 지속되기가 어렵다. 수업은 반복되는 패턴이 있을 때 힘이 생긴다. 수업 루틴이 있으면 교사는 수업 준비에 불필요한 에너지를 투입하지 않아도 되고, 학생들은 수업의 흐름에 익숙해져 학습 몰입도가 높아진다. 교사도 학생도 "이번 시간에는 이런 걸 하겠구나" 하는 예측이 가능해지기 때문이다. 수업이 흔들리지 않게 되는 가장 기본적인 틀이 바로 고정된 수업 루틴이다.

우선 한 차시 수업을 어떤 흐름으로 전개할 것인지 정해야 한다. 항상 정해진 일정한 전개 순서를 지키는 수업을 단원마다, 혹은 차시마다 반복해서 하면 된다. 핵심은 수업 내용이 달라져도 수업 구조는 비슷하게 유지하는 것이다. 임용 수업 실연 때를 떠올리며 '도입, 전개, 정리'라는 큰 틀을 우선 활용한다. 그리고 도입, 전개, 정리 안에서 무엇을 할지 세부적인 사항을 정하면 된다. 아래 표를 보고 내 수업에 필요한 세부 사항들을 선택해보자.

도입	이전 차시 복습, 단원 열기, 동기유발, 학습목표 제시
전개	내용 학습, 활동 진행, 발표
정리	내용정리, 퀴즈, 학습목표 재확인, 다음 차시 예고

　세부 사항들을 결정했다면 앞으로 수업을 준비할 때 훨씬 수월할 것이다. 수업 때 동기유발을 하면서 시작할지 단원을 설명해주며 시작할지, PPT를 어떤 순서로 배열할지 등 사소한 고민이 줄어들기 때문이다. 경험이 좀 더 쌓이면 내 수업에서만 하는 특별한 코너를 넣어 나만의 수업을 만들어 볼 수 있다. 백 선생은 '질문이 있는 도덕 수업'을 수업의 목표로 삼고 있으므로 도입 부분에서 학생들과 함께 질문을 만드는 시간인 '오늘의 질문' 파트를 항상 넣는다. 이런 반복되는 자신만의 수업 코너가 있으면, 나중에는 PPT에 코너 단어만 띄워 놓아도 학생들이 알아서 학습지를 꺼내고 연필을 굴리기 시작한다.

　수업 루틴을 만드는 또 다른 방법에는 주간 반복 패턴을 만드는 것이 있다. 중학교 도덕 수업을 주 2차시 한다면, 한 차시는 개념 및 이론 중심의 수업을 하고 한 차시는 토론 및 활동 수업을 하는 것이다. 이런 식으로 한 주간 이루어지는 수업 패턴을 정해두면 매주 "이번엔 뭘 하지?"라는 고민이 줄어든다. 예를 들어, 백 선생의 수업은 화요일엔 개념 수업, 금요일엔 활동 수업으로 고정되어 있다. 생명 존중 단원을 가르친다고 하면, 화요일에는 교과서 중심으로 생명윤리에 대한 개념을 정리하고, 금요일에는 동물실험 찬반 토론 같은 심화 활동을 진행하는 것이다. 이렇게 하니 수업 준비 시간도 줄어들고, 수업의 전개가 자연스러워졌다. 학생들도 금요일 수업은 뭔가 활동이 있는 날이라는 걸 인식하게 되면서 수업 집중도도 좋아졌다.

고등학교라면 사정이 조금 다르다. 진도를 빠르게 나가야 해서, 중학교처럼 매주 활동을 넣는 건 현실적으로 어렵다. 고등학교 사회문화 수업을 주 3시간 운영하는 한 선생님은 이렇게 루틴을 구성했다. 월요일과 수요일에는 개념 설명 중심 수업, 금요일에는 교과서에 제시된 탐구 문제나 통계 자료 해석 활동을 중심으로 진행하고, 3주에 한 번씩은 소규모 발표나 토론 활동을 배치한다. 이때 발표나 토론 활동은 수행평가와 연결되도록 설계된다. 예를 들어 사회적 불평등 단원에서는 학생들이 뉴스 기사나 통계 자료를 조사해 조별로 분석 내용을 발표하거나, 핵심 쟁점에 대해 짧은 토론을 진행한다. 이런 방식은 수업 흐름을 해치지 않으면서, 평가와도 자연스럽게 연계되고, 학생들도 단원 정리와 성취를 함께 경험할 수 있게 해준다. 핵심은 매주 활동을 반드시 넣는 것이 아니라, 단원 흐름과 평가 시기까지 고려해 루틴 안에서 반복할 수 있도록 구조화하는 것이다. 고등학교 수업은 이런 방식이 훨씬 현실적이고, 오래 간다.

마지막으로, 일주일 중 수업 준비에 쓰는 시간을 시간표처럼 고정해보는 것도 좋다. 수업을 준비하는 시간도 나만의 생활 루틴으로 정착시키는 것이다. 예를 들어 화요일 시간표에 두 시간 공강이 연속해서 있다면, 이 시간을 항상 수업 준비 시간으로 할애해볼 수 있다. 혹은 유난히 선생님들이 수업에 많이 들어가시는 조용한 시간대가 있다면 그런 시간이 수업 준비하기에 안성맞춤이다. 수업 준비 시간이 고정되었다면 정해진 시간 안에 수업을 완성하는 것을 목표로 잡고 몰입해보는 것을 추천한다. 이렇게 하면 최대한 일을 집으로 들고 가지 않을 수 있다.

생각해보면 외식은 특별한 날에 가끔 하므로 즐겁다. 매일 외식을 하면 지치고, 비용도 많이 들고, 건강도 나빠진다. 수업도 마찬가지다. 화려하고 특별한 수업은 때로는 필요하지만, 교사와 학생이 모두 편안하고 지속할 수 있는 수업은 집밥 같은 수업이다. 집밥은 반복되는 구조 안에 익숙함과 안정감이 있다. 반복되는 수업 루틴을 정하고 그 패턴에 구체적인 학습 내용을 끼워 넣으면, 매시간 새롭게 고민하지 않아도 되는 힘이 생긴다.

수업 진도 기록하기

교사는 보통 큰 학교라면 10학급 이상, 작은 학교라면 여러 학년을 걸쳐서 수업해야 하는 경우가 많다. 그러다 보니 각 반의 수업 진도를 제대로 기록하지 않으면 매번 수업을 시작할 때마다 진도를 파악하는 데 시간을 낭비하게 된다. 이런 불상사를 방지하기 위해서는 본인만의 방식으로 수업 진도를 기록할 필요가 있다. "지난 시간에 어디까지 했나요?"라는 말로 시작하는 수업보다는, "지난 시간에 배운 부분 간단히 복습하고 오늘은 이 부분을 수업하겠습니다."라고 말하는 교사가 훨씬 신뢰가 간다.

수업 진도를 기록하는 방법에는 여러 가지가 있다. 많이들 사용하는 방식은 수기 기록 방식이다. 교과서 페이지에 대충 날짜를 표시해 두는 선생님도 있지만, 수업에 들어가는 학급이 많을수록 헷갈리기 쉬우므로 추천하지 않는다. 수기 기록할 때 좋은 방법은 교무수첩 등에 따로 기록하거나, 직접 수업 진도표 양식을 만들어 프린트해서 가지고 다니는 것이다. 아날로그 방식은 본인의 취향에 맞게 진도표 양식을 제작해서 사용할 수 있다는 장점이 있다. 그러나 종이를 잃어버리거나 다른 곳에 두고 왔을 경우 진도를 확인하기 어렵다는 단점도 있다.

아래에 수업 진도표 양식을 첨부했다. 수업 진도표는 차시와 단원 명, 준비물, 수업 상세내용과 학급별 기록란으로 구성되어 있다. 차시별로 수업 진도와 상세 내용을 미리 계획한 뒤, 각 반의 수업 날짜를 적고, 수업이 마무리되면 표시할 수 있도록 하였다. '준비물'에는 교사가 수업 때 필요한 준비물을 적는 공간이다. 수업 전 진도표를 보고 빠르게 필요한 학습지와 준비물을 잊지 않고 챙길 수 있다.

★ 수업 진도표 양식 예시

신백중학교 1학년 도덕1 수업 진도표										
차시	단원	준비물	상세	1-1	1-2	1-3	1-4	1-5	1-6	1-7
01	-	교과서, A4용지	수업 오리엔테이션	3/4	3/5	3/6	3/7	3/5	3/4	3/7
02	1단원	교과서, 학습지 1쪽	내용 수업							
03										
04										

*날짜 위 빗금 표시는 그날 수업을 끝냈다는 의미임.

요즘은 수업 진도를 온라인으로 관리하는 선생님도 많다. 노션 Notion을 활용하면 수업 진도를 보다 편리하게 관리할 수 있다. 노션은 온라인 메모 앱으로, 컴퓨터·휴대전화·태블릿이 실시간으로 연동되어 언제 어디서든 내용을 확인하고 수정할 수 있다는 장점이 있다. 항목 아래에 페이지를 만들어 자세한 내용을 기록할 수 있어 단순한 진도 관리뿐만 아니라 수업 자료를 함께 정리하거나 자세한 수업 계획을 세우는 데도 활용할 수 있다.

노션에 접속하면 다른 사람들이 제작한 기본 양식을 무료로 내려받을 수 있고, 약간의 비용을 지불해 양식을 구매할 수도 있다. 온라인에는 무료로 배포된 진도표도 많으니, 마음에 드는 디자인을 골라 내 수업 패턴에 맞게 조금씩 수정해 사용하면 된다. 화려하고 기능이 많은 양식보다는 단순하지만 내가 꾸준히 활용할 수 있는 것을 선택해 거기서부터 시작하는 편이 부담이 덜하다. 노션에서 '새 페이지 만들기'를 클릭한 뒤 하단의 '템플릿'을 선택하고, 검색창에 '진도'를 입력하면 관련 양식을 쉽게 찾을 수 있다. 신규백서 자료집에 수록된 양식을 활용하는 방법도 있다.

★ 9장 ★
평가

9장. 평가

신규교사 백 선생은 교사가 되면 무엇보다 수업을 잘하는 교사가 되어야 한다고 생각했다. 수업 자료를 준비하고, 학생들과 눈을 맞추며, 교과 내용을 차근차근 전달하는 일이 교사의 가장 중요한 역할이라고 여겼다. 그런데 막상 학교에 발령받고 며칠이 지나자, 백 선생은 교사에게 주어진 또 하나의 중요한 과제를 실감하기 시작했다. 그건 학생을 평가하는 일이었다.

평가는 단순히 점수를 매기거나, 상급학교 진학을 위한 선별이나 줄세우기 과정이 아니다. 학생을 평가하는 가장 본질적인 이유는 학생의 배움의 상태를 확인하고, 앞으로의 성장을 돕기 위한 자료를 제공하는 것이다. 가르쳤다는 사실만으로 학습이 이루어졌다고 말할 수는 없다. 교사는 학생이 무엇을 이해했고 어디에서 막혔는지를 알고, 지속적인 성장을 위한 점검을 위해 수시로 평가를 시행해야 한다.

학교에서의 평가는 공정성을 확보하기 위해 평가계획을 세우는 일부터 지필평가 문항을 출제하고, 수행평가를 채점하며, 성적을 처리하는 과정까지 모두 정형화되어 있다. 평가는 학교에서 교과교사가 처리하는 업무 중 가장 조심스러운 영역이기도 하다. 평가의 과정이나 결과에 오류가 있을 때, 공정성에 대한 요구와 예민한 민원으로 이어질 수 있다는 사실이 신규교사를 긴장하게 한다. 그래서 많은 신규교사가 평가를 수업보다 더 부담스럽게 느낀다.

하지만 평가가 막막하게 느껴지는 이유는 교사의 역량이 부족해서가 아니다. 평가계획, 지필평가, 수행평가는 서로 떨어진 일이 아니라 하나의 흐름으로 이어져 있는데, 이 전체 구조를 한 번에 설명해주는 기회가 거의 없기 때문이다. 학교 평가의 본질과 구조를 이해하지 못한 채 당장 업무를 마주하면, 신규교사는 혼란을 느끼기 쉽다. 그러나 전체 구조를 이해한 후 계획한 평가는 무엇을 가르치고, 어디까지 다루며, 왜 그 활동을 평가하는지를 설명할 수 있게 해준다. 그런 기준이 있을 때 교사는 외부의 요구나 민원에 흔들리지 않고 수업을 이어갈 수 있다.

여기에서는 한 학기 동안 교사가 실제로 마주하게 되는 평가의 흐름을 차례대로 살펴보자. 평가계획에서 시작해 지필평가, 수행평가로 이어지는 과정을 학교 현장의 기준에 맞추어 정리했다. 처음 평가를 맡은 신규교사가 한 학기를 무리 없이 지나갈 수 있기를 바란다.

평가의 출발점,
평가계획 세우기

3월 초, 신규교사 백 선생은 점차 쌓여가는 메신저를 바라보고 있었다. 교직원 회의 안내, 청소 물품 구입 안내, 각종 설문 링크, 동아리, 학생 생활지도와 관련된 안내까지 읽지 않은 메시지가 빠르게 늘어나고 있었다. 쉬는 시간마다 열심히 확인해도 숫자는 좀처럼 줄지 않았다. 그러다 제출 기한이 적힌 안내 하나에 시선이 멈췄다. 오리엔테이션만 하고 아직 본격적인 수업은 시작하지 않은 시점이었기에, '평가'라는 단어가 유독 무겁게 다가왔다.

메시지를 열어보니 설명은 길고 첨부파일은 다섯 개나 달려 있었다. 작년 자료를 참고해 작성하라는 안내도 함께였다. 파일을 하나 열자 표 안에는 성취기준, 평가요소, 반영 비율, 수행평가 계획 같은 낯선 항목들이 빼곡히 적혀 있었다. 학생 얼굴도 아직 다 외우지 못한 상황에서, 학기 전체 평가를 설계해야 한다는 사실이 백 선생을 더욱 당황스럽게 만들었다. 어디서부터 손을 대야 할지 감이 잡히지 않아 파일을 닫고 다시 메신저 목록 화면으로 돌아올 수밖에 없었다.

평가계획을 처음 작성하는 신규교사라면 누구나 이런 막막함을 느낀다. 하지만 평가계획은 매년 완전히 새로 만드는 문서가 아니다. 양식은 대부분 비슷하게 반복되고, 작성 방식도 큰 틀에서는 변하지 않는다. 한 번만 세부적인 내용을 이해하고 직접 만들어보면 이후에는 수정과 보완으로 충분히 대응할 수 있다. 이제부터 평가계획표의 구성요소와 처음 작성할 때 꼭 짚고 넘어가야 할 포인트들을 하나씩 살펴보자.

교수학습 운영 계획

평가계획은 한 학기 동안 학생들의 학습을 어떻게 평가할 것인지 계획하는 공식적인 서류다. 공식 명칭은 '교수학습 및 평가 운영 계획'이다. 학년별로 전 교과교사가 작성해서 학기 초 제출해야 하며, 업무 담당자가 모아서 정보 공시하는 공식적인 서류다. 정보공시가 되면 학생, 학부모도 열람할 수 있다. 또한 이후 교과의 평가는 평가계획을 기준으로 이루어져야 하고, 중도 수정이 가능하기는 하나 번거로우므로 처음부터 평가계획을 잘 세워 두는 것이 중요하다. 평가계획의 구성요소는 크게 2가지로 나뉜다. '교수학습 운영 계획'과 '평가 운영 계획'

이다. 시도교육청별로 명칭은 조금씩 다를 수 있으나 핵심은 같다. 먼저 교수학습 운영 계획의 세부 항목부터 살펴보자.

교수학습 운영 계획은 시기별로 어느 단원까지, 어떤 평가를 하며 수업할지에 대한 진도 계획표다. 보통 시기, 단원명, 교육과정 성취기준, 학습(평가) 요소, 수업 방법, 수업·평가 연계의 주안점으로 구성되어 있다. 아래 예시 양식을 함께 보자. 참고로 양식은 학교마다 조금씩 다르기에 학교에서 안내하는 양식에 작성하여 제출해야 한다.

★ **교수학습 운영 계획 예시**

시기	단원명 (평가영역)	교육과정 성취기준	학습(평가) 요소	수업 방법	수업·평가 연계 주안점
3월 1주	Ⅰ. 타인과의 관계 1. 정보화 사회와 도덕	[9도02-05] 정보화 시대에 요구되는 도덕적 자세와 책임의 도덕적 근거와 이유를 제시하고, 타인 존중의 태도를 통해 다양한 방식으로 의사소통할 수 있다.	• 정보화 시대에 우리는 어떻게 소통해야 하는가? (정보통신윤리) • 정보화 사회의 도덕문제 • 정보화 사회의 도덕적 책임	[직접 교수법] 교과서 개념 설명과 학습지 작성 [실천학습] 선플 달기 활동 [토의학습] 교내 스마트폰 사용 토론	[개인 탐구활동 평가] 학습지를 활용한 정보화 사회의 도덕 문제와 책임에 대한 이해 확인 및 실천학습 결과 확인

교수학습 운영 계획표를 작성할 때는 해당 학기 시작부터 종료 시점까지 시기를 나눈 뒤, 언제 어느 단원까지 수업할지 계획하면 된다. 단원명에는 교과서 단원명을, 교육과정 성취기준은 해당 단원의 성취기준을 찾아서 입력한다. 학습(평가)요소는 학습 목표를 참고하여 가르칠 단원에서 핵심적인 내용 요소를 작성한다. 교과 교육과정 내용 요소를 붙여넣어도 된다.

수업 방법은 해당 단원에서 활용할 수업 방식을 작성하면 된다. 강의식 수업, 탐구 수업, 모둠 협력 수업, 역할놀이, 팀 프로젝트 등 다양하게 작성할 수 있다. 수업·평가 연계의 주안점은 해당 수업을 어떻게 평가할 것인지, 어떤 부분에 초점을 맞출 것인지를 작성한다. 예를 들어, 사회적 약자 단원에서 역할놀이 수업을 한다고 가정했을 때 '역할놀이를 통해 사회적 약자의 입장을 이해해보기'라고 작성할 수 있다. 수업방법과 수업·평가 연계의 주안점도 미리 계획해두되 계획해둔 대로 무조건 수업해야 하는 것은 아니다. 단, 수행평가는 예외다. 교수학습 운영 계획표 상 어느 시기에 수행평가를 치를지 표시해야 하는데, 수행평가는 공식적인 평가이므로 계획된 평가 시기를 지켜야 한다.

첫 수업도 하기도 전에 얼마나 진도를 나갈지 감 잡기가 어렵다면, 같은 교과 선생님에게 여쭤보고 대략 작성해도 된다. 교수학습 운영 계획표에 작성한 대로 무조건 맞춰서 진도를 나가야 하는 것은 아니다. 한 학기 동안 대략 어느 정도 나갈 것인지 예측해서 작성하면 된다. 단, 지필평가 시기에 유의해야 한다. 교수학습 운영 계획표에 작성한 진도 계획보다 더 뒤의 단원에 대한 시험 문제를 내는 것은 선행학습 금지를 위반하는 것이 되기 때문이다. 따라서 지필평가를 어느 단원까지 출제할 것인지는 미리 계획하고, 지필평가 날짜 전까지 진도표에 포함해야 한다.

평가 운영 계획

평가 운영 계획은 한 학기 동안 교과에서 이루어지는 평가에 대해 상세히 계획한 평가 세부 계획표다. 평가의 목적, 평가의 방향과 방침, 평가 유의사항, 평가 종류와 반영 비율, 성취율과 성취도, 학기단위 성취수준, 수행평가 영역별 세부 기준, 평가 결시자 및 학적 변동자 처리, 평가 결과의 활용으로 구성된다. 지금은 모든 단어가 낯설겠지만, 하나하나 함께 살펴보자. 평가계획에 작성된 모든 내용은 이후 교과에서 각종 평가를 실시하고 결과를 처리하는 기준이 되므로 각각의 세부 내용을 이해하고 작성하는 것이 좋다. 참고로 평가 운영 계획도 교수학습 운영 계획과 마찬가지로 학교마다 양식이 다르기에 학교에서 제공하는 양식에 맞추어 작성해야 한다.

1. 평가의 목적

도덕과는 기본적으로 성실, 배려, 정의, 책임 등 21세기 한국인으로서 갖추고 있어야 하는 인성의 기본 요소를 핵심 가치로 설정하여 내면화하는 것을 일차적 목표로 삼는다. ⋯(생략).

2. 평가의 방향과 방침

가. 평가는 학기당 성취기준과 성취수준을 마련하고 이에 따라 학생의 성취기준 도달 여부를 평가한다.

나. 수행평가의 내용과 수준은 성취기준을 분석한 후 선정하고, 실시 시기 및 항목별 세부 계획은 학년 담당 교사가 협의하여 학년 수준에 맞게 수립하여 실시한다.

다. 수행평가의 세부기준안을 포함한 평가 계획을 사전에 학생들에게 공지한 후 실시하며, 평가 결과는 학생들의 개별 확인 서명을 받는다.

라. 학기 초 수업 시간을 통해 평가 계획을 충분히 안내하며, 평가 계획이 변경되면 교과협의회를 거쳐 학업성적관리위원회의 심의를 받아 확정한 후, 평가 시행 전에 변경 사항을 공지한다.

마. 학생들의 확인·이의신청·성적처리가 완료된 수행평가 결과물의 보관 기간은 해당 학기 종료일까지로 한다.

바. 본 계획에 명시되지 않은 사항은 본교 학업성적관리규정을 따르며, 학업성적관리규정에 없는 사항은 교과협의회와 학업성적관리위원회의 협의를 통해 결정한다.

3. 평가 유의 사항

가. 지필평가에서 특정한 성취기준에 평가가 집중되지 않도록 유의하고, 선행되는 성취기준을 평가하지 않는다.

나. 서·논술형 평가의 구체적인 내용은 별도 시기에 교과 협의회를 거쳐 시험 후 공개할 수 있다.

다. 한 학기 동안 배우는 교과서의 성취기준이 평가에 골고루 분배되도록 한다.

라. 수행평가 채점 기준을 명확하게 설정하여 평가의 공정성을 확보한다.

마. 수행평가에서 측정하는 성취기준은 지필평가에서 제외할 수 있다.

바. 수행평가는 수업 시간 중에 실시하며, 과제형 평가를 실시하지 않는다.

4. 평가 종류와 반영 비율

평가 유형	지필평가				수행평가		합계
반영 비율	50%				50%		100%
평가 영역	1회 지필평가		2회 지필평가		북한과 통일 문제에 관한 글쓰기	우리 학교 환경 문제 해결하기	
평가 방법	선택형	서·논술형	선택형	서·논술형	서·논술형	프로젝트	
영역 만점 (반영 비율)	100점 (25%)	– (–)	100점 (25%)	– (–)	100점 (20%)	100점 (30%)	100점 (100%)
서·논술형 평가 반영 비율	–	–	–	–	20%	–	20%
교육과정 성취기준	[9도03-06] [9도03-07] [9도04-01]		[9도04-01] [9도04-02] [9도04-03] [9도04-04]		[9도03-06] [9도03-07]	[9도04-01]	
평가시기 (횟수)	9월 (1회)		12월 (1회)		9월 (1회)	10월 (1회)	

5. 성취율과 성취도

성취율	성취도
90% 이상	A
80% 이상 ~ 90% 미만	B
70% 이상 ~ 80% 미만	C
60% 이상 ~ 70% 미만	D
60% 미만	E

6. 학기단위 성취수준

성취도	성취수준
A	자신과 사회·공동체와의 관계에 대한 올바른 이해를 바탕으로 사회와 공동체에서 일어날 수 있는 다양한 문제를 도덕적으로 탐구하고, 이를 자신의 삶과 관련지어 성찰함으로써 사회·공동체 속에서 정의의 의미를 올바르게 인식하고 정의를 지향하는 성숙한 도덕적 시민으로서 살아가기 위한 바람직한 태도를 지닐 수 있다. …(생략).
B	자신과 사회·공동체와의 관계에 대한 올바른 이해를 바탕으로 사회와 공동체에서 일어날 수 있는 다양한 문제를 도덕적으로 탐구하고, 이를 자신의 삶과 관련지어 성찰함으로써 사회·공동체 속에서 정의의 의미를 올바르게 인식하고 정의를 지향하는 도덕적 시민으로서 살아가기 위한 태도를 지닐 수 있다. …(생략).
C	자신과 사회·공동체와의 관계에 대한 이해를 바탕으로 사회와 공동체에서 일어날 수 있는 다양한 문제를 도덕적으로 탐구함으로써, 사회·공동체 속에서 정의의 의미를 이해하고 정의를 지향하는 시민으로서 살아가기 위한 태도를 지닐 수 있다. …(생략).
D	사회·공동체에 대한 이해를 바탕으로 사회와 공동체에서 일어날 수 있는 도덕적 문제가 있음을 알고, 사회·공동체 속에서 정의의 의미를 이해하고 정의를 지향하는 시민으로서 살아가기 위한 태도를 제시할 수 있다. …(생략).
E	사회·공동체와의 대한 이해를 바탕으로 사회와 공동체에서 일어날 수 있는 도덕적 문제가 있음을 알고, 사회·공동체 속에서 정의의 의미와 시민으로서의 살아가기 위한 태도를 제시할 수 있다. …(생략).

7. 수행평가 영역별 세부 기준

가. 북한과 통일 문제에 관한 글쓰기

수행 과제	북한 통일 문제에 대한 자신의 생각을 논리적인 글로 표현한다.	
성취기준		**성취수준**
[9도03-06] 북한과 북한 주민에 대한 객관적 이해를 바탕으로 균형 있는 북한에 대한 관점을 가질 수 있다.	상	북한의 모습과 북한 주민의 삶에 대하여 예를 들어 설명할 수 있고, 북한에 대해 사실에 바탕을 둔 객관적이고 균형 있는 관점을 지닐 수 있다.
	중	북한의 모습과 북한 주민의 삶에 대하여 설명할 수 있고, 북한에 대해 사실에 바탕을 둔 균형 있는 관점을 지닐 수 있다.
	하	북한의 모습과 북한 주민의 삶에 대한 자료를 찾아볼 수 있고, 북한에 대해 사실에 바탕을 둔 균형 있는 관점으로 바라보기 위해 노력할 수 있다.
[9도03-07] 보편적 가치 추구와 평화 실현을 위해 통일을 이루어야 함을 알고, 바람직한 통일 국가 형성을 위해 요구되는 태도를 기르는 등 통일윤리의식을 정립할 수 있다.	상	보편적 가치의 관점에서 통일 국가 형성과 평화 실현을 위해 필요한 조건을 설명하고, 바람직한 통일 국가 형성을 위해 요구되는 태도를 구체적인 예와 함께 제시할 수 있다.
	중	보편적 가치의 관점에서 통일 국가 형성과 평화 실현을 위해 필요한 조건을 파악하고, 바람직한 통일 국가 형성을 위해 요구되는 태도를 제시할 수 있다.
	하	보편적 가치의 관점에서 통일 국가 형성과 평화 실현을 위해 필요한 조건을 생각해볼 수 있고, 바람직한 통일 국가 형성을 위해 요구되는 태도를 떠올려볼 수 있다.
평가방법	■ 서술·논술 □ 구술·발표 □ 토의·토론 □ 프로젝트 □ 실험·실습 □ 포트폴리오 □ 기타	
	■ 교사 관찰 및 기록 □ 자기평가 □ 동료평가	

평가 요소	수행수준(채점기준)	배점
통일 문제에 관한 자신의 주장 펼치기	자신의 주장과 주장에 맞는 근거 2가지를 논리적으로 제시함.	30
	자신의 주장과 주장에 맞는 근거 1가지를 논리적으로 제시함.	20
	자신의 주장과 근거를 서술하였으나 논리적이지 못함.	10
	작성하지 않음.	0
북한 주민의 생활 서술하기	북한 주민의 생활에 관해 2가지 이상 바르게 서술함.	30
	북한 주민의 생활에 관해 1가지 이상 바르게 서술함.	20
	북한 주민의 생활에 관해 서술하였으나 바르지 않음.	10
	작성하지 않음.	0
북한 이탈 주민의 생활 서술하기	북한 이탈 주민이 겪는 어려움 3가지를 바르게 예측하여 제시함.	20
	북한 이탈 주민이 겪는 어려움 2가지를 바르게 예측하여 제시함.	15
	북한 이탈 주민이 겪는 어려움 1가지를 바르게 예측하여 제시함.	10
	북한 이탈 주민이 겪는 어려움을 예측하였으나 바르지 않음.	5
	작성하지 않음.	0
통일의 도덕적 필요성 제시하기	통일의 도덕적 필요성 3가지를 바르게 제시함.	20
	통일의 도덕적 필요성 2가지를 바르게 제시함.	15
	통일의 도덕적 필요성 1가지를 바르게 제시함.	10
	통일의 도덕적 필요성을 제시하였으나 바르지 않음.	5
	작성하지 않음.	0
총점		**100**

나. 우리 학교 환경 문제 해결하기 ⋯(생략).

8. 평가 미응시자(결시자) 및 학적 변동자 처리

가. 지필평가 미응시자(결시자) 및 학적 변동자의 성적 처리는 본교 학업
성적관리규정을 따른다.

나. 수행평가 미응시자(결시자)의 성적 처리는 추후 재평가의 기회를 제
공하고 본인 의사 및 부득이한 사정으로 추가 평가에 미응시한 학생
은 0점을 부여한다.

다. 추후 평가가 불가능하여 인정점을 부여해야할 경우 '북한과 통일 문제에 관한 글쓰기'는 '우리 학교 환경 문제 해결하기'로, '우리 학교 환경 문제 해결하기'는 '북한과 통일 문제에 관한 글쓰기'로 평가 총점을 학업성적관리규정(사유)에 따라 부여한다.

라. 재취학, 전·편입학생의 수행평가 성적 처리는 원적교의 수행평가 동일 영역 성적이 있으면 그 성적을 반영하고, 수행평가 반영 비율이 다른 경우 본교의 기준을 적용하여 반영한다. 원적교에서 유사한 영역의 수행평가 성적이 있으면 그 결과를 반영할 수 있다. 원적교의 수행평가 성적이 없는 경우 전입 후 취득한 수행평가 점수로 평정한다.

마. 기타 명시되지 않은 사항은 본교 학업성적관리규정을 따른다.

9. 평가 결과의 활용

가. 평가 결과는 차후 평가 계획 수립에 반영하고, 교수·학습의 개선 및 학습자의 학습 동기 유발 및 개별지도에 활동하도록 한다.

나. 학생 참여형 수업 및 수업과 연계된 수행평가 등에서 관찰한 내용을 바탕으로, 학교생활기록부 세부능력 특기 사항란 성취기준에 따른 성취수준의 특성, 학습활동 참여도 및 태도 등 특기할 만한 사항을 구체적이고 객관적으로 입력한다.

다. 평가 결과를 누적하여 학생의 성장과 발달을 파악하거나 학생에게 피드백할 수 있는 근거로 활용한다.

1번 항목인 평가의 목적은 교과별 평가의 대목표를 작성한다. 새로 작성하기가 어렵다면 작년 평가계획을 참고해서 그대로 옮겨도 된다.

2번 항목인 평가의 방향과 방침, 그리고 3번 평가 유의사항은 평가의 대방향과 평가 과정에서 일어날 수 있는 상황별 방침과 유의점을 미리 제시해두는 곳이다. 교내에서 주는 평가 양식에 이미 작성되어 있는 경우가 많으므로, 그대로 활용하면 된다. 주로 평가의 기본적인 방향성, 수행평가 결과물의 보관 기간, 과제형 평가 실시 지양 등 평가에 관한 기본적인 내용이 포함된다.

4번 평가 종류와 반영 비율은 한 학기 동안 실시되는 평가 종류와 반영 비율, 평가 시기 등을 한눈에 정리한 표다. 표 양식은 학교마다 조금씩 다를 수 있다. 모든 평가가 합쳐서 100%가 되도록 반영 비율을 설정하면 된다. 이때 '평가 영역'이 수행평가의 공식적인 명칭에 해당한다. 수행평가의 명칭, 반영 비율은 추후 나이스에 입력해야 하므로 오탈자 없이 정확히 입력해야 한다. 교육과정 성취기준은 해당 평가에 포함되는 성취기준 번호를 입력하는 란이다. 평가계획에 넣지 않은 성취기준을 평가하는 것은 선행학습 금지법 위반에 해당하므로 처음부터 성취기준을 정확히 넣는 것이 중요하다.

5번 성취율과 성취도는 성취평가 시 A, B, C, D, E의 성취도를 결정하는 기준을 설정하는 것이다. 성취율과 성취도는 교과교사가 임의로 세우는 것이 아니라 과목별로 정해져 있는 기준을 그대로 쓰면 된다. 음악, 미술, 체육과의 경우 성취도를 A~C까지만 표기하며, 나머지 교과는 A~E까지 표기한다. 6번 학기단위 성취수준은 A~E의 성취도별 성취 수준을 작성하는 란이다. 교육과정 성취기준에서 그대로 가져와 작성하면 된다. 교양과목의 경우 P(pass의 약자)로 표시한다.

7번 수행평가 영역별 세부 기준은 4번 평가 종류와 반영 비율에서 정했던 수행평가에 대한 세부적인 채점기준표로, 우리가 흔히 루브릭이라고 부르는 것이다. 평가 영역 명이 위 표에서 작성한 것과 일치해야 한다. 채점 기준을 세우는 것은 경력 있는 교사들도 여전히 어려워하는 일이다. 자신의 교과에 해당하는 여러 평가계획을 참고하여 작성하는 것을 추천한다. 채점기준표의 평가요소는 아무렇게나 정하는 것이 아니라, 성취기준에서 도출된 것이어야 한다. '북한과 북한 주민에 대한 객관적 이해를 바탕으로 균형 있는 북한에 대한 관점을 가질 수 있다.'가 성취기준이라면, '북한 주민의 생활 서술하기'가 평가요소가 될 수 있다. 수행 수준은 평가요소의 달성 기준을 수준별로 나누어서 작성하면 된다. 지나치게 주관적인 기준으로 평가하지 않도록 유의해서 작성하자.

8번 평가 미응시자(결시자) 및 학적 변동자 처리는 평가에 참여하지 않은 결시자나 전입, 전출, 유예 등의 학적 변동자의 경우 성적을 어떻게 처리해야 할지에 대한 세부적인 내용을 작성해두는 곳이다. 실제로 결시자, 학적 변동자 발생 시 이곳에 작성된 기준에 맞추어 처리해야 한다. 교과 재량이 어느 정도는 반영될 수 있으나, 기본적인 사항은 학교별로 통일해야 하므로 학교에서 주는 기본 양식을 그대로 옮겨 쓰면 된다. 9번 평가 결과의 활용 또한 학교에서 제공하는 양식에 기본적인 내용이 갖추어져 있을 것이다.

평가계획은 처음 작성해보면 어렵고 난해할 수 있지만, 한 번만 관련 용어들을 익혀 두면 앞으로는 매년 큰 무리 없이 작성할 수 있을 것이다. 평가계획은 교사라면 학기마다 무조건 작성해야 하는 서류이므로, 처음부터 확실하게 알고 작성하는 것이 좋다.

사고 없이 끝내는 지필평가 운영법

신규교사 백 선생이 근무하는 교무실에는 요 며칠 설명하기 어려운 긴장이 감돌고 있었다. 다들 평소와 다름없이 수업을 마치고 자리에 앉아 있었지만, 묘하게 말수가 줄어들었다. 특별한 공지가 있었던 것도 아닌데, 교무실 분위기는 분명 이전과 달라져 있었다.

백 선생도 그 공기를 느끼고 있었다. 정확히 무엇 때문인지는 몰랐지만, 괜히 마음이 편치 않았다. 퇴근을 앞두고 자리에 앉아 있는데, 업무 메신저 알림이 하나 떴다. 평가 담당 교사로부터 온 메시지였다. 아, 이거구나. 지필평가 원안 제출 안내였다. 제출 기한과 함께 여러 개의 첨부문서가 달려 있었다. 고사 원안 양식, 서답형 평가 채점기준 표와 학생 답안지 양식, 과목별 교과협의록, 문항정보표까지.

교사로 발령받으면 이제 지필평가의 출제자가 되어야 한다. 지필평가는 학생 입장에서 가장 중요한 이벤트이자 예민한 문제다. 매년 학교에서 지필평가 출제와 시험 실시에 대한 연수를 실시하지만, 경험이 없는 신규교사 입장에서는 바로 현장에 투입되어야 하는 것이 부담스러울 수 있다. 만약 평가 과정에서 교사가 실수하면 민원의 소지가 되거나 큰 문제로 번지기도 하므로, 지필평가의 준비 과정에 대해 미리 숙지하는 것은 매우 중요하다.

지필평가 시행 절차

지필평가란 학생의 학습 성취를 객관적으로 평가하기 위해 시행하는 시험을 말한다. 학기별로 두 차례 시행되며, 시수가 적은 과목 같은 경우 한 학기에 한 번만 치르는 일도 있다. 평가 대상은 일부 수행 중심 교과(체육, 미술, 음악 등)를 제외한 모든 과목이며, 평가계획서에 명시한 범위까지 출제한다.

교과교사는 문제의 출제, 검토, 채점, 성적 처리까지 맡아서 해야 한다. 평가 담당 부서의 부장과 부원들은 전체 평가 일정 관리 및 안내, 문제지 인쇄 및 보안 관리 등을 맡는다. 그리고 교감 혹은 교장이 지필평가와 관련해서 최종 승인을 내린다.

지필평가 문항 출제

교과 담당 교사가 지필평가 시행을 위해 가장 먼저 해야 하는 것은 평가 문항 출제다. 각 교과는 3월과 9월 학기 초에 교과 협의회를 통해서 학기별 출제 범위를 결정하게 된다. 이때 문항 수, 난이도, 성취기준, 수행평가와의 균형을 고려해서 지필고사 출제 범위를 결정한다. 만약 교과 담당 교사가 한 명뿐이라 문항 수 등의 기준을 정하기가 어렵다면, 평가 담당 교사에게 작년 원안지를 달라고 하여 참고할 수 있다.

시험 문제는 언제부터 출제해야 할까? 평소 준비해두면 가장 좋지만, 보통 평가를 담당하는 부서에서 'ㅇㅇ일까지 지필평가 원안지와 문항정보표 제출하세요'라는 메시지를 받게 되면 출제 준비가 시작된다. 지필평가 실시일 3~4주 전에 안내하는 것이 일반적이다. 한 학년을 전담하느냐 아니면 여러 학년을 들어가느냐에 따라서 1인 출제 혹은 공동 출제하게 된다. 혼자서 문제를 출제하든 혹은 함께 출제하든 간에 시험 문제는 동교과 협의회에서 꼭 함께 검토하는 것이 좋다.

이때 평가 담당 부서에 제출하는 서류 두 가지는 지필평가 원안지와 문항정보표다. 지필평가 원안지란 학생들이 시험 시에 받는 시험지 원본을 말하며, 원안지 양식은 학교마다 상이하다. 문항 정보표는 각 평가 문항에 대한 상세 정보와 정답을 담은 서류로, 나이스 상에 입력해서 출력해서 제출하는 서류다.

지필평가 시행 준비

시험 문제 출제를 완료하면 지필평가 원안지와 문항 정보표를 평가 담당 부서에 제출한다. 평가 담당 부서에서는 각 교과가 제출한 원안지와 문항정보표를 검토하는데, 이때 수정 요청이 올 수도 있다. 보통 오탈자, 불명확한 표현, 맞지 않는 형식 등을 잡아준다. 모든 검토가 끝나면 마지막으로 교감, 교장 선생님이 검토 후 인쇄 승인이 난다.

시험지 인쇄가 끝나면 시험지 상태를 확인하고 분철하라는 메시지가 올 것이다. 시험지 분철이란 인쇄 완료된 시험지를 학생들이 시험을 치를 수 있는 상태로 학급 인원수만큼 나눠서 시험 봉투에 넣고 봉인하는 작업을 말한다. 이때 가장 중요한 것은 시험지의 보안이다. 각 학교에서 정하는 출입이 통제되는 보안 장소에서만 시험지를 검토하고, 인쇄된 시험지가 외부로 유출되지 않도록 주의를 기울여야 한다. 시험지를 시험 봉투에 봉인해서 넣고, 또 정해진 위치에 이중 잠금을 해서 보관한다.

또 시험지 분철 시 다른 학년 시험지를 넣거나, 시험지 장수가 모자라지 않도록 유의해야 한다. 분철 단계에서 실수하면 당일 시험을 치르는 데 문제가 생길 수 있고, 자칫 학생이 시험지를 늦게 받거나 잘못 받는 일이 생길 수 있기 때문이다. 시험지 분철 시에 시험지의 인쇄 상태를 확인하는 것도 중요하다. 그림이나 그래프, 도표 등이 잘 보이지 않으면 컬러로 잘 보이도록 프린트해서 추가로 끼워 넣는 것을 간지라고 한다. 학생이 시험을 치르기에 인쇄 상태가 좋지 못하면 간지를 추가하거나, 재인쇄하는 등의 조치가 필요하다.

지필평가 실시 및 감독

지필평가 실시 및 감독 관련해서는 학교에서 교사 연수를 실시할 것이다. 지필평가 감독 시 OMR카드는 언제 배부하는지, 시험 중 화장실 사용은 어떻게 관리하는지 등 평가 시행과 관련된 세부적인 대응 방법이 학교마다 다르기에 연수를 주의 깊게 듣는 것이 중요하다. 지필평가 감독 중에 발생한 실수 때문에 학생에게 피해가 간다면 민원의 소지가 될 수 있다.

지필평가 시험 감독은 정감독과 부감독이 있다. 한 교실 안에 정감독, 부감독 2인이 감독하는 경우가 있고, 교실 안에 정감독 1인, 복도에 부감독 1인이 감독하는 때도 있다. 이는 학교마다 다르다. 정감독은 시험의 제1 감독관으로서 문제지와 OMR카드를 배부하고 수합하는 감독관이다. 부감독은 제2 감독관으로서 정감독을 보조한다. 혹시 화장실을 가는 학생이 발생하거나 교실 안에서 시험 문제에 대한 질문이 있어 교과 선생님 호출이 필요할 때 등 정감독이 자리를 비울 수 없는 상황에 부감독이 해결한다.

정감독의 역할

① 학생들 수와 칠판에 적힌 재적 현황을 비교해서 인원 확인하기
② 시험 유의 사항과 부정행위 방지 안내하기
③ 시험지와 OMR카드 배부하기
④ 결시생 있는 경우 결시자 OMR카드 작성하기
⑤ OMR 교체 요청 들어오면 교체하기
⑥ 학생이 질문하면 부감독에게 교과 담당 교사 불러달라고 하기

지필평가 완료 후 채점 및 문항 오류 처리

지필평가가 마무리되면 각 교과교사 또는 평가 업무 교사는 당일 바로 채점을 진행하는 것이 좋다. 채점을 당일 바로 진행하지 않고 미루다가 OMR카드 분실, 문항 오류 등의 문제가 생겼을 때 대처하기 어렵기 때문이다.

지필평가 객관식 문항 채점은 OMR카드 리더기에 OMR카드 정보를 읽고 파일 형태로 저장한 후, 나이스에 업로드하여 진행한다. 나이스 교과담임의 '지필/수행선행작업-성적파일올리기' 탭에 파일을 업로드하고, '지필평가-지필평가채점' 탭에서 채점을 진행하면 된다. OMR카드가 누락되는 일이 없도록 반별 재적수와 카드 장수가 일치하는지 정확히 세어보아야 한다. 채점이 완료되면 지필평가 일람표를 출력하여 학생 성적이 맞는지 본인 확인을 시켜야 한다.

간혹 지필평가 문항에 오류가 있어 정정이나 재시험이 필요한 때도 있다. 평가 초보자인 신규교사의 시험 문제에 오류가 발견되는 경우는 흔한 경우이니 너무 놀라거나 상처받을 필요는 없다. 경력 교사들도 가끔 시험 문제 오류가 나기도 한다. 시험지 인쇄 전 검토 단계에서 여러 번 검토하고, 주변 동교과 교사에게도 부탁해서 문제를 꼼꼼히 여러 번 살펴 오류를 예방하는 것이 중요하다.

지필평가 문항 오류는 크게 두 가지 경우로 나뉘는데, 시험 전이나 시험 중간에 발견하는 경우와 시험이 끝난 후 발견하는 경우다. 시험 전에 오류가 발견되면 재인쇄를 하거나 수정 간지를 반별 봉투에 추가로 넣으면 된다. 시험 중간에 발견되는 오류는 반별로 교과교사가 직접 시험실에 들어가서 문항을 수정해주면 된다. 학생들에게 알리는 것이 우선이고, 이후 시험이 끝난 후 지필평가 원안지를 수정하여 재결재를 받으면 된다.

시험 이후 오류가 발견되면 학생들이 인지하지 못한 채 시험을 치렀기 때문에 해결 절차가 조금 복잡할 수 있다. 우선 평가 담당 교사에게 전달한 후, 어떻게 처리할 것인지를 함께 논의해야 한다. 상황에 따라 해당 문제만 재시험을 실시하거나, 해당 문제를 제외하는 등 여러 방법이 있다. 다음 날 결석생 발생 등으로 학생 수가 달라지기 전에 당일 곧바로 재시험을 치르는 경우가 많으니 오류 발견 즉시 알려야 한다. 혹여나 혼자서 판단하여 넘어가거나 학생에게 오류를 설득하려 하는 것은 문제가 커질 수 있으므로 좋은 방법이 아니다.

지필평가 문항 출제의 기본 원칙

신규교사가 처음 지필평가 문항을 출제하려면 막막할 수 있다. 지필평가 문항 제작 방법에 대한 기초적인 내용을 간략하게 소개해본다.

우선, 모든 지필평가 문항은 성취기준에서 출발해야 한다는 것을 기억하자. 성취기준이란 교과목에서 학생들이 성취해야 할 지식, 기능, 태도를 진술한 것이다. 학생이 무엇을 배웠어야 하는지에 대한 기준이므로 성취기준에서 출제 내용을 추출하는 것이 중요하다. 변별력을 높이기 위해 성취기준과는 거리가 멀거나 수업에서 다루지 않은 내용을 출제하는 것은 바람직하지 않다. 또한, 평가계획서에 계획된 진도 이상의 범위에서 출제하지 않도록 유의해야 한다.

평가 문항의 발문을 제작할 때는 발문의 형식이 적절하고, 오탈자가 없도록 유의해야 한다. 발문의 형식과 내용이 적절해야 한다는 것은 학생이 읽었을 때 오해나 불편함이 없도록 해야 한다는 의미다. 예를 들어, '~하지 않은 것은?'이라는 부정 발문을 사용할 때는 일반적으로 부정을 나타내는 어구 '않은'에 밑줄을 그어준다. 또 '가장 적절한 것은?', '가장 옳은 것은?' 등의 최선답형 문항을 제작할 수 있다. 그러나 부정 발문에서는 최선답형인 '가장'을 사용할 수 없다. '가장 적절하지 않은 것은?'을 사용하게 되면 모두 틀렸으나 가장 틀린 내용을 고르는 기형적인 문항이 되기 때문이다.

평가 문항 제작 시 지켜야 할 이러한 발문 형식은 보통 한국교육과정평가원의 출제, 즉 대학수학능력시험 발문을 참조하면 좋다. 이런 여러 발문 형식의 기준들은 신규교사가 처음부터 알고 맞추기가 어렵다. 따라서 연수물 내용을 꼼꼼히 읽어보고, 평가 담당 부서에서 검토하는 단계에서 많이 여쭈어보는 것이 좋다. 대학수학능력시험 문제 발문을 분석해보는 연습도 도움이 된다.

답지를 제작할 때도 마찬가지로 형식과 오탈자에 유의하고, 내용적 오류가 없는지도 잘 살펴야 한다. 예를 들어, 일반적으로 답지의 번호는 ① ~ ⑤로 표기하되, 답지의 길이는 짧은 것부터 긴 순으로 혹은 긴 것부터 짧은 순으로 배열한다. 다섯 개의 답지가 서로 중복되거나 유사하지 않도록 해야 하며, 다른 문항의 내용과도 연관되거나 다른 문항을 통해 정답이 유추되지 않도록 해야 한다.

이외에도 발문과 답지 제작에는 신경 써야 할 요소가 많다. 모든 내용을 다 다루기 힘들기에 각자 현장에서 많은 문항을 분석해보고, 직접 제작해보는 경험이 중요하다.

지필평가 문항을 제작할 때 또 고려해야 할 것은 문제의 난이도와 배점이다. 다양한 난이도의 문제를 출제하되, 문제 난이도가 높을수록 배점이 높아져야 한다. 예를 들어 문항을 3, 4, 5점 배점으로 구성한다면 3점 문제가 쉬운 문항, 5점 문제가 어려운 문항이어야 하는 것이다.

다양한 유형의 문제를 제작하는 것도 중요하다. 부정 발문 문항이 너무 많거나, 같은 유형의 문제가 너무 많은 것은 좋지 않다. 긍정 발문, 부정 발문, 세트형 문제, 최선답형, 그림이나 표 제시형 문제 등 다양한 유형으로 문항을 구성하는 것이 바람직하다.

지필평가는 제한된 시간 안에 치르는 평가이기에 감독교사나 교과 교사의 실수로 인해 학생이 피해를 보지 않도록 각별한 주의를 기울여야 한다. 다른 종류의 민원과는 달리 피해 복구가 어렵기 때문이다. 가장 중요한 것은 업무를 미리 잘 숙지하여 실수를 줄이는 것이겠지만, 교사도 때로 실수할 수 있다. 오류가 있는 문항을 출제하거나, 시험지 분철 시 다른 학년 시험지가 섞여 들어가거나, 감독교사 휴대전화가 시험 중 울리는 등 교사가 할 수 있는 실수는 다양하다. 평가와 관련된 실수는 빠르게 담당 교사와 관리자에게 알리는 것이 가장 중요하다. 다른 선생님들도 모두 실수를 거쳐 성장했던 분들이기에 숨기지 말고 빠르게 알리고 해결하도록 하자.

학생의 성장을 담는
수행평가 운영법

"이번 학기 수행평가는 어떤 방식으로 할까요?"

학기 초 교과 협의 자리에서 수행평가 이야기가 나왔다. 선배교사들은 각자 운영해 온 평가 사례를 꺼내놓기 시작했다. 신규교사 백 선생은 노트를 펴고 선배교사들의 말을 받아 적으며, 이제 처음부터 끝까지 직접 수행평가를 운영해야 할 시기가 왔음을 실감했다.

수행평가는 교사가 평가 방식과 채점 기준을 직접 설계해야 하는 평가다. 어떤 활동을 선택하느냐에 따라 평가의 모습이 달라지고, 같은 활동이라도 기준을 어떻게 세우느냐에 따라 점수와 기록의 의미가 달라진다. 그래서 수행평가는 하나의 활동을 정하는 일이 아니라 수업과 평가 전반을 함께 설계하는 작업이라 할 수 있다. 경험이 적은 신규교사의 수행평가 설계가 미흡할 경우 여러 문제가 생길 수 있다. 채점 기준이 모호하거나, 평가 방식이 학생 간 형평성을 해칠 때 등 문제가 발생하면 민원이 생기고 평가 신뢰도 역시 떨어질 수 있다.

여기에서는 수행평가를 잘 운영하기 위해서 숙지해야 할 기본적인 부분을 다룬다. 수행평가의 의미와 종류, 채점기준표 작성 방법, 평가와 채점 시 유의점까지 현장에서 바로 적용할 수 있는 내용으로 정리해본다.

수행평가의 의미와 주요 유형

수행평가는 학생의 학습 과정을 관찰하는 평가이다. 지필평가가 성취 결과를 중심으로 이해 수준을 확인한다면 수행평가는 학습 과정에서 나타나는 학생의 사고와 배움의 과정을 함께 살핀다. 수행평가는 시험 점수만으로는 드러나지 않는 사고 과정까지 평가할 수 있다. 이 때문에 수행평가는 시험 기간에 한 번 실시하는 방식이 아니라 수업 시간에 이루어지는 활동 속에서 교사의 관찰과 판단이 누적되는 평가이다.

수행평가의 유형은 교과의 성격과 성취기준, 수업 내용에 따라 달라진다. 어떤 단원에서는 개념 이해가 중요하고, 또 다른 단원에서는 사고 과정이나 표현 방식이 더 중요하게 드러나기도 한다. 따라서 수행평가는 하나의 고정된 방식이 아니라 성취기준과 단원의 성격에 따라 선택되고 조합되는 평가로 이해하는 것이 바람직하다.

　서·논술형 평가는 학생의 사고 과정을 비교적 분명하게 드러낼 수 있는 유형이다. 서술형 평가는 학생이 핵심 개념을 정확하게 이해하고 있는지, 그 개념을 자신의 언어로 재구성할 수 있는지 서술시키는 평가 방식이다. 보통 3~5문장 이내의 짧은 문장을 요구한다. 논술형 평가는 단순 개념 이해를 넘어, 학생이 자기 생각을 구조화하고 논리적으로 근거를 갖추어 주장할 수 있는지 평가하는 방식이다. 일반적으로 서술형 평가보다 답변의 길이가 길고, 학생의 고등사고력을 요구하므로 난이도가 높다.

★ 서·논술형 평가 문항 예시

서술형 문항 예시	하이데거의 '죽음 앞으로 미리 달려가기'의 의미를 50자 내외로 서술하시오.
논술형 문항 예시	하이데거의 '죽음 앞으로 미리 달려가기'의 의미를 자신의 언어로 설명하고, 이러한 태도가 개인 삶의 태도에 어떤 영향을 줄 수 있는지 실제 사례를 들어 논술하시오.

　프로젝트 평가는 여러 차시에 걸쳐 조사와 기획, 제작과 발표 등을 수행하는 종합적인 수행평가 방식이다. 협업 과정과 문제 해결 과정을 함께 살펴볼 수 있다는 점에서 수행평가의 취지와 잘 맞는다. 다만 수행 과정 중 일부 차시에 참여하지 못한 학생에 대한 처리나 역할 분

담에 따른 점수 부여와 같은 쟁점이 생기기 쉬우므로 평가요소와 채점 기준을 사전에 분명히 정리해 둘 필요가 있다.

발표나 토론 중심의 수행평가는 학생의 사고력과 근거 제시 능력, 표현력을 평가할 수 있다. 국어와 도덕, 사회처럼 언어적 활동이 많은 교과에서 활용도가 높다. 다만 말솜씨나 발표 태도가 점수에 과도하게 반영되지 않도록 주의할 필요가 있다. 활동의 형식보다는 학생이 어떤 내용을 어떤 근거로 설명했는지를 기준으로 채점 요소를 정리하는 것이 중요하다.

포트폴리오 방식 수행평가는 학생이 일정 기간 축적한 결과물을 바탕으로 학습 과정을 살펴보는 평가이다. 단원별 정리 자료나 탐구 결과물을 통해 학생의 변화와 발달을 종합적으로 확인할 수 있다. 다만 단순히 결과물을 모아 점수를 부여하는 방식이 되지 않도록 주의할 필요가 있다. 결과물을 어떤 기준으로 평가할 것인지를 사전에 분명히 정리하는 것이 중요하다.

이외에도 실험과 조사 보고서, 인터뷰와 실습 등 다양한 활동이 수행평가로 활용될 수 있다. 어떤 유형을 선택하든 중요한 것은 선택한 평가 방식이 평가하려는 내용과 목적과 맞는지 여부이다. 또한 명확한 채점 기준을 통해 평가의 객관성과 공정성을 확보할 수 있는지 점검할 필요가 있다.

채점기준표(루브릭) 작성 요령

　교사는 학생의 수행 과정을 평가할 때 명확한 기준에 따라 채점해야 한다. 채점기준표란 교사의 평가 기준을 정리한 표로, 3월 초 제출하는 평가계획서에 포함해서 제출하게 되어 있다. 평가 기준과 수준을 명확히 제시할수록 학생은 평가의 목표를 이해하고, 교사는 평가 편차를 줄일 수 있다.

　수행평가에서 활용되는 채점 방식은 크게 총체적 채점과 분석적 채점으로 나눌 수 있다. 총체적 채점은 수행 결과 전체를 놓고 점수를 부여하는 방식이다. 빠르게 채점해야 하는 상황에서 선택할 수 있으나 수행 결과의 세부 사항을 채점하기에는 한계가 있다. 분석적 채점은 수행 결과를 여러 평가요소로 나누어 각각의 기준에 따라 채점하는 방식이다. 수행평가를 통해 확인하고자 하는 학습 요소를 하나하나 살펴보므로 학생에게 평가의 근거를 비교적 분명하게 제시할 수 있다. 다만 평가요소가 많아질수록 채점에 시간과 노력이 더 필요해질 수 있다.

　총체적 채점과 분석적 채점은 수행평가의 목적과 수업의 맥락에 따라 선택된다. 수행 결과를 종합적으로 판단하는 것이 중요한 경우에는 총체적 채점이 적합하며 학습 과정에 대한 구체적인 피드백이 필요한 경우에는 분석적 채점이 더 적합하다. 총체적 채점과 분석적 채점을 활용한 채점기준표의 예시를 살펴본다.

★ 총체적 채점기준표의 예시-도덕과 토론 수행평가

평가 요소	1. 쟁점이 발생한 사회적 배경과 맥락을 설명하는가? 2. 해당 쟁점이 지키려는 가치가 무엇인지 구체적으로 분석하는가? 3. 동시에 제한되거나 훼손될 수 있는 가치에 대해서도 균형 있게 서술하는가? 4. 자신의 입장을 분명히 밝히고, 이유를 논리적으로 전개하는가? 5. 갈등을 완화하거나 조정할 수 있는 현실적인 대안을 제시하는가?

점수	기준
20점	평가요소 5개를 모두 충족한 경우
17점	평가요소 4개를 충족한 경우
14점	평가요소 3개를 충족한 경우
11점	평가요소 2개를 충족한 경우
8점	평가요소 1개를 충족한 경우
5점	모든 평가요소를 충족하지 못하였거나 수행평가에 참여하지 않은 경우

★ 분석적 채점기준표의 예시-역사과 서술형 수행평가

평가요소	배점	기대수행
신분 질서 변화 이해하기	2점	신분 질서 변화의 배경을 설명하고, 신분 이동이나 신분 인식의 변화와 같은 구체적인 모습을 함께 서술함.
	1점	신분 질서 변화의 배경 또는 그 양상 중 한 가지만 올바르게 설명함.
	0점	신분 질서 변화에 대해 적절한 설명을 제시하지 못함.

수행평가를 준비할 때
먼저 확인하면 좋은 것

신규교사가 수행평가를 준비할 때는 어떤 활동을 할지부터 고민하게 된다. 그러나 수행평가는 활동을 정하는 일에서 시작하기보다 이미 운영되어 온 기준을 먼저 확인하는 것이 더 안정적이다. 가르칠 단원의 성취기준과 작년 평가계획을 살펴보면 수행평가 설계에 도움이 된다.

현실적으로는 작년도 평가계획을 먼저 확인하는 것이 가장 수월하다. 평가계획은 학업성적관리규정과 교육청 지침을 반영해 실제로 운영된 결과물이다. 수행평가의 종류와 반영 비율, 활동별 채점 기준이 정리되어 있어 구체적인 수행평가 설계 방법을 파악하는 데 도움이 된다. 작년도 평가계획은 학교 알리미 사이트에 공개되어 있다.

작년도 평가계획을 확인할 때는 채점 기준이 어떻게 정리되어 있는지를 먼저 살펴보는 것이 좋다. 같은 활동이라도 어떤 요소를 기준으로 점수를 부여했는지에 따라 수행평가의 성격이 달라진다. 평가계획에 제시된 채점 기준을 보면 해당 단원에서 중요하게 보는 학습 요소가 무엇인지도 함께 드러난다. 신규교사는 이 기준을 참고해 이후 수행평가 활동을 설계할 때 판단의 방향을 잡을 수 있다.

작년도 평가계획이 실제 운영 사례를 보여주는 자료라면, 교육과정 성취기준은 수행평가의 범위를 정해 주는 기준이다. 성취기준을 확인하면 수행평가에서 무엇을 평가해야 하고 무엇은 평가 대상이 되지 않는지를 분명히 구분할 수 있다. 활동의 내용이 성취기준을 벗어나지 않는지 점검하는 과정은 수행평가의 공정성과 설명 가능성을 지키는 데에도 중요하다. 성취기준은 평가지원포털[1]에서 교과별, 학년별로 확인할 수 있다.

교과 협의 과정에서는 수행평가의 활동 내용이 조정되거나 변경되는 경우가 많다. 이때 작년도 평가계획과 성취기준을 기준으로 삼으면 활동이 바뀌더라도 채점 기준의 중심을 유지할 수 있다. 활동의 형식이 달라지더라도 성취기준에 맞는 평가요소를 다시 정리하면 새로운 수행평가에도 동일한 기준을 적용할 수 있다.

수행평가 운영 시 유의할 점

수행평가는 설계만큼이나 운영 과정이 중요하다. 채점 기준이 분명하더라도 운영 과정에서 혼선이 생기면 학생의 점수와 기록에 직접적인 영향을 미친다. 수행평가를 안정적으로 운영하기 위해 유의할 점에 대해 알아보자.

수행평가를 운영할 때 가장 먼저 점검해야 할 것은 평가 방식과 채점 기준을 사전에 충분히 안내했는지 여부이다. 어떤 활동을 어떻게 평가하는지, 어떤 기준이 점수로 연결되는지를 학생이 미리 알고 있어야 수행평가의 결과를 이해할 수 있다. 안내가 부족하면 평가 이후 점

---

1) https://evaluation.kice.re.kr

수에 대한 오해나 이의가 생기기 쉽다. 모든 학생에게 동일한 정보가 전달되었는지 확인하고 안내 자료를 수업 시간에 명확히 제시하는 것이 중요하다.

수행평가는 과제형 평가로 운영되지 않도록 주의할 필요가 있다. 과제형 수행평가는 가정 환경이나 개인 여건에 따라 수행 결과의 차이가 커질 수 있어 공정성 문제로 이어지기 쉽다. 수행평가는 수업 시간 안에서 실시하고 결과물은 교사가 직접 회수하는 방식이 안정적이다. 평가 조건을 통제하면 학생 간 수행 환경의 차이를 줄이고 평가의 신뢰도를 높일 수 있다.

수행평가는 점수로만 남는 평가가 아니라 학생이 자신의 평가 결과를 확인할 수 있어야 하는 평가이다. 따라서 수행평가 결과물은 평가 계획에 명시된 기간 동안 보관할 필요가 있다. 일반적으로는 학기 말 성적 처리가 완료될 때까지 자료를 유지하는 것이 바람직하다. 결과물 보관은 이후 점수 확인이나 이의 제기 상황에서 평가의 근거가 되므로 관리 책임을 다하는 것이 중요하다. 발표나 토론처럼 결과물이 남지 않는 수행평가는 채점 근거를 별도로 남겨 둘 필요가 있다. 채점기준표에 표시한 교사의 체크 기록이나 간단한 메모는 이후 점수 확인 과정에서 중요한 근거가 된다. 필요한 경우에는 영상이나 사진 기록을 활용할 수도 있다. 수행평가 운영에서 기록을 남기는 일은 학생을 위한 절차이면서 동시에 교사를 보호하는 장치이다.

수행평가에서는 채점기준표에 따른 채점의 일관성이 무엇보다 중요하다. 같은 수행 결과가 다른 기준으로 평가되지 않도록 채점 기준을 명확히 적용해야 한다. 여러 교사가 함께 채점할 때는 사전에 기준을 충분히 맞추는 협의 과정이 필요하다. 기준을 공유하지 않은 채 채점을 진행하면 점수 편차가 커질 수 있다. 채점 완료 후에는 학생들에게 채점 기준을 한 번 더 알려주고 모범답안을 공유하는 것이 좋다.

잘 설계된 수행평가는 지필평가만으로는 발견하기 어려운 학생의 잠재력을 드러내고, 학생이 성장하도록 돕는 발판이 될 수 있다. 또 교사는 좋은 수행평가를 고민하고 설계하는 과정에서 수업의 질을 높일 수 있다. 신규 첫해에는 바쁘고 힘들겠지만 어떤 수행평가를 할지 충분히 고민해보고 연구하는 시간을 가지는 것을 추천한다.

Note

★ 10장 ★
에듀테크

10장. 에듀테크

　신규교사 백 선생은 첫 공개수업을 앞두고 교무실에서 노트북 화면을 한참 바라보고 있었다. 연수에서 배운 에듀테크 도구 목록이 머릿속을 스쳐 지나갔다. 실시간 퀴즈, 협업 보드, 자동 채점, 학습 분석…. 기능은 분명히 익혔는데, 막상 수업에 적용하려니 무엇부터 써야 할지 감이 오지 않았다. '이걸 쓰면 수업이 정말 좋아질까?' 기술을 쓰는 것이 목표가 되어버린 건 아닐지, 괜히 수업만 산만해지지는 않을지 고민이 되었다.

　최근 몇 년 사이 학교 현장에서 에듀테크의 존재감은 눈에 띄게 커졌다. 이제 에듀테크는 트렌디하고 재미있는 기술을 넘어, 교사가 수업을 설계하는 방식 전반을 다시 생각하게 만드는 흐름이 되었다. 특히 수업과 평가에서 불필요하게 시간이 많이 드는 과정을 자동화하거나, 학생 참여를 끌어내는 방식도 훨씬 다양하게 제공한다는 점에서 강점을 발휘하고 있다.

미리캔버스　　카훗
캔바　　　　퀴즈앤
　　　　　퀴지즈

오호~
에듀테크 툴을 사용하니까
훨씬 간편하고 쉬운걸~

지금의 학생들은 태어날 때부터 디지털 환경이 일상이었던 세대다. 디지털 기기를 학습 도구로 활용하는 데 익숙하고, 새로운 기술을 습득하는 속도도 빠르다. 이러한 학습자 세대의 특성을 이해하고 적절한 기술을 결합하면, 교사는 수업의 몰입도와 학업 성취도를 함께 높여갈 수 있다. 문제는 '무엇을, 왜, 어떻게' 쓰느냐다. 백 선생처럼 많은 신규교사는 각종 연수를 통해 에듀테크 기술을 접하지만, 실제 수업 장면에서 어디에 어떻게 써야 할지는 여전히 각자에게 주어진 과제다. 우리가 학생 시절에 경험했던 강의식 수업과는 너무 다른 풍경이 교실 안에 펼쳐지고 있기 때문이다.

이 장에서는 누구나 쉽게 활용할 수 있는 몇 가지 에듀테크를 소개하고, 실제 수업에서 바로 적용할 수 있는 활용 팁, 그리고 자칫 빠지기 쉬운 에듀테크의 함정까지 함께 살펴보고자 한다. 기술에 끌려다니는 수업이 아니라, 수업을 돕는 유용한 도구로서 에듀테크를 사용하는 방법을 정리해보자.

누구나 바로 쓰는 에듀테크

수업 준비를 하다 보면 같은 작업을 반복하는 순간이 많다. 학습지를 수정해 다시 배포하고, 수행평가 결과를 정리해 점수를 입력하고, 학생들의 제출 여부를 하나하나 확인하는 일까지, 어느 날은 이런 작업만으로도 하루가 훌쩍 지나간다. 수업에 더 집중하고 싶어도 현실에서는 수업 밖의 업무가 교사의 시간을 많이 차지한다.

신규교사 백 선생도 비슷한 고민을 했다. 수업 자료를 만들고 평가 결과를 정리하는 데 생각보다 시간이 많이 들었다. 그러다 선배교사로부터 "이건 도구를 조금만 써도 훨씬 편해져요."라는 말을 들었다. 그때 처음 접한 것이 에듀테크였다. 수업 준비와 평가 정리처럼 반복되는 작업을 줄여 주고, 교사가 수업에 더 집중할 수 있도록 돕는 도구들이었다.

에듀테크Edutech는 교육Education과 기술Technology을 결합한 말로, 교실에서 이루어지는 수업과 업무를 보다 수월하게 돕는 도구라고 보면 된다. 학생에게는 각자의 속도와 방식에 맞는 학습을 가능하게 하고, 교사에게는 반복되는 작업을 줄여 주는 역할을 한다. 에듀테크를 활용한다고 해서 교사가 새로운 기술을 익혀야 하는 부담이 크게 늘어나는 것은 아니다. 수업이나 평가에 바로 적용할 수 있는 기능 몇 가지만 제대로 활용해도 교사의 일과는 눈에 띄게 달라질 수 있다. 에듀테크의 목적은 수업을 더 화려하게 만드는 데 있는 것이 아니라, 교사가 가르치는 일에 집중할 수 있도록 환경을 정리해 주는 데 있다.

수업 자료 제작: 캔바, 미리캔버스

수업용 PPT나 포스터 등의 자료를 제작할 때 사용하는 툴은 파워포인트가 가장 잘 알려졌지만, 캔바, 미리캔버스도 추천한다. 캔바와 미리캔버스의 경우 이미 만들어져 있는 템플릿을 제공하기 때문에, 템플릿 위에 글만 입력하면 전문가가 만든 것 같은 자료를 제작할 수 있어 유용하다.

미리캔버스는 무료일 때 제한되는 기능과 템플릿이 있지만 한국인에게 최적화된 감성적인 템플릿과 요소들이 많다. 요즘은 3월 초 정보부에서 교사들이 사용하는 온라인 툴 유료 구독을 해주는 경우가 많다. 무료 버전으로 쓰다가 학교에서 구독해주면 유료 버전을 쓰는 것도 괜찮다. 캔바는 교사 인증을 하면 모든 기능을 무료로 사용할 수 있다. 또 학생들이 자료를 제작한 후 교사에게 제출할 수 있는 기능이 있어 학생 과제를 부여할 때 편리하다. 이외에도 수업에 활용할만한 여러 기능을 제공하고 있어, 선생님들이 쓰기 편하도록 교육용으로 특화되었다는 느낌이 강하다. 하지만 템플릿이나 요소 디자인에서 외국적인 느낌이 있기는 하다.

⭐ 미리캔버스로 제작한 수업용 PPT

퀴즈 프로그램:
카훗, 퀴즈앤, 퀴지즈

수업의 목표 달성 여부와 이해도를 점검하기 위해 수업의 마무리에 형성평가나 퀴즈를 실시할 수 있다. 이때 학생 입장에서 더 재미있고, 교사로서는 손쉬운 퀴즈 제작이 가능한 온라인 퀴즈 프로그램들을 활용하면 좋다. 대표적으로 카훗Kahoot, 퀴즈앤, 퀴지즈Quizizz가 있다.

카훗과 퀴즈앤은 교사가 제작한 퀴즈를 학생들이 온라인으로 실시간 접속하여 풀면 각자의 점수가 나오는 게임 형태의 퀴즈 프로그램이다. 교사는 사전에 홈페이지에서 퀴즈를 제작한다. 그 후 수업 시간에 접속 QR코드를 띄워 주면 학생들이 실시간으로 접속하여 플레이할 수 있다. 퀴즈를 빨리 맞힐수록 점수가 쌓이고, 참여한 학생들의 순위를 알 수 있어 경쟁적인 참여를 유도할 수 있다. 수업 마무리 복습이나 형성평가, 혹은 아이스 브레이킹 시 사용하면 좋다.

퀴지즈에는 추가로 AI 퀴즈 제작 기능이 있어 유용하다. PDF문서, 웹사이트 URL, 또는 유튜브 영상 링크만 입력하면 AI가 자동으로 관련 퀴즈 문항을 만들어준다. 객관식, 참과 거짓, 단답형, 매칭 등 다양한 문제 유형을 지원하고 있다. 실시간 진행과 과제형 모드가 있는데, 실시간 진행은 동시에 모두 함께 퀴즈를 풀면서 경쟁하는 것이고 과제형 모드는 정해진 시간 동안 학생이 자기의 속도에 맞춰서 퀴즈를 풀 수 있다.

소개한 에듀테크는 모두 어느 정도는 무료로 기능을 사용할 수 있지만 한 반 이상의 학생들이 동시에 참여하거나 학습 데이터를 저장하려면 유료로 전환해야 할 수 있다.

의견 공유 및 발표: 멘티미터, 패들렛

수업 시간에 학생들의 의견이나 활동 결과물을 모으거나, 다양한 방식으로 시각화해 공유하고 싶을 때 활용하기 좋은 도구들이 있다. 그중 멘티미터Mentimeter와 패들렛Padlet을 소개하려고 한다. 둘 다 직관적으로 사용할 수 있고, 학생들의 답변이나 결과물을 한곳에 모아 다 같이 볼 수 있도록 할 때 유용하다.

멘티미터는 교사가 실시간 질문, 투표, 설문 등을 만들면 학생 반응을 시각화해 보여주는 도구다. 입력한 답변이 즉시 화면에 반영되기 때문에 내 의견이 수업에 반영되고 있다는 경험을 준다. 백 선생은 워드클라우드 기능을 즐겨 사용하는데, 학생들이 답변을 보내면 중복되는 답변의 글씨가 점점 커지며 단어 구름이 만들어진다. 수업의 도입에서 정답이 없는 열린 질문을 던질 때, 브레인스토밍이 필요할 때, 혹은 학생들의 의견을 물을 때 활용하면 좋다. 예를 들어, 환경 문제 단원에 들어가기 전 '환경오염 하면 생각나는 단어는?'이라는 질문을 던진 후 학생들의 답안을 토대로 수업을 시작하는 것도 재미있다.

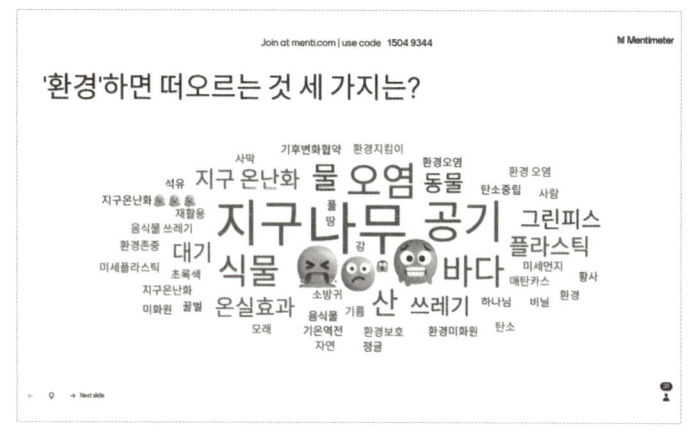

패들렛은 온라인 게시판 형태의 도구로, 학생들이 글, 사진, 링크, 영상 등 다양한 자료를 올리면 한곳에 모아 볼 수 있다는 점이 특징이다. 간단한 의견 나누기부터 협력 학습, 프로젝트 결과 공유까지 활용 범위가 굉장히 넓다. 예를 들어 '오늘 읽은 책 문장 중 가장 인상 깊었던 부분 공유하기', '자료 조사 게시판', '팀별 결과물을 한 공간에서 활용하기'처럼 개방형 활동에 적합하다. 학생들이 서로의 글에 댓글을 달거나 '좋아요'를 누르도록 설정할 수도 있다.

두 도구 모두 학생에게 익숙한 모바일 앱 사용 방식과 비슷해, 디지털 네이티브 세대가 거부감 없이 참여한다. 교사도 칠판에 일일이 적거나 포스트잇을 활용하지 않고 즉시 의견을 수집하고 정리할 수 있어 편리하다. 또한, 저장된 결과가 남기 때문에 평가해야 할 결과물을 모을 때도 좋다. 그러나 교사의 내용 사전 검토가 어렵다는 단점도 있다. 수업과 무관하거나 장난스러운 게시물이 올라오지 않도록 활동의 목적을 분명히 제시하고, 사용 규칙을 사전에 안내하는 것이 필요하다.

★ 패들렛 사용 예시

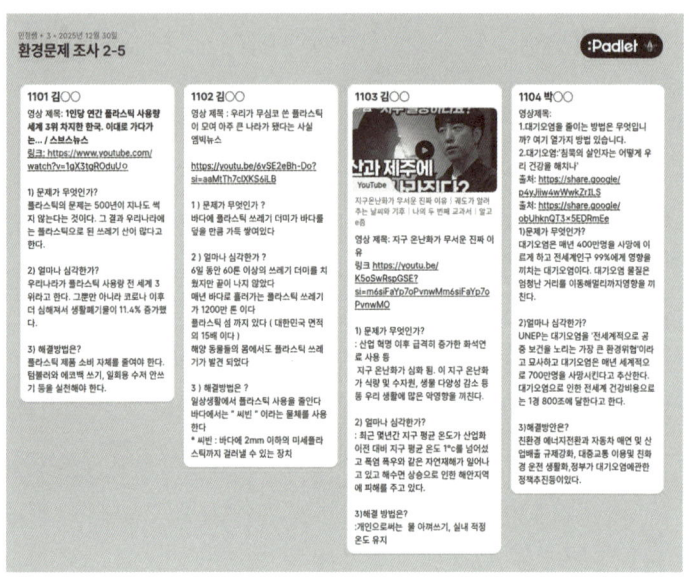

과제 제출:
다했니? 다했어요!

'다했니? 다했어요!'는 현직 교사가 개발한 과제 제출용 에듀테크 시스템이다. 교사가 '다했니?'에 접속하여 학급과 과세를 생성해두면, 학생은 '다했어요'로 접속하여 과제를 제출한다. 글쓰기 과제뿐만 아니라 사진, 영상 등 파일 제출도 가능하다. 학생들의 과제 제출 여부를 한눈에 볼 수 있고, 채점도 바로 가능해서 평가에도 활용할 수 있다.

★ 다했니? 다했어요! 과제 제출 화면

'다했니? 다했어요!'에 있는 또 하나의 기능은 학급 보상 제공이다. '쿠키'라는 귀여운 포인트 보상을 줄 수 있는데, 개별 쿠키도 모을 수 있지만 학급 단체 쿠키도 모을 수 있다. 학기 초 학생들과 학급 단체 쿠

키를 몇 개 이상 모으면 어떤 보상을 줄지 결정해두면 수업 참여도가
매우 높아진다. 수업 때 발표하거나 과제 결과물이 좋을 때, 퀴즈를 맞
혔을 때 쿠키를 주면 된다.

★ 다했니? 다했어요! 학급 보상 화면

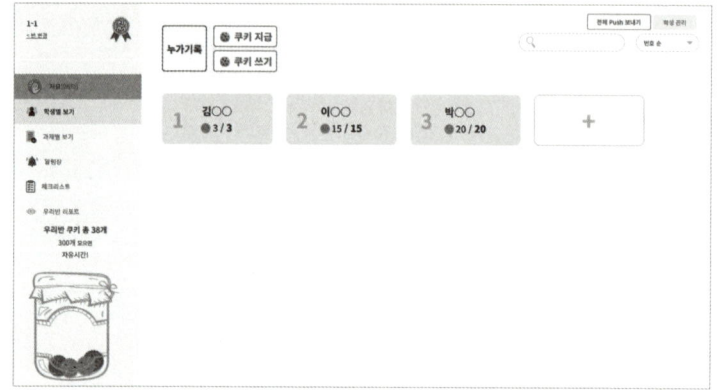

채점 및 평가 도구: 클리포

수업에서 과제를 제출하거나, 수행평가를 실시할 때 교사에게 가장 부담이 되는 것은 채점에 드는 시간이다. 채점 도구로 활용할 만한 에듀테크로 클리포Clipo를 추천한다. 클리포는 학생 과제를 스캔하여 PDF로 입력하면 교사가 설정한 기준에 따라 일괄 채점을 도와주는 기능을 제공한다. 단답형 문제는 정답을 기준으로 자동 처리되고, 서술형 문제는 교사가 한두 개의 답안을 기준으로 평가 기준을 정하면 나머지 답안을 일정한 잣대로 채점할 수 있다. 채점 결과를 표로 정리하거나, 학생 개인별로 피드백 리포트를 자동으로 생성하는 기능도 있다.

클리포의 강점은 채점 기준의 일관성이다. 사람이 직접 채점할 때는 피로도나 여타 상황에 따라 기준이 흔들릴 수 있어 여러 번 재채점을 거쳐야 하지만, 클리포는 설정된 기준대로 한 번에 처리해 채점 편차를 줄여준다. 이러한 도구는 채점 업무를 완전히 대신하는 것이 아니라, 교사가 더 중요한 판단을 하는 데 시간을 쓸 수 있도록 보조하는 역할로 활용해야 한다. 교사가 채점이 제대로 이루어졌는지 한 번 더 확인하는 것도 필수다.

생활기록부 작성:
생성형 AI

생활기록부 입력은 교사 업무 중 가장 많은 시간과 집중력을 요구하는 영역이다. 특히 고등학교나 중학교 자유학기제 수업의 경우 수업을 듣는 모든 학생의 과목별 세부능력 및 특기사항을 입력해주어야 하므로 업무 부담이 큰 편이다. 최근에는 생성형 AI를 활용하여 이 과정을 효율화하려는 시도가 늘고 있다.

교사는 평소 학생을 관찰한 내용, 수행평가 기록, 수업 참여도 등을 생성형 AI에 입력하고 과목별 세부능력 및 특기사항 초안을 만들어 달라고 요청할 수 있다. 이때, 생활기록부 양식에 맞추어 작성해달라고 요청해야 한다. 생활기록부는 매우 민감한 문서이므로 생성형 AI의 도움을 초안 수준에서 활용하고, 최종 판단과 작성은 교사가 직접 해야 한다. AI가 제시한 문장을 그대로 사용하면 학생의 실제 특성과 맞지 않거나, 비슷한 문장과 패턴이 반복될 수 있어 유의해야 한다. 다음은 프롬프트 예시이다.

과목별 세부능력 및 특기사항 작성 프롬프트 예시

다음은 학생의 수업 관찰 기록입니다. 이 내용을 활용하여, 아래 [조건]에 맞게 ○○과목 과목별 세부능력 및 특기사항 문장을 작성해주세요.

[수업 관찰 기록]

- **학년, 과목:** 고등학교 ○학년 ○○과목
- **프로젝트 수행평가 결과:** 친환경 에너지 자전거 만들기에서 복잡한 회로 연결 시 발생하는 오류를 찾아내고 해결하여 팀이 최고점을 받는데 기여함.
- **수업 태도:** 질문 3회 이상, 주도적으로 프로젝트 리더 역할을 수행함. 어려움을 겪는 팀원에게 먼저 다가가 기술적인 부분을 차분히 설명함.
- **진로 희망:** 로봇 공학 또는 IT 분야에 관심을 보임.
- **강조할 핵심 역량:** 자기 주도성, 문제 해결 능력, 협업 능력

[조건]

- ○○○자 내외로 작성.
- 학생 입장이 아닌 교사 입장에서 작성함.
- 문장은 '~함', '~임', '~보여줌' 등 명사형 종결어미로 끝맺음.
- '~하며', '~하고', '~를 바탕으로' 등의 연결 어미를 사용하여 문장을 매끄럽게 이어 씀.
- 기록이 불충분한 경우 새로운 내용을 창작하지 말고, 주어진 정보만을 활용할 것.
  학생의 잠재력과 발전 가능성에 초점을 맞추고, 비판적인 표현을 지양함.
  성취 단계(A/B/C)에 따라 단어 사용을 차별화하여 학생의 역량을 묘사함.
  학생의 활동 내용, 구체적 행동, 변화 및 역량을 자연스럽게 녹여냄.

에듀테크 활용의 함정

신규교사 백 선생은 에듀테크를 활용한 수업을 마치고 교무실로 돌아왔다. 학생들의 반응은 분명 좋았다. 화면에 답이 뜰 때마다 교실이 술렁였고, 평소 말이 없던 학생까지도 활발하게 참여했다. 수업이 끝난 뒤 몇몇 학생은 "오늘 수업 재밌었어요."라는 피드백을 해주었다.

다음 차시 준비를 위해 수업 자료를 다시 열어보던 백 선생은 잠시 손을 멈췄다. 오늘 수업에서 학생들이 꼭 이해해야 할 핵심 개념이 무엇이었는지, 그리고 그 개념이 학생들의 머릿속에 어떤 모습으로 남아 있을지 선뜻 정리되지 않았다. 활동은 잘 진행됐지만, 학습 효과가 분명했는지는 다시 점검해야겠다고 느꼈다. 에듀테크를 활용한 수업에서는 이런 순간이 낯설지 않다. 도구는 잘 작동했지만, 학습이 충분히 일어났는지는 고민이 필요하다. 에듀테크가 문제는 아니다. 여기서는 신규교사가 빠질 수 있는 에듀테크 활용의 함정이라는 주제로 이야기 해보고자 한다.

도구는 남고, 배움은 남지 않는 순간

에듀테크 활용에서 가장 흔히 마주치는 문제는 학생들의 기억에 도구만 남는 경우다. 이는 화려한 에듀테크 기술을 수업에 어떻게든 활용하려다 빠지기 쉬운 함정이다. 시각적 효과가 크고 조작이 쉬운 도구일수록 학생들의 반응은 즉각적으로 나타난다. 참여 인원이 늘고 교실 분위기도 활기를 띤다.

이럴 때 교사는 활발해 보이는 참여도를 학습 효과로 착각하기 쉽다. 그러나 버튼을 눌렀다는 사실과 개념을 이해했다는 사실은 다르다. 에듀테크를 활용한 활동 이후에는 반드시 개념을 정리하는 시간이 필요하다. 학생들의 응답을 확인하는 데서 멈추지 말고, 왜 그런 답이 나왔는지, 어떤 개념과 연결되는지 교사의 언어로 다시 묶어 주는 과정이 뒤따라야 한다.

예를 들어 워드클라우드 기능으로 학생들의 생각을 모았다면, 그 결과를 보며 핵심 개념을 다시 짚고 공통점과 차이를 정리하는 시간이 필요하다. 이 과정이 빠지면 학생들에게는 '재밌었다'라는 기억만 남고, 정작 배움은 흐릿해질 수 있다.

에듀테크 수업의 현실적인 변수들

에듀테크 수업의 가장 큰 변수는 기술 그 자체다. 와이파이가 끊기거나, 사이트 서버가 다운되거나, 로그인 오류가 발생하는 일은 생각보다 흔하다. 아무리 준비를 철저히 해도 기계는 언제든 교사를 배신할 수 있다.

그래서 에듀테크 수업에는 반드시 플랜 B가 필요하다. 온라인 활동이 불가능해졌을 때 바로 전환할 수 있는 학습지나 칠판 활동을 미리 준비해두는 것이 좋다. 에듀테크 활동이 막혔을 때 아무 말도 하지 못하고 시간을 흘려보내는 것과, 준비해 둔 대체 활동으로 자연스럽게 넘어가는 것은 수업의 안정성에서 큰 차이를 만든다.

또 하나의 현실적인 문제는 수업 시작 전이다. 아이디와 비밀번호를 찾느라 시간이 흘러가고, 배터리가 없는 기기를 붙잡고 우왕좌왕하다 보면 수업은 시작부터 흔들린다. 로그인 정보를 적은 카드를 미리 나눠주거나, 수업 전날 기기 충전을 안내하는 사소한 준비만으로도 이런 혼란은 크게 줄일 수 있다.

기기가 켜진 교실을 운영하는 법

기기가 손에 쥐어지는 순간 학생들의 시선은 화면으로 쏠린다. 이 상태에서 교사가 설명을 시작하면 말은 흘러가고, 교실 통제는 쉽게 무너진다. 에듀테크 수업에서는 설명할 때의 규칙이 반드시 필요하다.

교사가 설명할 때는 노트북을 덮거나 태블릿을 뒤집어 놓게 하는 '스크린 다운 Screen Down' 같은 약속을 미리 정해두는 것이 좋다. 이 규칙이 없으면 교사는 수업 내내 게임과 영상에 빠진 학생들과 숨바꼭질을 하게 된다. 에듀테크 수업에서도 교사의 말에 집중하는 시간은 분명히 확보되어야 한다.

또한 교탁에만 서 있기보다는 교실 뒤쪽과 측면을 오가며 학생들의 화면을 자연스럽게 살피는 것이 도움이 된다. 순회 지도는 통제를 위한 감시가 아니라, 수업에 다시 집중하도록 돕는 장치다.

평가로 이어질 때 점검할 기준

에듀테크를 평가와 연결할 때는 특히 더 신중해야 한다. 잘 활용하면 채점과 정리 부담을 줄일 수 있지만, 동시에 여러 예상 밖의 문제가 발생할 수 있기 때문이다. 먼저, 에듀테크로 작업한 결과물이 삭제되는 일이 생길 수 있다. 플랫폼의 사정, 다른 학생의 조작 오류, 교사의 실수 등 생각지도 못한 상황이 있을 수 있다. 만약 수행평가에 활용할 자료라면 아찔한 상황이다. 따라서 온라인에 수행평가 결과물을 제출하도록 할 때는 언제나 자료를 복사하여 별도로 백업해둘 필요가 있다.

또 하나는 공정성의 문제다. 온라인 플랫폼을 활용하면 제출 시간 이후에 편집 가능하다거나, 학생이 집에서 과제를 하는 등의 문제가 발생할 수 있다. 수업 시간에만 업로드가 가능하도록 설정해두거나, 수업 시간에는 학습지에 직접 작성하도록 한 후 결과물만 촬영하여 올리는 등의 방식을 고려해야 한다.

세 번째 함정은 생성형 AI를 무분별하게 사용하는 경우이다. 학생들에게 평가 중 디지털 기기를 제공했을 경우, 과제를 손쉽게 해결하기 위해 AI에 답안을 제작해 달라고 요청하는 상황이 생길 수 있다. 학생 자신의 사고 과정이 전혀 반영되지 않기 때문에 평가의 본래 취지와 동떨어진 결과가 나오고, 공정성을 해치게 된다. 사전에 생성형 AI의 활용이 불가하다고 안내하고, 개인의 경험과 수업 중 활동 내용을 기반으로 하도록 조건을 명시하는 등의 조치가 필요하다.

에듀테크 활용이 점차 자연스러워지면서, 어느 순간부터 학생들의 손에서는 연필이 사라지고, 실제로 써보고, 그려보고, 만들어보는 활동의 비중이 줄어들었다. 화면을 통해 입력하고 클릭하는 것 이상의 현실 경험이 점점 부족해지는 추세다. 특히 사고를 구조화해야 하는 글쓰기 활동에서는 직접 쓰는 경험이 필요하다. 만약 모든 활동지를 온라인 입력으로 대체하면, 학생들은 문장을 구성하고 표현을 선택하는 과정을 깊게 경험하지 못한 채 학습하게 된다. 종이에 무언가를 적는 것도 중요한 교육이다. 글씨를 정자로 바르게 쓰고, 본인이 작성한 내용을 잃어버리지 않고 파일에 잘 보관하다 제출하는 성실함은 21세기에도 여전히 중요하다.

그러니 에듀테크를 너무 강조한 나머지 아날로그 활동을 등한시하지 않아야 한다. 핵심은 아날로그와 디지털의 적절한 균형이다. 수업

목표를 중심에 두고 어떤 방식이 학생에게 더 교육적일지 고민하고 판단하는 것이 교사의 역할이다. 에듀테크는 마법 지팡이가 아니다. 에듀테크를 현명하게 활용한다는 것은, 기술의 편리함을 빌리되 기술에 끌려가지 않는 균형 잡힌 시선을 유지하는 일이다.

4부. **행정**

학교에 출근해 하루를 보내다 보면, 교실에서 보내는 시간만으로 하루가 채워지지 않는다는 사실을 금세 알게 된다. 수업이 끝나면 회의가 있고, 공문이 오고, 처리해야 할 문서가 쌓인다. 교실 밖에서도 교사가 해야 할 일은 계속 이어진다. 학교는 수업만으로 운영되지 않는다. 수업 외에도 수많은 행정 업무를 처리해야 학교가 굴러간다.

신규교사 백 선생도 곧 그 사실을 실감했다. 수업 준비와 학생 지도만으로도 하루가 빠듯한데, 어느 순간부터 나이스, K-에듀파인, 각종 결재 문서와 생소한 용어들이 한꺼번에 눈앞에 나타났다. 무엇부터 해야 하는지, 어디까지가 자신의 업무인지 감이 잡히지 않았다. 행정 업무는 생각보다 훨씬 세분되어 있었고, 그 양도 만만치 않았다. 누군가 처음부터 차근차근 설명해주는 시간이 따로 마련되어 있는 것도 아니었다.

행정 업무는 처음부터 모두 이해하고 시작하기 어려운 영역이다. 실제로는 일을 맡아 처리해 보면서 하나씩 익히게 되는 경우가 많고, 학교마다 운영 방식에도 차이가 있다. 4부 '행정'에서는 신규교사가 행정 업무를 시작하며 꼭 알아두면 좋은 기초적인 내용만을 골라 담았다. 나이스와 K-에듀파인의 기본 구조, 학교에서 자주 쓰는 행정 용어와 절차, 그리고 교무실에서 업무를 물어보고 소통할 때 도움이 되는 최소한의 방법들을 중심으로 정리했다.

★ 11장 ★
나이스

11장. 나이스

    인증서에 비밀번호를 입력하자 수많은 메뉴가 열렸다. 신규교사 백 선생은 어디를 눌러야 어떤 화면으로 이어지는지 감이 잡히지 않았다. 출결을 입력하려다 생활기록부로 들어가고, 성적 메뉴를 찾다가 전혀 다른 업무 화면을 여는 일이 반복되었다. 마우스를 몇 번이나 옮겨 보아도 화면은 좀처럼 의도대로 움직이지 않았다.

    처음 출근했을 때 백 선생을 가장 힘들게 한 것은 수업도, 학생도 아닌 교무실 컴퓨터 속 나이스였다. 며칠 동안 여러 메뉴를 오가며 시행착오를 겪는 사이, 백 선생은 조금씩 화면에 익숙해졌다. 그러면서 나이스가 막막하게 느껴졌던 이유도 분명해졌다. 그것은 기능이 복잡해서가 아니라, 이 시스템의 전체 흐름을 한 번에 짚어 주는 설명이 없었기 때문이다.

    나이스는 학교 업무의 출발점이자 교사가 매일 접하게 되는 행정 처리 시스템이다. 처음 업무를 맡은 신규교사에게는 이 화면이 곧 학교 행정의 얼굴처럼 느껴진다. 여기에서는 나이스 화면이 어떻게 구성되어 있는지부터 가장 기본적인 기능까지 차근차근 살펴보며, 전체 구조를 한눈에 그릴 수 있도록 정리하였다.

    또 많은 신규교사가 궁금해하는 급여 명세서를 함께 짚으며, 기본급과 각종 수당이 무엇을 의미하는지 이해할 수 있도록 돕는다. 이어서 실제 사용 빈도가 높은 복무 메뉴를 중심으로 병가·연가·공가·특별휴가의 개념과 처리 방식, 초과근무 처리 방법까지 교사가 알아두어야 할 근무 언어의 기초를 정리한다.

나이스의 기본 구조

신규교사 백 선생이 조회 시간 출석을 부르는데, 평소 늘 제자리에 앉아 있던 학생 한 명이 보이지 않았다. 보호자에게 전화했더니 몸이 좋지 않아 병원에 다녀온다고 한다. 병결로 처리하면 되는 건지, 혹시 다른 절차가 필요한 건 아닌지 머릿속이 복잡해졌다. 결국 백 선생은 교무실로 내려와 옆 반 담임 선생님에게 조심스럽게 물었다.

"이런 경우에는 어떻게 하면 될까요?"
"그건 질병지각으로 나이스에 입력하시면 돼요."

옆 반 담임 선생님의 설명은 간단명료했지만, 그 안에 담긴 정보는 생각보다 많았다. '질병지각', '나이스', '입력'. 어디에 들어가야 하는지,

어떤 항목을 선택해야 하는지, 무엇부터 눌러야 하는지 이해가 되지 않았다. 다시 묻기에는 너무 기초적인 질문처럼 느껴져 말이 쉽게 나오지 않았다.

결국 백 선생은 자신의 자리로 돌아왔다. 나이스에 접속하니 화면에는 '교과담임', '학급담임' 같은 메뉴들이 줄지어 있었고, 좌측에는 또 다른 목록들이 빼곡했다. 출결과 관련된 것 같기도 하고, 아닌 것 같기도 한 메뉴들 앞에서 마우스가 한동안 움직이지 않았다.

처음 나이스를 접하는 신규교사라면 누구나 비슷한 순간을 겪는다. 나이스NEIS는 학교 행정 전반을 통합 관리하는 시스템으로, 교사 개인의 인사 정보와 복무, 급여 명세서 조회는 물론 학생의 학적·출결·생활기록부·성적 관리까지 대부분의 교사 업무가 이 안에서 이루어진다. 처음에는 메뉴가 많아 복잡해 보이지만, 자주 쓰는 기능부터 하나씩 익히다 보면 생각보다 빠르게 손에 익는다. 당장 모든 기능을 이해하려 애쓰지 않아도 괜찮다. 실제로 매일 사용하는 메뉴는 한정되어 있고, 그 범위 안에서는 금세 익숙해진다. 나이스를 큰 틀에서 먼저 이해하면 기본 구조와 자주 사용하는 메뉴의 위치가 자연스럽게 보이기 시작한다. 가능하다면 나이스 화면을 켜 놓고 하나씩 눌러보면서 따라가 보자.

나이스 기본 화면

★ 나이스 기본 화면

나이스에 접속하면 화면 가장 상단에 나의 업무와 관련된 메뉴들이 보인다. 교과를 맡고 있다면 교과담임, 담임교사라면 학급담임, 스포츠클럽을 담당하고 있다면 동아리담임, 자유학기 수업을 맡고 있다면

자유학기담임 메뉴가 나타난다. 여기에 업무에 따라 독서, 평가, 학적 같은 메뉴가 추가되기도 한다.

이 메뉴들은 모든 교사에게 똑같이 보이는 것이 아니다. 학교에서 나이스 업무를 관리하는 담당자가 교사의 업무분장에 맞게 메뉴를 설정한다. 백 선생은 독서 업무를 맡아 독서 메뉴가 상단에 보이지만, 다른 업무를 맡은 교사는 전혀 다른 업무 메뉴가 화면에 나타난다. 그래서 같은 학교 교사라도 맡은 역할에 따라 상단에 보이는 메뉴 구성이 서로 다를 수 있다.

좌측 상단의 승인사항 메뉴는 내가 올린 문서가 어디까지 결재가 진행되고 있는지를 확인하는 공간이다. 신규교사가 가장 자주 확인하게 되는 곳은 '상신함'이다. 상신함에서는 내가 상신한 문서들이 현재 어떤 상태인지 한눈에 볼 수 있다. 예를 들어 연가, 병가, 연수 신청과 같은 복무 문서를 올렸을 경우, 결재가 진행 중인지 이미 완료되었는지, 혹은 반려되었는지를 여기서 확인한다. 내용을 잘못 작성했거나 첨부파일을 빠뜨렸다면, 결재가 시작되기 전에 상신함에서 회수한 뒤 다시 수정해 올리면 된다. 만약 결재가 끝난 상황이라면, 기결취소를 상신하여 문서를 취소할 수 있다. 승인사항 메뉴는 자주 들여다볼 필요는 없지만, 복무와 관련된 문서를 올린 뒤에는 반드시 상신함을 한 번 확인해 결재가 정상적으로 진행되고 있는지를 점검하는 것이 좋다.

좌측 하단의 기본메뉴에는 교사 개인에게 필요한 메뉴들이 모여 있다. 특히 자주 쓰게 될 메뉴는 '복무'다. 이곳에서 시간외근무 신청, 출장이나 연가, 병가 등 복무 신청이 가능하다. 교내 선생님들의 근무 상황도 한눈에 확인할 수 있다. '급여' 메뉴에서는 매달 나의 급여 명세서를 조회할 수 있다. 이외 궁금한 메뉴들도 한 번씩 눌러 보며 나이스와 친해지면 좋을 것이다.

좌측 돋보기를 누르면 필요한 메뉴명을 바로 검색할 수 있다. 나이스는 워낙 메뉴가 많아서 자주 들어가는 메뉴명은 기억해 두었다가 검색 기능을 활용해서 편리하게 접근할 수 있다.

★ 나이스 메뉴 검색 방법

교과담임 메뉴 살펴보기

★ 나이스 교과담임 메뉴

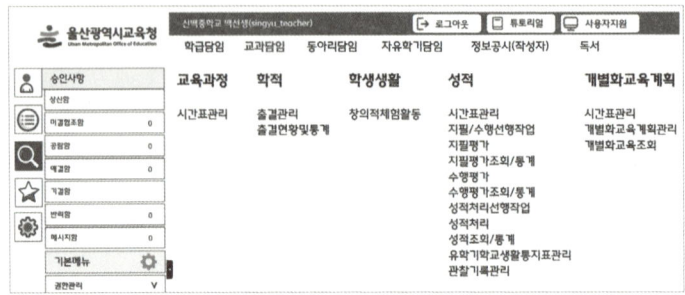

교과담임 메뉴는 교과교사가 평가 준비와 성적 입력, 학생 기록을 남길 수 있는 탭들로 구성되어 있다. 이곳에서 학생의 성적을 관리하고 입력하면 나이스 상에서 자동으로 계산되어 학기 말 성적표까지 출력할 수 있고, 학생 생활기록부에도 반영시킬 수 있다. 나이스는 유기적으로 연결되어 있다는 것을 이해하자.

지필평가의 경우, '지필/수행선행작업'과 '지필평가' 탭을 활용하여 지필평가 문항 정보 등록부터 OMR카드 리딩 결과 업로드, 채점까지 나이스에서 진행한다. 수행평가의 경우에는 문항 정보 등록과 채점 시 나이스를 사용하지 않아도 되지만, 평가 후 점수를 '수행평가' 탭에 들어가 입력해야 한다.

학생들의 점수는 '지필평가조회/통계'와 '수행평가조회/통계'에서 조회할 수 있다. 한 학기 동안 학생들의 점수가 모두 입력되었다면 학기 말에는 '성적처리' 탭에서 성적을 처리하여 등급을 산출하고 성적표를 출력할 준비를 한다. 한 학기 동안 수업 중 학생 관찰 내용을 기록하는 과목별 세부능력 및 특기사항도 이곳 '성적처리' 탭에서 입력할 수 있다. 성적처리는 학기 말에 평가 관련 부서의 안내를 따르면 어렵지 않게 할 수 있을 것이다.

학급담임 메뉴 살펴보기

★ 나이스 학급담임 메뉴

다음으로 학급담임 메뉴를 알아보자. 학급담임 메뉴에서는 학적, 학생생활, 학생부, 상담관리 탭을 가장 많이 사용하게 된다. 학생의 출결 기록은 학적 메뉴의 '출결관리'에서 한다. 기록한 출결은 한 달 단위로 나이스에서 마감하고, 매월 말일에 출결 담당 교사에게 서류를 출력하여 제출해야 한다.

출결관리가 매일 들어가 봐야 할 곳이라면, 학생생활은 학기 말 자주 드나들게 되는 곳으로 학생 생활기록부를 작성할 때 사용한다. 학생생활 메뉴의 '창의적체험활동'에서 말로만 듣던 생활기록부의 자율, 동아리, 봉사, 진로 활동 기록을 입력할 수 있다. '행동특성및종합의견'에서는 생활기록부의 꽃인 담임의 종합 관찰 결과를 입력한다. 학생에 대한 누가기록 입력도 이 탭에서 가능하다.

학생부의 '학교생활기록부' 탭에서는 학생의 생활기록부를 조회하고 출력할 수 있다. 학생의 이전 연도 생활기록부를 열람할 수 있기에 학생 지도나 학업 상담에 활용할 수 있다. 학기 말에는 올해 작성한 생활기록부 기록이 오류가 없는지 이 탭에서 출력하여 확인할 수 있다.

⭐ **나이스 학교생활기록부 메뉴**

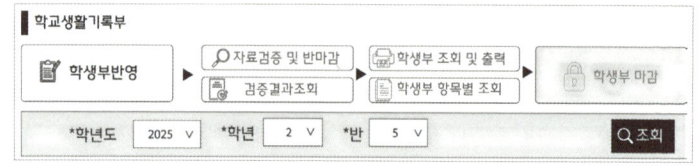

신규교사를 위한 실전 팁

첫해에는 이렇게 많은 메뉴와 기능을 언제, 어떻게 써야 하는지 감이 잡히지 않을 수 있다. 혹시 내가 몰라서 중요한 일을 놓치거나 실수하는 건 아닐지 걱정이 앞서기도 한다. 하지만 꼭 입력해야 하는 내용은 필요한 시기가 되면 각 부서의 담당자가 안내 메시지를 통해 알려준다. 너무 앞서서 모든 기능을 익히려 애쓰거나, 미리부터 불안해할 필요는 없다.

그래도 나이스가 막막하게 느껴지는 선생님들을 위해, 비교적 빠르게 익히는 방법을 알아보도록 하자. 출발점은 나이스의 메뉴들이 서로 따로 존재하는 것이 아니라, 유기적으로 연결되어 있다는 점을 이해하는 것이다. 예를 들어 시간표 업무 담당자가 나이스에 학교 시간표를 입력하면, 담임교사는 그 정보를 바탕으로 학생의 출결을 기록할 수 있다. 담임교사가 출결을 입력하면 동아리나 스포츠 담당 교사가 활동 기록을 작성할 때 학생의 결석 여부가 자동으로 표시되기도 한다.

교과 업무 역시 같은 구조 안에 있다. 수행평가 점수를 입력하려면 먼저 수행평가의 명칭과 반영 비율을 등록해야 하고, 지필평가도 문항 정보표 탭에서 정답과 배점을 입력한 뒤 학생 OMR카드 리딩 파일을 업로드해야 채점 탭에서 자동 채점이 가능해진다. 이처럼 앞선 작업이 뒤의 작업을 가능하게 하는 구조를 알고 나면, 나이스의 여러 메뉴가 무작위로 흩어져 있는 것이 아니라 일정한 순서를 가지고 배치되어 있다는 점이 보이기 시작한다.

나이스는 교사와 학생의 다양한 정보를 저장하고 처리해 학교 업무를 돕도록 설계된 시스템이다. 따라서 모든 탭에는 나름의 역할이 있고, 각 메뉴는 서로 연결되어 있다. 신규교사가 할 수 있는 가장 좋은 연습은 각 탭을 한 번씩 눌러 보며 어떤 정보를 다루는 공간인지 가늠해보는 것이다. 나이스를 알면 학교 업무의 전체 흐름을 알 수 있다.

작고 소중한 월급 지키기, 급여명세서 보는 법

신규교사 백 선생은 두근거리는 마음으로 생애 첫 급여명세서를 열었다. 그런데 세부 내역들이 생각보다 복잡했다. 본봉이 월급인 것 같은데, 정근수당가산금? 교직수당? 이런 수당이 왜 붙는 걸까? 백 선생은 무엇이 수입이고 무엇이 세금인지도 구분하기가 어려웠다.

⭐ **급여명세서**

급여지급년월 2025년 3월
[신백중학교] [국공립교원/교사/ 9호봉/ 1년]

공무원 구분	행정부국가공무원	급여관리 구분	호봉제	급여 직종	국공립교원	최초 임용일	2025. 03. 01
기관명	신백중학교	급여관리 기관	신백교육지원청	직위	교사 (중등)	현직급 임용일	2025. 03. 01
보직 구분	담임교사	담당과목	도덕·윤리	교원 구분	교사 (중학교)	현직위 임용일	2025. 03. 01

[세부 내역]

급여내역		세금내역		공제내역	
본봉	2,365,500	소득세	74,350	일반기여금	279,960
정근수당가산금	30,000	지방소득세	7,430	건강보험	94,550
정액급식비	140,000			노인장기요양보험	12,240
교직수당	250,000			교직원공제회비	30,000
교직수당(가산금4)	200,000				
시간외근무수당(정액분)	120,030				
시간외근무수당(초과분)	36,010				
급여총액	3,141,540	세금총액	81,780	공제총액	416,750
실수령액			2,643,010		

급여내역		계산 근거
본봉	2,365,500	[당월][본봉] 계급(교사) 호봉(9호봉)
정근수당가산금	30,000	[당월][유형별수당-정근수당가산금] (기준1-근무연수) 0
정액급식비	140,000	[당월][유형별수당-정액급식비] (기준1-급여관리구분) 호봉제
교직수당	250,000	[당월][유형별수당-교직수당] (기준1-교원직급) 중고등학교교사
교직수당(가산금4)	200,000	[당월][유형별수당-교직수당(가산금4)] (기준1-보직구분) 담임교사
시간외근무수당(정액분)	120,030	[당월][초과근무수당-정액분] 전월 정액시간(10) 전월 근무일수(19) 전월 계급(교사) 전월 호봉(9호봉) 전월 초과근무단가(12003.00)
시간외근무수당(초과분)	36,010	[당월][초과근무수당-초과분] 전월 초과시간(17) 전월 계급(교사) 전월 호봉(9호봉) 전월 초과근무단가(12003.00) 전월 연가보상비 초과분(168040)

급여명세서는 크게 급여내역, 세금내역, 공제내역으로 나뉜다. 급여내역은 교사가 받을 수 있는 수입 항목들이고, 세금내역과 공제내역은 월급에서 빠져나가는 항목들이다. 급여내역의 총합에서 세금내역과 공제내역의 총합이 제외된 금액이 최종적으로 교사 통장에 들어오는 실수령액이 된다. 급여내역, 세금내역, 공제내역 각 파트에서 등장할 수 있는 세부 내역들을 하나씩 살펴보자.

매달 받을 수 있는 급여내역

본봉

본봉은 교사의 기본급으로, 계급과 호봉에 따라 정해진다. 다른 경력이 전혀 없는 중등 신규교사의 경우, 사범대학을 졸업하면 9호봉, 교직 이수로 교원자격증을 받으면 8호봉에서 시작한다. 2026년 교원 호봉획정표 기준 8호봉 본봉은 2,478,600원, 9호봉 본봉은 2,495,600원이다. [2]

정근수당가산금

정근수당가산금은 근무 연수에 따라 매월 추가로 지급되는 고정 수당이다. 2024년부터 저연차 공무원도 월 3만 원을 받을 수 있도록 확

---

2) 인사혁신처, 2026년 직종별 공무원 봉급표

대되면서 신규교사 급여명세서에도 매월 등장한다. 정근수당과 마찬가지로 근무 기간이 길수록 금액이 올라가는데, 5년 미만 30,000원에서 시작하여 20년 이상 근무 시 최대 100,000원까지 오른다.

정액급식비

정액급식비는 교직원 급식을 위한 정액 지원비로 통장에 들어오지만, 학교가 스쿨뱅킹으로 다시 출금한다. 즉, 명세서에는 찍히지만 실질적 여유자금은 아니다. 2026년 기준 월 160,000원이 고정 지급된다.

교직수당과 교직수당 가산금

교직수당은 교사에게 기본적으로 지급되는 직무 수당으로, 월 250,000원 지급된다. 교직수당 가산금은 담임교사, 보직교사 등 추가 역할을 수행할 때 지급된다. 담임교사 수당은 월 200,000원이며, 보직교사는 월 150,000원이다.

시간외근무수당 정액분, 초과분

시간외근무수당은 정액분과 초과분으로 나뉜다. 정액분은 교사가 일일이 기록하기 어려운 일상적인 짧은 초과근무를 보상하기 위해 월 정액으로 지급되며, 월 10시간분을 초과근무 한다고 가정하여 지급한다. 단, 근무 일수가 15일 미만이면 감액된다.

초과분은 승인된 초과근무 시간을 기준으로 지급되며, 전월 실근무 시간이 다음 달 명세서에 반영된다. 2026년 시간외근무수당 단가는

19호봉 이하 교사 기준 시간당 약 1만2천 원대 후반으로 책정될 것으로 예상된다. [3)]

교원연구비

교원연구비는 교사의 교육활동과 연구 활동을 지원하기 위해 매월 지급되는 금액이다. 중등 신규교사의 경우 월 75,000원이 지급되며, 도서벽지 근무 교원의 경우 3,000원이 가산된다. 교원연구비는 급여명세서에 포함되어 지급되기도 하고, 별도로 입금되는 학교도 있어 지급 방식은 기관마다 다를 수 있다.

가족수당

가족수당은 배우자나 자녀 등 부양가족이 있는 교원에게 추가로 지급되는 수당이다. 배우자는 월 40,000원, 자녀는 첫째 50,000원, 둘째 80,000원, 셋째 이후부터는 120,000원이 지급된다. 배우자·자녀 외의 부양가족이 있을 경우에는 1인당 20,000원을 받을 수 있으며, 부부가 모두 교원일 경우 한쪽에만 지급된다.

---

3) 2026년 시간외근무수당 단가는 「공무원수당 등에 관한 규정」의 산정식(기준호봉 봉급액 × 55% ÷ 209 × 150%)에 따라 계산하였다. 19호봉 이하 교사는 18호봉을 기준호봉으로 적용하며, 2025년 교원봉급표의 18호봉 기본급(3,131,900원)에 정부가 발표한 2026년 3.5% 인상률을 반영하여 3,241,500원으로 조정한 뒤 산식에 대입하면 시간당 약 12,794원이 된다.

특정 월에 받을 수 있는 급여 항목

매달 급여명세서에 반복해서 찍히는 항목도 있지만, 특정한 달에만 받을 수 있는 급여도 있다. 이런 내역이 있는 달에는 월급을 받는 즐거움이 조금 더 커지기도 한다.

정근수당

정근수당은 매년 1월, 7월에 지급되는 근속 수당으로, 근무 연수에 따라 본봉의 일정 비율을 지급한다. 2년 미만의 경우 월봉급액의 10%, 5년 미만은 월봉급액의 20% 정도로 꾸준히 상승하며, 10년 이상 근무할 시 최대 월봉급액의 50%까지 오른다. 저연차 때는 정근수당이 포함되었는지도 모르고 지나갈 수도 있지만, 연차가 쌓일수록 은근히 쏠쏠한 금액이 들어온다.

명절휴가비

명절휴가비는 설이나 추석 당일 재직 중일 때 지급되며, 본봉의 60%를 받을 수 있다. 신규교사는 9호봉 기준 1,497,360원을 받을 수 있다.

성과상여금

일 년 중 가장 많은 금액을 보너스로 받는 달은 바로 성과상여금이 나오는 달이다. 작년 업무 성과에 따라 S, A, B 등급으로 나누어 등

급별 차등 지급된다. 학교별로 차등 지급률이 달라 등급별 차등 금액은 조금씩 다를 수 있다. 2025년 차등 지급률 70% 기준 S등급은 5,253,760원, A등급은 4,120,430원, B등급은 3,270,440원이다. 성과상여금은 연 1회 3월 말에 받을 수 있다.

세금내역과 공제내역

세금내역은 소득세, 지방소득세가 있다. 소득세는 나의 소득에 비례하여 매달 원천징수되는 세금이다. 추후 연말정산을 통해 정확한 세금이 책정되면 돌려받기도 하고, 더 내기도 한다. 지방소득세는 소득세액의 10%에 해당하는 세금이다.

공제내역에는 어떤 항목이 등장할까? 일반기여금은 공무원연금 납입금이며 의무 공제다. 건강보험은 진료비 혜택을 위해 의무적으로 내는 금액이며, 장기요양보험은 고령이나 질병으로 고생하는 노인을 지원하기 위해 의무적으로 내는 금액이다. 교직원공제회비는 본인이 교직원공제회에서 선택한 상품과 금액에 따라 자동 공제되는 항목으로, 교사가 직접 결정하는 저축 개념이다. 이외에도 본인의 상황에 따라 교원단체 회비인 교원연합회비, 학교 내 친목회비, 취업 후 학자금 상환 등의 금액이 공제될 수 있다.

공무원의 월급날은 매달 17일이다. 다만 17일이 주말이나 공휴일인 경우는 그보다 앞선 평일에 지급된다. 따라서 우리의 작고 소중한 첫 월급도 대개 3월 중순, 17일쯤에 입금된다. 첫 월급을 받은 뒤에는 급여명세서를 한 번쯤 꼼꼼히 살펴보고, 월급이 어떤 항목으로 구성되어 있는지 확인해두는 것이 좋다. 급여는 개인의 계산 착오뿐 아니라 행정 처리 과정에서의 누락이나 입력 실수로 실제 받아야 할 금액보다 적게 지급되는 경우도 종종 있다. 이런 경우에는 행정실에 문의하면 미지급된 금액을 최대 3년까지 소급하여 받을 수 있다. 다만 급여명세서를 확인하지 않은 채 시간이 지나 뒤늦게 알게 되면, 이미 소급 기간이 지나 돌려받지 못할 수도 있다. 그래서 급여명세서를 읽는 방법을 미리 알아두는 것이 필요하다.

내 월급,
어디까지 빠져나간 거죠?

선생님은 아프면 어떻게 해요?
교사 복무의 모든 것

3월 초, 신규교사 백 선생은 갑작스러운 복통에 교무실 책상에 기대어 앉았다. 며칠 전부터 배가 살살 아프더니, 이날은 수업 중에도 식은 땀이 날 정도로 통증이 심해졌다. 결국 부장교사에게 조심스레 "병원에 다녀오고 싶습니다."라고 말씀드렸다. 그런데 부장교사의 다음 말은 쉽게 이해되지 않았다.

"네 선생님, 복무 상신하고 다녀오세요."

수업만 피해서 잠깐 다녀오면 되는 줄 알았는데, 복무는 무엇이고 상신은 무엇일까? 3월의 신규교사는 아파도, 급한 개인 용무가 생겨도 쉽게 자리를 비우기 어렵다. 복무를 어떻게 처리해야 하는지 모르기 때문이다. 교사는 근무 시간 중 외출하거나 조퇴나 결근을 해야 할 상황이라면 반드시 복무를 올리고 결재받아야 한다. 여기서 말하는 복무는 교사의 출퇴근과 근무 시간 중 이동을 포함한 근무 상태 전반을 의미한다. 그리고 상신은 이러한 복무 내용을 나이스에 입력하여 기관장 결재를 받는 절차를 말한다. 즉, 병원에 잠시 다녀오는 일이라도 근무 시간 중에 학교를 벗어난다면, 그 사실을 나이스에 기록해야 한다.

이 절차는 모든 교사에게 익숙한 기본 업무이지만, 처음 교직 생활을 시작한 신규교사에게는 특히 낯설고 헷갈리기 쉽다. 이런 상황에서 당황하지 않도록, 복무의 기본적인 종류와 처리 흐름을 차근차근 살펴보겠다.[4]

근무 상황별 복무의 유형

학교에서 사용하는 복무는 상황에 따라 여러 유형으로 나뉜다. 어떤 상황에서 어떤 복무를 선택하는지 감을 잡아두면 좋다. 아래 복무는 하루를 통으로 사용할 수도 있고, 시간을 쪼개어 사용할 수도 있다.

연가는 개인 사유로 휴무가 필요한 경우 사용하는 복무다. 가족의 병원 진료에 동행해야 하거나, 관공서 업무를 처리해야 하거나, 기타 개인적인 사유로 사용한다. 연가는 학교장의 승인을 거쳐 실시할 수 있고, 특별한 사유가 없는 한 수업일을 제외하여 실시하는 것이 원칙

---

4) '국가공무원 복무·징계 관련 예규', '교원휴가에 관한 예규', '공무원보수 등의 업무지침'에 따름.

이다. 교사는 수업 시간표 때문에 연가를 사용하는 것이 현실적으로 어렵다. 만약 꼭 연가 사용이 필요한 상황이 발생한다면, 학교장 승인을 받고 수업을 교체하고 가는 경우가 일반적이다.

병가는 질병이나 부상으로 근무가 어려운 상황에서 사용한다. 병가 일수가 연간 6일을 초과하면 의사의 진단서를 첨부하여야 한다.

공가는 공적 사유로 근무할 수 없는 상황에서 사용하는 복무다. 태풍이나 폭설로 등교 자체가 어려운 상황, 1급 정교사 자격 유지를 위해 반드시 이행해야 하는 마약 검사·신체검사 같은 법정 검진, 국가적인 행사 참가 등이 공가에 해당한다.

특별휴가는 규정에서 정해 둔 특정 상황에 적용되는 복무로, 여성 교원의 생리휴가, 임신기 검진 휴가, 출산 전후 휴가, 입양휴가, 경조사 휴가, 장기재직휴가 등이 대표적이다. 부모나 자녀 돌봄으로 특별휴가를 허용하는 학교도 있다.

경조사휴가도 특별휴가의 일종이다. 가족의 결혼과 장례와 같은 경조사 발생 시 사용할 수 있는 복무다. 부모·조부모의 장례, 형제·자매의 결혼식 등이 대표적이며, 가족관계에 따라 사용이 가능한 일수가 정해져 있다.

최근에는 장기재직휴가를 학기 중에도 사용할 수 있도록 관련 규정이 개정되었다. 장기재직휴가는 일정 기간 이상 재직한 교원이 재충전과 자기 돌봄을 목적으로 사용할 수 있도록 마련된 휴가 제도다. 일반적으로 재직 10년 이상인 교원에게 5일, 재직 20년 이상인 교원에게 10일의 장기재직휴가가 부여된다.

기존에는 방학 중에 사용하도록 운영되는 경우가 많았으나, 규정 개정 이후에는 학기 중에도 학교 여건과 업무 상황을 고려해 사용할 수 있게 되었다. 다만 장기재직휴가는 개인의 희망만으로 바로 사용할 수 있는 복무는 아니다. 수업과 업무에 공백이 생길 수 있기에 관리자와의 사전 협의가 필요하며, 특히 수업이 있는 교사의 경우에는 수업 조정이나 보강 계획을 함께 논의해야 한다. 학교와 교육청에 따라 운영 방식에 차이가 있을 수 있으므로, 실제 사용 전에는 반드시 소속 학교의 안내를 확인해야 한다.

초과근무는 정해진 근무시간 이후에 업무를 수행하는 경우를 말한다. 평일 초과근무의 경우 1시간은 식사 시간으로 간주해 제외되므로, 실제로는 1시간 이상 근무해야 초과근무로 인정된다. 예를 들어 2시간 동안 초과근무를 하더라도 1시간만 인정되는 방식이다. 이렇게 인정된 초과근무 시간에 대해서는 시간외근무수당이 지급된다. 초과근무를 인정받기 위해서는 학교에 따라 사전에 행정실로 가서 지문 인식 등록을 해 두어야 하는 경우가 있다.

복무 상신은 나이스 '복무-개인근무상황관리' 메뉴에서 할 수 있다. 먼저 본인이 신청할 복무의 종류를 선택하고, 날짜와 시간, 사유, 목적지를 입력하면 된다. 병가나 공가처럼 증빙서류가 필요한 복무는 진단서, 소견서, 검사 결과지 등을 함께 첨부해야 할 수 있다. 사유는 '병원 진료', '겸임 근무', '연수 참석'과 같이 간단하게 작성하면 된다. 입력이 끝났다면 결재경로를 확인하여 승인 요청한다.

모든 복무는 사전에 관리자의 허락을 받는 것이 좋다. 일반적으로는 교감 선생님에게 구두로 허락받은 후 나이스에 복무를 상신한다. 수업이 없을 때 자리를 비우면 가장 좋겠지만, 그렇지 못한 경우에는 시간표 업무 담당 교사에게 수업 교체 혹은 보강 처리를 부탁드려야 할 수 있다. 만약 개인 사정으로 빠진 수업에 다른 선생님이 보강을 들어가게 된다면 감사하다는 인사를 꼭 전하는 것이 도리이다.

용어 설명

① **연가**: 개인 사유로 필요한 경우 사용할 수 있는 휴가

② **병가**: 질병이나 부상으로 근무가 어려운 상황에서 사용할 수 있는 휴가

③ **공가**: 공적 사유로 근무할 수 없는 상황에서 사용할 수 있는 휴가

④ **특별휴가**: 경조사휴가, 육아휴직, 장기재직휴가 등 규정에서 정해둔 특별한 상황에서 사용할 수 있는 휴가

⑤ **초과근무**: 정해진 근무시간 이후에 업무를 수행하는 경우

출장 신청과 여비 정산

교사는 학교에만 머무는 것이 아니라 연수, 겸임 근무, 가정방문 등 정규 근무지 외 장소로 출장을 가야 하는 경우가 생긴다. 출장을 갈 때도 결재받은 후 다녀와야 한다. 출장은 관내출장과 관외출장으로 나뉜다. 관내출장은 근무지와 동일한 시·군·구 및 섬 안에서 이동하는 출장

으로, 교육지원청 방문, 인근 학교 연수 참석, 관내 협의회 참관이 대표적이다. 관외출장은 근무하고 있는 시·군·구 및 섬 지역을 벗어난 출장으로, 연수원 직무연수, 다른 지역 학교 방문, 외부 기관 워크숍 참석 등이 이에 해당한다.

출장을 가기 전에는 나이스 '복무-개인출장관리' 메뉴에서 출장을 신청해야 한다. 출장 종류, 기간, 출장지, 목적을 입력하고, 공용차량 이용 여부와 여비지급 여부 등을 선택한다. 이동사항 란에 공문 번호를 기록하는 것이 일반적이다. 입력이 끝났다면 출장 결재경로를 확인하고 상신한다.

관내출장은 4시간 미만 1만 원, 4시간 이상 2만 원의 출장비가 지급된다. 1일 이내에 근무지 내 출장을 2회 이상 간 경우에도, 출장비 합산액은 2만 원을 넘지 못한다. 출장을 다녀온 뒤에는 여비 정산을 통해 출장 시 사용한 여비를 받을 수 있다. 학교 행정실에서 주는 여비 정산 신청서 양식을 채워서 행정실로 제출하면 된다. 출장 일정과 경로, 정산해야 할 항목(교통비·식비·숙박비 등)을 입력하고 해당 영수증과 증빙자료를 첨부한다.

관외출장은 교통비, 식비, 숙박비, 일비가 지급될 수 있다. 비용은 학교 여비 규정에 따라 산정되므로 행정실에서 안내하는 기준을 미리 확인하는 것이 좋다. 자가용 이용 시 고속도로 통행영수증, 출장지 소재 주유소에서 결제한 영수증, 주차영수증 등을 서류로 제출해야 하니 미리 챙겨야 한다. 관외출장 숙박비의 경우에는 숙박영수증이 필요하다.

용어 설명

① **관내출장(근무지 내 출장)**
  : 근무하고 있는 시·군·구 및 섬 안에서의 출장

② **관외출장(근무지 외 출장)**
  : 근무하고 있는 시·군·구 및 섬 지역을 벗어난 출장

③ **출장 신청**: 출장을 가기 전 결재를 받는 절차

④ **여비 정산**: 출장 후 실제 발생한 비용을 증빙과 함께 정산하는 절차

외부 강의와 대학원 수강

교사가 외부 강의에 나가거나 대학원을 수강하는 등 학교 밖에서 활동할 때가 있다. 교사의 근무 시간 내 외부 강의는 원칙적으로 금지된다. 그러나 직무수행과 관련성이 있는 경우, 해당 기관의 기능수행 및 국가정책수행 목적상 필요한 경우, 그 외 학교장이 인정하는 경우 허용된다. 물론 업무에 지장이 없는 범위 내에서 허용되며, 반드시 강의 요청 기관의 공문서가 필요하다. 강의료를 받는 경우 학교장에게 신고해야 하는데, 국가나 지방자치단체, 국공립대학 및 특수학교, 국공립 초중등학교는 신고 대상에서 제외된다. 대학 시간강사, 겸임교수 위촉이나 혹은 1개월을 초과하여 출강할 경우는 지속성이 인정되므로 겸직 허가를 받아야 한다.

교사의 대학원 수강은 내부적으로 권장되는 분위기며, 실제로 많은 교사가 석사 이상의 학위를 보유하고 있다. 주간 대학원을 수강할 때는 학교장 허락을 받고 외출, 조퇴, 연가 등을 활용해 다녀올 수 있다. 야간제나 계절제 대학원을 수강할 때는 학교장 허락을 받아 출장(연수)으로 처리하고 다녀온다.

학위를 승진 서류 제출 시 인정받기 위해서는 소속 상관의 허락을 받았다는 증명이 되어야 한다. 정당한 복무 이행을 입증할 수 있는 내부결재 공문, 혹은 근무상황부 사본 등이 필요할 수 있다. 그러므로 대학원 수강은 꼭 학교장의 허락을 받아 복무를 결재하고 다니는 것이 좋다.

교사의 방학, 41조 연수와 공무 외 국외여행

방학 중 상신하는 복무도 따로 있다. 교사는 교육공무원법 제41조(연수기관 및 근무장소 이외에서의 연수)[5]에 근거하여 방학 중 학교에 출근하지 않고 이외 장소에 머물 수 있다. 따라서 교사들은 방학 중 자택 혹은 근거지에서 연수, 수업 자료 준비, 개인적인 활동을 하며 근무할 수 있다.

방학 중 공무가 아닌 개인적인 해외여행을 계획하는 신규교사도 많

---

5) 교원은 수업에 지장이 없는 한 소속기관의 장의 승인을 얻어 연수기관 또는 근무 장소 이외의 시설 또는 장소에서 연수할 수 있다.

을 것이다. 그러나 방학 중 교사는 공식적으로 41조 연수 중이므로 허가 없이 함부로 근무지를 이탈해서는 안 된다. 교사가 방학 중 해외여행을 가려면 방법은 두 가지이다. 연가를 사용하거나 혹은 국외자율연수를 신청하는 것이다.

국외자율연수는 별도 신청서와 보고서를 작성해야 한다. 양식은 시도교육청별로 구비되어 있기에 관리자에게 보고한 후 양식을 받아 작성해서 제출하면 된다. 신청 절차가 까다롭지 않기 때문에 연가 일수가 부족한 신규교사가 적극적으로 활용하면 좋다.

신규교사가 발령받자마자 해외여행을 가는 것이 보기에 좋지 않게 비칠까 걱정될 수 있지만, 크게 염려할 필요는 없다. 교사는 학기 중에는 수업 시간표로 인해 연가를 사용하는 데 제약이 많아, 방학을 이용해 해외여행을 다녀오는 경우가 흔하다. 방학이 가까워지면 교무부에서 방학 중 연수나 공무 외 국외여행 계획이 있는지 확인하는 안내가 오는데, 그때 관련 내용을 전달하면 된다. 단, 병가 기간 중 해외여행을 하거나 학기 중 평일에 연가로 해외여행을 가는 것은 불가능하다. 병가 기간 중 해외여행은 징계 사유가 될 수 있고, 학기 중 평일 연가는 수업에 지장을 줄 수 있기 때문이다.

★ 12장 ★

K-에듀파인

12장. K-에듀파인

"이건 예산 집행이라 에듀파인으로 품의 올려야 해요. 작년 기안문 재작성하면 금방 끝나요."

'품의? 기안문 재작성?' 백 선생은 마치 외국어를 듣고 있는 기분이었다. 교실에서의 일들은 꽤 자연스러워졌지만, 교무실에서 오가는 행정 용어는 여전히 익숙지 않았다. 특히 K-에듀파인에 접속하는 순간 또 하나의 세계가 펼쳐졌다. 학교회계, 품의등록, 재정기안… 모든 화면이 돈과 연결된다는 사실이 특히 부담스러웠다. 괜히 잘못 눌러 예산을 잘못 쓰면 어쩌나 걱정되는 마음도 들었다. 실제로 첫 품의를 올렸을 때는 배송비가 빠져 있다는 행정실 연락을 받기도 했다. 물품명, 단가, 수량은 정확했지만, 배송비가 있다면 따로 입력해야 한다는 사실을 몰랐다. 신규교사가 한 번쯤 겪는 전형적인 실수였다.

하지만 에듀파인 업무도 알고 보면 생각보다 어렵지 않다는 것을 느낄 것이다. 해마다 비슷한 품의가 반복되고, 기안문 양식도 크게 달라지지 않는다. 전임자의 기안문을 검색해 보면 일 년 업무 흐름이 자연스럽게 보이고, 기존 문서를 재작성해 올해에 맞게 고쳐 쓰는 것만으로도 대부분 업무가 해결된다.

신규교사에게 넘어야 할 산처럼 느껴지는 K-에듀파인 사용의 기본기를 차근차근 익히도록 구성했다. 여러 공문을 접하고 기안을 한두 번 수정하다 보면 금세 흐름이 보이기 시작한다. 처음에는 "이걸 어떻게 하지?"라는 생각이 앞서지만, 어느 순간 "아, 이건 이렇게 했었지" 하고 자연스럽게 떠올리게 될 것이다.

교육행정 기본,
용어 이해하기

"이 건은 학년부 선생님들 공람으로 설정하고, 메신저로 한 번 안내하는 게 좋습니다. 예산이 들어가는 부분은 행정실 협조를 거쳐 품의를 올리면 됩니다."

교무실에서 업무 이야기를 하다 보면 이런 말이 자연스럽게 오간다. 부장교사는 특별히 설명을 덧붙이지 않았다. 이미 여러 번 반복해 온 방식이었고, 교무실에서는 이 정도 말이면 충분하다고 여겨지기 때문이다. 문장은 짧았지만, 그 안에는 서로 다른 두 가지 행정 절차가 함께 담겨 있었다. 하나는 문서를 누가 확인해야 하는지에 관한 이야기였고, 다른 하나는 결재를 어떤 경로로 받아야 하는지에 관한 이야기였다.

신규교사 백 선생에게도 이 말이 낯설지는 않았다. 다만 바로 정리되지 않았을 뿐이다. 학년부 선생님들에게 보여줘야 하는 문서이니 공람을 설정하고, 예산이 들어가니 결재경로에 행정실 협조를 넣어 품의를 올리면 된다는 것. 각각의 말은 익숙했지만, 공람과 협조가 서로 다른 성격의 일이라는 점, 그리고 메신저 안내가 왜 별도로 필요한지까지 한 번에 떠올리기는 쉽지 않았다.

학교에서는 효율적인 행정 업무 처리를 위해 통용되는 행정 용어들이 있다. 결재, 상신, 공람, 시행 등 학교에서 이루어지는 대부분의 업무 지시는 이러한 행정 용어를 통해 전달된다. 부장교사의 지시를 처음 접하는 신규교사라면 용어가 낯설게 느껴질 수 있다. 기본적인 행정 용어를 이해해 두면 업무의 맥락을 파악하는 데 도움이 되고, 이후 문서를 읽는 속도와 업무 소통의 정확도도 자연스럽게 높아진다.

학교 행정은 공문에서 시작된다

학교에서 이루어지는 많은 업무는 대부분 공문으로 시작된다. 공문은 학교가 공식적으로 정보를 전달하거나 요청하기 위해 작성하는 문서로, 크게 내부 공문과 외부 공문으로 나뉜다. 내부 공문은 학교 안에서만 공유, 처리되며 행사 기획안이나 학년말 점검 문서처럼 교내 운영에 필요한 내용이 담긴다. 외부 공문은 교육청, 다른 학교, 경찰서, 지자체 등 외부 기관으로 발송하는 문서다.

공문에는 단순한 안내뿐 아니라 학교가 수행해야 할 여러 업무 요청이 함께 담겨 오는 경우가 많다. 그중 신규교사가 자주 마주하게 되는 것이 교육청 등의 협조 요청과 자료 집계다. 협조 요청은 문서에 명시된 특정 부서나 담당자가 일정, 인원, 시설 운영 여부 등을 검토하거나 의견을 정리해 회신해야 하는 경우다. 이때는 일반 기안문 형태로 답신을 올리는 것이 기본이다. 검토 결과를 문장으로 정리해 결재를 거친 뒤, 해당 기관에 공식적으로 회신한다.

자료 집계는 성격이 조금 다르다. 교육청이나 상급 기관에서 요청한 인원수, 운영 현황, 통계 자료 등을 취합해 제출하는 업무다. 정해진 양식이 함께 내려오는 경우가 많고, 기안문보다는 첨부파일이나 입력 화면을 통해 비교적 간소하게 회신한다.

두 업무 모두 대체로 기한이 짧아 처음에는 부담스럽게 느껴질 수 있다. 특히 숫자나 항목 하나라도 틀리면 다시 요청이 오기 쉽다. 이는 자료 집계에만 해당하는 이야기가 아니다. 학교에서 처리하는 모든 공문은 정확성이 기본이다. 작은 오탈자나 수치 하나의 오류가 추가 공문이나 재요청으로 이어지면서 업무가 반복되는 경우도 많다. 이럴 때 전임자가 남긴 기안을 살펴보면 업무의 방향이 분명해진다. 자료 집계의 경우 내부 결재 기록이 남아 있는 경우가 많아, 전년도에 어떤 방식으로 취합했고 어떤 파일을 제출했는지 확인하면 실무에 바로 참고할 수 있다.

공문은 결재를 통해 효력을 갖는다

공문을 작성했다고 바로 업무가 실행되는 것은 아니다. 문서가 공식적인 효력을 갖추기 위해서는 반드시 결재를 거쳐야 한다. 결재는 상급자가 문서 내용을 검토하고 승인하는 절차이며, 보통 '작성자-부장-교감-교장' 순으로 이어지는 결재경로를 거친다. 업무의 성격에 따라 결재경로는 달라질 수 있고, 학교마다도 다를 수 있다. 문서를 누구에게 결재받아야 할지 궁금할 때, 주변 선생님들께 '초과근무 결재라인이 어떻게 돼요?'와 같이 물어볼 수 있다.

결재에는 여러 유형이 있다. 내부결재는 학교 내부에서만 처리되는 결재를 말한다. 외부로 문서를 보내지 않더라도 기록을 남기기 위해 내부결재를 하는 경우가 많다. 결재권자가 부재중일 때 다른 결재권자가 대신 승인하는 방식은 대결이다. 예를 들어 교장 선생님이 출장 등으로 자리를 비운 경우, 교감 선생님이 대신 결재하는 상황을 떠올리면 이해하기 쉽다.

전결은 상급자가 특정 업무의 결재 권한을 아래 직급에게 미리 위임하는 것을 말한다. 임시로 권한을 대신 행사하는 대결과 달리, 전결은 상시적으로 권한이 위임되어 있다는 점이 다르다. 전결로 지정된 업무는 상급자의 추가 결재 없이 전결자가 결정할 수 있다. 예를 들어 일정 금액 이하의 품의는 교감 전결로 처리하거나, 소규모 구매는 부장 전결로 처리하는 경우가 있다. 이런 기준은 학교마다 다르다.

결재 과정에서는 협조나 병렬협조를 설정해야 하는 경우가 있다. 협조는 문서가 다음 결재 단계로 넘어가기 전에 다른 부서의 확인이나 검토가 필요한 경우다. 예를 들어 예산이 수반되는 사업이나 물품 구입과 관련된 문서라면 행정실의 확인이 먼저 필요하다. 또 학생 명단, 인원수, 운영 방식처럼 다른 부서의 업무와 직접적으로 연결되는 내용이 있을 때도 협조를 설정해 내용을 확인받는다.

병렬협조는 여러 부서의 확인이 모두 필요하지만, 순서에 따라 진행할 필요는 없는 경우에 사용한다. 행정실과 다른 부서의 검토가 동시에 이루어져도 무방한 문서라면 병렬협조로 설정할 수 있다. 여러 부서가 같은 시점에 확인을 진행하기 때문에 결재가 지연되지 않는다는 장점이 있다.

용어 설명

① **결재**: 공문을 검토해 승인하는 절차

② **결재경로**: 문서를 결재받는 순서와 흐름

③ **내부결재**: 학교 내부에서만 처리되는 결재

④ **대결**: 결재권자가 부재중일 때 다른 결재권자가 대신 결재하는 것

⑤ **전결**: 특정 업무의 결재 권한을 아래 직급에게 위임하는 것

⑥ **협조**: 문서가 다음 단계로 넘어가기 전 특정 부서가 검토하는 것

⑦ **병렬협조**: 여러 부서가 동시에 협조하도록 설정하는 방식

결재 과정에서 자주 등장하는 용어

공문을 작성하고 결재를 요청하는 과정에서 마주할 수 있는 낯선 단어들이 있다. 기안은 결재를 올리기 위해 문서를 작성하는 행위를 말하기도 하고, 그 문서 자체를 말하기도 한다. 상신은 문서를 작성해서 결재를 요청하는 것이다. '기안문 상신했습니다.'라고 이야기할 수 있다. 품의는 예산을 사용하기 위해 결재 요청하는 문서를 말한다. 문서를 관련 구성원이 열람할 수 있도록 공유하는 것은 공람이라고 한다. 내가 문서를 작성할 때도 공람을 할 수 있지만, 나에게 공유된 공람 문서가 있는지 에듀파인 상단 '공람'함에서 주기적으로 확인하는 게 좋다.

문서를 이미 상신했는데 수정이 필요한 경우가 있을 수 있다. 결재 중인 문서를 수정하는 것은 회수라는 표현을 사용한다. 만약 이미 결재가 완료된 복무 등을 수정하려면 기결취소를 상신하여 결재 취소 승인을 다시 받아야 한다. 에듀파인에서는 결재가 완료된 문서는 기결취소할 수 없고, 새롭게 수정한 문서를 결재받아야 한다.

용어 설명

① **기안**: 결재를 올리기 위해 문서를 작성하는 행위나 그 문서 자체

② **상신**: 작성자가 결재를 요청하는 행위

③ **품의**: 예산 사용을 위해 결재를 요청하는 문서 또는 절차

④ **공람**: 문서를 관련된 구성원에게 열람할 수 있도록 공유해주는 것

⑤ **회수**: 결재 중인 문서를 수정하기 위해 중단하는 절차

⑥ **기결취소**: 이미 결재가 끝난 문서를 취소하는 절차

K-에듀파인의 기본 구조

"작년 자료는 문서등록대장에서 전임자 이름 넣어서 한 번 찾아보시
고요. 아직 결재는 안 났으니까, 이미 올린 품의 회수하려면 학교회계로
들어가셔야 해요."

문서등록대장, 학교회계, 모두 신규교사 연수에서 접해 본 단어들
이었다. 신규교사 백 선생은 어렴풋이 이게 에듀파인 이야기라는 것을
떠올렸다. 그런데, 막상 어디로 클릭해 들어가야 할지 알 수 없었다.

K-에듀파인은 학교의 행정업무와 재정업무를 처리하고 관리하는
시스템이다. 교사가 자주 사용하는 화면은 대략 두 갈래로 나뉜다. 문
서를 다루는 곳과, 예산을 다루는 곳이다. 교사는 주로 공문을 확인하
거나 작성하고, 학교 예산을 사용하여 물품 구매를 요청하는 데 이 시

스템을 활용한다. 처음 K-에듀파인에 접속하면 어려운 용어들과 복잡해 보이는 메뉴들 때문에 겁먹을지도 모른다. 그러나 몇 가지 기능만 미리 익혀두면 당장 현장에서 업무를 시작하는 데는 문제가 없을 것이다. 신규백서와 함께 K-에듀파인의 기본 구조부터, 자주 사용하는 기본메뉴까지 살펴보자.

K-에듀파인 기본 화면

★ K-에듀파인 기본 화면

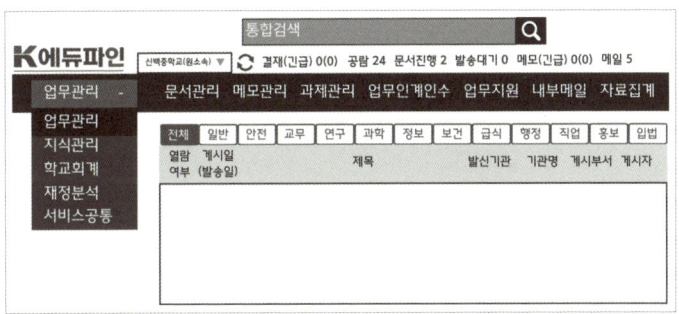

K-에듀파인에 접속하면 가장 먼저 기본 화면이 보인다. 기능이 워낙 많아 복잡해 보이지만 실제로 자주 사용하는 메뉴는 그리 많지 않다. 최상단의 '결재(긴급)'에서는 내가 결재해야 하는 긴급 문서를 확인할 수 있고, '공람'에서는 나에게 공유된 문서를 볼 수 있다. 공람은 결재까지는 필요 없지만 담당자가 내용을 알고 있어야 할 때 보내는 일

종의 열람 요청이다. '문서진행'에서는 내가 상신한 문서가 현재 어떤 단계에 있는지 한눈에 확인할 수 있다. 좌측 상단의 푸른색 탭을 선택하여 내가 필요한 기능을 찾아서 들어갈 수 있다. 교사가 자주 쓰는 메뉴들은 주로 '업무관리-문서관리', '학교회계-사업관리'에 있다.

교사가 보는 모든 문서는 여기에 있다

★ K-에듀파인 업무관리 메뉴

'업무관리-문서관리' 메뉴는 교사가 업무 중 다루는 모든 문서를 관리하는 곳이다. 이곳에서 문서를 작성하고, 결재 중인 문서를 확인하고, 나에게 공람된 문서를 확인할 수 있다. 또, 우리 학교에서 오가는 모든 문서를 확인할 수 있는 '문서등록대장'도 이곳에 있다. 꼭 알아야 할 메뉴에 대해서 소개할 테니 K-에듀파인 접속이 가능한 환경에서 차근차근 따라해보자.

우선, 기안문을 작성하는 메뉴부터 알아보자. 문서관리에서 '기안-공용서식' 탭을 선택하면 다양한 문서 표준 서식을 볼 수 있다. '표준서식(결재4인, 협조4인)'과 '표준서식(결재4인, 협조8인)' 두 가지 양식을 가장 많이 사용한다. 사용할 서식을 클릭하면 기안 작성란이 자동으로 열린다.

교직생활을 하며 자주 확인하면 좋은 메뉴가 공람함이다. 문서관리에서 '공람-공람대기'에 들어가면 나에게 공람된 문서들을 확인할 수 있다. 공람 문서는 내 업무와 관련되어 있다고 판단되는 문서를 누군가 공유해준 것이므로, 수시로 확인하면 나에게 유용한 정보를 찾게 될 확률이 높다.

끝으로, 문서등록대장은 몇 년간 우리 학교에서 작성된 모든 기안문을 살펴볼 수 있는 곳이다. 어떤 기안문이 부서 사이에서 오가는지, 외부에서 어떤 공문이 들어오는지 확인할 수 있다. 시간 날 때 수시로 문서등록대장에 들어가 보면, 학교가 일 년 동안 어떻게 굴러가는지가 보인다.

문서등록대장은 전임자의 기안문을 확인할 때도 유용하다. 처음 맡은 업무로 기안문을 작성해야 할 때, 작년 전임자에게 도움을 받고 싶은 마음이 커지기 마련이다. 이런 상황에서 전임자가 이미 학교를 떠났더라도, 그 흔적을 비교적 쉽게 찾을 수 있는 곳이 문서등록대장이다. 문서 검색 시 전임자의 이름을 입력하면 관련 기안문을 확인할 수 있다. 업무 담당자는 달라져도 업무 자체는 매년 반복된다. 전임자가 올린 기안문을 출력해 제목과 날짜를 살펴보면, 일 년 동안 해당 업무가 어떤 흐름으로 진행되는지 파악하는 데 도움이 된다.

K-에듀파인:
학교의 예산은 모두 여기로!

★ K-에듀파인 학교회계 메뉴

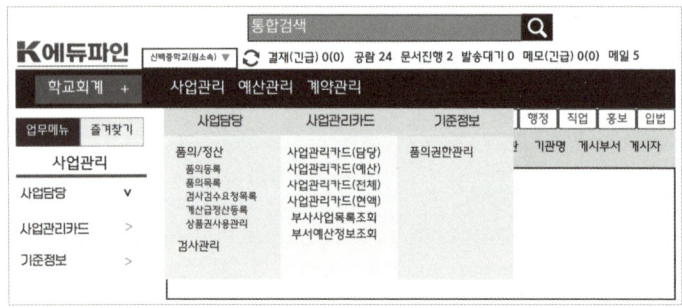

'학교회계-사업관리' 메뉴는 학교의 예산을 사용하고 관리하는 곳이다. 교사가 학교 예산 사용을 위해 품의를 상신할 때 이 메뉴를 찾는다. 자주 사용하게 될 메뉴는 '품의/정산-품의등록'인데, 이곳에서 어떤 예산을 어떻게 사용할지에 대한 계획을 세울 수 있는 작성란이 뜬다. 자세한 작성 방법은 '품의 작성법' 파트에서 이어서 살펴보도록 하자.

공문서 기초,
일반 기안문 작성법

신규교사 백 선생은 빈 기안 화면을 바라보며 한숨을 내쉬었다. 언젠가 혼자 공문을 써야 하는 때가 올 것이라는 건 알았지만, 막상 처음부터 작성하려니 어떻게 써야 할지 감이 오지 않았다. 구체적인 기안문 작성 방법을 참고하고 싶었는데, 학기 초 메시지를 뒤져 봐도 특별히 안내받은 것도 없었다. 문장 끝에 점을 붙여야 하는지, 몇 칸을 띄워야 하는지, 항목 기호는 어떤 순서로 달아야 하는지 하나하나가 신경 쓰였다. 예전에 본 적은 있지만, 정확한 규칙이 머릿속에 정리되어 있지는 않았다. 이제는 누군가 옆에서 "이렇게 쓰면 돼요."라고 말해주지 않았다.

학교의 모든 공식적인 소통은 공문으로 시작해 공문으로 마무리된다. 행사를 계획하고 실시할 때도, 교내에서 여러 업무를 처리할 때도 공문 작성은 빠지지 않는다. 신규교사도 백 선생처럼 머지않아 혼자 공문을 작성해야 하는 순간을 맞이하게 될 것이다.

처음 공문을 작성할 때는 형식과 기준이 까다롭게 느껴질 수 있다. 하지만 기본적인 작성 틀과 흐름만 알고 나면 매번 새로 고민해야 할 일은 아니다. 공문을 처음 작성해보는 신규교사의 눈으로 일반 기안문 작성의 기본을 차근차근 살펴보자. 실제 기안문 작성 화면을 열어 두고 함께 따라가면 이해가 쉬울 것이다.

기안문 작성의 기초[6]

★ 일반 기안문 본문 작성 방법

수신∨∨내부결재
(경유)
제목∨∨○○프로그램 실시 계획
1.∨관련:∨○○중학교-00001(2025. 3. 2.)
2.∨학생들의 인문적 소양을 증진시키기 위하여 ○○프로그램을 다음과
　　같이 실시하고자 합니다.
∨∨가.∨일시:∨2025.∨3.∨5.(수)∨14:00~15:50(2시간)
∨∨∨∨1)∨○○○○○○○○○○○
∨∨∨∨∨∨가)∨○○○○○○○○○○○
∨∨∨∨∨∨∨∨(1)∨○○○○○○○○○○○
3.∨○○○○○○○○○○○

붙임∨∨○○○계획서 1부.∨∨끝.

---

6) 2025. 공문서 작성 지침

K-에듀파인에서 기안 작성 창을 열어보자. 복잡한 창이 뜨겠지만 우리가 직접 입력해야 할 내용은 그리 많지 않으므로 겁먹을 필요는 없다. 기안 작성은 크게 '본문'과 '결재정보'로 나뉜다. 기안문 작성 화면에서 본문을 클릭하면 글을 작성할 수 있는 페이지가 뜬다. 기안문 본문은 기본적으로 정해진 작성 방법을 따라야 한다. 위 예시를 보면서 차근차근 따라와 보자. 상단의 수신, 경유, 참조는 문서가 누구에게 전달되는지를 나타내는 부분이다. 수신은 문서의 최종 대상 기관이고, 경유는 문서가 거쳐 가는 기관이며, 참조는 내용을 함께 확인해야 하는 기관을 말한다.

본문의 제목은 공문의 내용이 드러나도록 간결하게 작성한다. 예를 들어 '2025학년도 1학기 도서관프로그램 운영 안내', '신규교사 연수 참석자 명단 제출'처럼 작성할 수 있다. 작년 기안문 제목을 참조해서 그대로 입력해도 괜찮다.

1번 항목에는 보통 근거가 되는 관련 공문 번호와 날짜를 예시와 같이 기재한다. 예를 들어, 교내 행사의 경우 학교교육계획서 공문 번호를 찾아서 관련 공문으로 작성하면 된다. 관련 공문이 없을 때는 생략하면 된다.

본문의 내용은 공문의 특성에 맞추어 간략하게 개조식으로 작성한다. 중요한 내용만 짧게 번호나 기호를 붙여 나열하면 된다. 이때 내용 앞에 붙이는 번호나 기호는 임의로 사용하는 것이 아닌, 공문 작성법에 기초하여 정해진 기호와 양식을 사용해야 한다. 첫째 항목으로 '1., 2., 3.'을 사용하고, 둘째 항목으로 '가., 나., 다.'를, 셋째 항목으로 '1),

2), 3)'을 사용한다. 본문을 작성할 때는 띄어쓰기도 규정에 맞추어 작성해야 한다. 첫째 항목은 기본선에서 시작하되, 둘째 항목부터는 2타씩 띄어 쓴다. 항목 기호와 항목의 내용 사이에도 1타를 띄워야 한다.

숫자를 표기할 때도 원칙에 맞추어 작성해야 한다. 날짜는 숫자 뒤마침표로 표시하고, 연, 월, 일의 글자는 생략한다. 이때, 띄어쓰기에 주의해야 한다. 시간은 24시각제에 따라 숫자로 표기하되, 중간에 쌍점(:)을 넣는다. 금액은 숫자 뒤에 괄호를 하고 한글로 기재한다. 금 15,550원(금일만오천오백오십원)과 같이 쓴다.

문서에 첨부 자료가 포함될 때는 본문이 끝난 후, 붙임 표시를 하고 첨부 자료의 명칭과 수량을 작성하여야 한다. 예를 들면, '붙임∨∨○○○계획서 1부.∨∨끝.'과 같이 작성한다. 붙임 문서는 서식, 일정표, 명단 등 본문에서 언급한 내용을 보조하는 자료를 첨부한다. 파일명은 '학교명_연도_업무명'처럼 알아보기 쉬운 형태로 저장해야 한다. 본문 내용의 마지막에는 끝 표시하고 마침표를 찍어야 한다. 끝 표시를 하기 전에는 두 타를 띄우는 것에 주의하자.

이외에도 공문서를 작성할 때는 여러 정해진 형식과 규칙이 있다. 모든 규칙을 기억하기는 어렵지만, 동료 교사가 쓴 기안문을 살펴보고 직접 여러 번 작성하며 감을 익히면 점차 익숙해진다.

★ 일반 기안문 결재정보 작성 화면

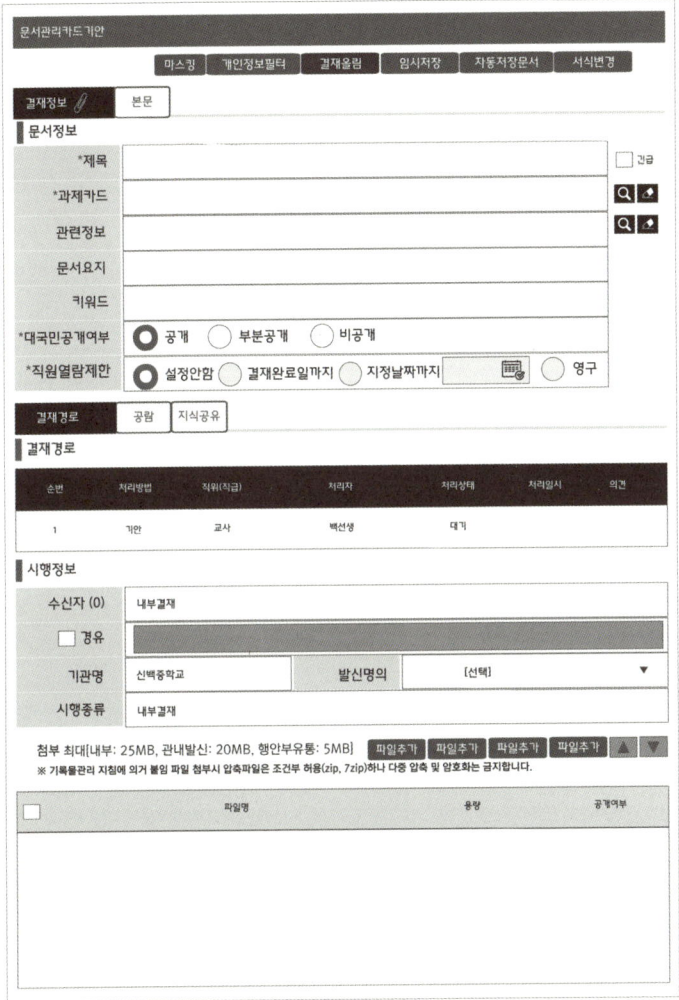

본문을 모두 작성한 뒤에는 결재정보를 입력해서 해당 문서를 결재 올려야 한다. 결재정보 입력에서는 과제카드, 대국민공개여부, 결재경로를 필수로 지정해야 한다. 지정하지 않으면 경고문이 뜨고 공문이 작성되지 않을 것이기 때문에 외워야 한다고 긴장할 필요는 없다.

과제카드는 해당 공문을 어떤 주제로 분류할 것인지 선택하는 것이다. 어떤 과제카드에 넣어야 한다는 특별히 정해져 있는 정답이 없기에, 작년 기안문과 동일하게 선택해도 좋고 스스로 판단해서 선택해도 좋다. 교사별로 부여받은 과제카드가 다르고, 신규교사의 경우에는 과제카드가 아무것도 뜨지 않을 수도 있다. 그럴 때는 담당자에게 요청하여 과제카드 사용 권한을 부여받아야 한다.

★ 에듀파인 과제카드 화면

대국민공개여부는 해당 공문의 공개, 부분 공개, 비공개 여부를 선택하는 것이다. 공공기관의 문서는 국민의 알 권리 보장을 위해 국민에게 공개하고 있다. 민감 정보가 포함되지 않은 문서는 공개하여 외부인도 열람하도록 할 수 있다. 부분 공개는 공문서의 본문은 공개하지만, 첨부파일은 비공개할 때 사용된다. 개인정보가 포함되는 문서는 부분 공개 6호에 해당하니 유의해야 한다. 비공개는 공문서의 본문과 첨부파일 모두 비공개일 때 사용한다. 판단하기 어렵다면 부장교사에게 문의하거나 혹은 전임자의 기안문을 참고하여 선택할 수 있다.

결재경로는 작성한 문서를 누구에게 결재받을지 선택하는 것이다. 해당 학교의 규정을 참고해서 지정하면 되는데, 학교마다 다르므로 학기 초 안내된 위임전결규정 파일을 따르면 된다. 공람 지정이 필요하다면 공람 지정 탭에서 선택할 수 있다. 본문 작성과 결재정보 입력이 완료되었다면 상단 '결재올림'을 눌러 결재받으면 된다.

기안문 작성 실전 팁

학교에서 업무를 하다 보면 기안문을 작성해야 할 일은 종종 생긴다. 그러나 신규교사에게는 모든 기준과 규정에 맞추어 공문을 작성하는 것이 쉽지 않은 일이다. 기안문 작성을 위한 실전 팁 몇 가지를 공유해본다.

먼저, 작년 업무 문서를 그대로 복사해서 사용할 수 있는 공문 재작성이 있다. 교육 현장의 업무는 대부분 매년 반복되기 때문에 기존 공문을 검색해 내용을 복사해서 재활용하는 방식이 널리 사용된다. 이전 공문은 문서등록대장에서 키워드, 작성자, 시행 기간 등을 기준으로 검색하여 쉽게 찾을 수 있다. 예를 들어 '학부모연수', '방과후', '설문조사' 같은 업무명을 키워드로 검색하면 쉽다.

복사하고 싶은 공문을 찾았다면 오른쪽 상단에서 재작성 버튼을 찾아 클릭하기만 하면 된다. 단, 기존 공문을 복사해 사용할 때는 반드시 세부 내용을 올해 기준으로 바꾸어야 한다. 제목의 연도, 일정, 수신 기관, 담당자, 붙임 파일, 결재경로 등을 수정해야 한다. 이 부분이 수정되지 않으면 이전 연도 문서가 그대로 발송되는 실수가 생길 수 있다. 공문을 잘못 발송한 경우엔 문서 진행 화면에서 회수를 눌러 취소할 수 있다. 이미 수신 기관에 발송된 뒤라면 새 공문을 작성해 재통보해야 한다. 재통보 시에는 제목에 '(정정)' 또는 '(수정)'을 붙여 이전 문서와 구분한다.

자주 사용하는 공문 번호는 따로 정리하여 관리하면 도움이 된다.

공문에는 '관련' 항목으로 참조 공문 번호를 기재해야 하므로 업무를 하다 보면 반복해서 등장하는 번호들이 생긴다. 이런 공문의 번호와 날짜를 한곳에 모아 관리하면 공문 작성 과정이 훨씬 수월해진다. 예를 들어 3월 초에 상신하는 '2025학년도 도서관 운영 계획'과 같은 학기 초 계획 공문은 이후 여러 문서에서 관련 번호로 다시 활용되는 일이 잦다. 이러한 공문을 미리 정리하여 두면 학기 말까지 효율적으로 활용할 수 있다.

같은 결재경로를 반복해서 사용하는 업무가 많다. K-에듀파인의 '환경설정-나의결재선관리'에서 자주 쓰는 결재경로를 등록하면 업무 부담을 줄일 수 있다. 결재자를 일일이 입력하지 않아도 되어 작업 시간이 단축되고, 결재선 오류도 줄어든다.

학교 예산 쓰기,
품의 작성법

신규교사 백 선생이 품의를 처음 올리던 날이었다. 물품 가격을 비교하여 수량과 금액을 입력하고 거듭 확인한 뒤 결재 요청을 눌렀다. 그런데 잠시 후 행정실에서 연락이 왔다.

"선생님⋯ 배송비가 빠졌습니다."

입력 내용은 정확했지만, 배송비 3,000원이 누락되어 있었다. 처음 품의를 올리면 작은 부분에서 막히는 일이 많다. 백 선생도 예산은 어디에서 확인해야 하는지, 어떤 예산을 선택해야 하는지, 배송비나 부대 비용은 어디에 적어야 하는지 등 아직 모르는 부분이 많다고 느껴졌다.

품의는 예산을 사용하거나 물품을 구매하기 전에 의사결정권자에게 승인받기 위해 올리는 보고를 뜻한다. 학교의 모든 지출은 원칙과 절차 속에서 움직인다. 교사가 학교의 예산을 사용할 때는 공식적으로 품의를 작성하여 제출하고 결재받아야 한다. 담임교사로서 학급 물품을 살 때도 품의를 올리고, 자신이 맡은 예산을 집행할 때도 품의가 필요하다. 신규교사라면 학교생활에서 품의를 작성할 일을 곧 맞닥뜨리게 될 것이다. 물론 처음부터 모든 것을 완벽하게 알 필요는 없다. 예산 확인부터 품의 작성, 품의 복사와 수정까지, 신규교사의 눈높이에 맞춰 차근차근 살펴보자.

예산 확인하기

★ K-에듀파인 담당업무 예산 화면

*회계연도	2025	⊘ 현액관리	예산관리				
+ **−**	세부사업						
세부사업/ 세부항목/ 원가통계비목		산출내역	예산현액(A)	원인행위액(B)	집행률(B/A)	예산잔액(A-B)
도서관운영			22,500,000	17,307,860	77.06	6,746,140
├── 운영수당		도서관직원(봉사자)수당	4,000,000	2,760,000	69	5,192,190
└── 교육운영비		도서관운영경비	3,000,000	205,140	6.34	1,240,000

품의를 작성하기 전에는 먼저 어떤 예산을 사용할 수 있는지 확인해야 한다. 학교마다 예산 권한을 부여하는 방식이 조금씩 다르다. 부서 부장 교사가 권한을 주기도 하고, 행정실에서 직접 열어주기도 한다. 권한이 없으면 품의 작성 화면 자체가 열리지 않는다.

예산 확인은 K-에듀파인 학교회계 메뉴의 '사업관리카드(담당)' 탭에서 가능하다. 여기에서는 일 년 동안 사용할 수 있는 예산이 항목별로 정리되어 있으며, 실제 집행 상황도 함께 볼 수 있다. 같은 예산 항목에서 품의를 연달아 여러 번 올리면 내역이 시스템에 반영되는 데 시간이 걸릴 수 있어 잔액을 확인할 때는 여유를 두고 보는 것이 좋다.

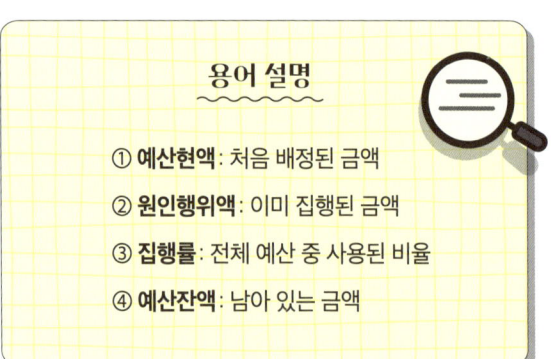

용어 설명

① **예산현액**: 처음 배정된 금액

② **원인행위액**: 이미 집행된 금액

③ **집행률**: 전체 예산 중 사용된 비율

④ **예산잔액**: 남아 있는 금액

품의 작성과 수정하기

★ 품의 등록 화면

*회계연도	2025	품의번호	01151	진행상태	원인행위

*제목	2025학년도 학생 책쓰기 동아리 운영 물품 구입 건의

*개요	1. 관련: 신백중학교-12345(2026. 3. 21.). 2. 2026학년도 학생 책쓰기 동아리 운영 물품을 아래와 같이 구입하고자 합니다. 　가. 품목: 피포페인팅 외 2종 　나. 금액: 금93,000원(금구만삼천원) 　다. 구입방법: 인터넷 결제. 끝.

*요구일자		*완료요구일자	

예산내역　　`예산선택`　　✔ 원가통계비목보기

	상태	세부사업	세부사업잔액	세부항목	산출내역	예산현액	예산잔액	요구금액
		독서활동 운영	8,148120	독서교육 운영	학생책쓰기 동아리운영	1,680,000	1,370,700	93,000

품목내역　　`파일↑`　`파일↓`　　　`행추가 +`　`행추가 -`

	상태	순번	내용	규격	단위	수량	예상단가	예상금액
	D	1	신박한학습보드게임			2	13,000	26,000
	N	1	신규교사생활백서(도서)			2	15,000	30,000

내가 사용할 수 있는 예산을 확인했다면, 이제 품의를 작성할 차례다. K-에듀파인 학교회계 메뉴의 '사업관리-품의등록'으로 들어가 품의 작성 창을 연다. 상단에 품의 요구서의 제목과 개요를 공문 작성 형식과 동일하게 작성한다. 특히 개요의 1번 항목에는 이 품의와 관련된 상위 문서의 공문 번호와 날짜를 적는다. 특정 행사와 관련된 품의라면 해당 행사 결과 보고 공문의 번호와 날짜를 입력하면 된다.

2번 항목에는 구매의 목적을 한 줄로 요약해 적는다. '도서관 운영 물품을 아래와 같이 구매하고자 합니다.'와 같이 간단한 문장으로 작성하면 된다. 그 아래에는 실제 구매할 품목의 물품명, 수량, 단가, 총액, 구입처 순으로 입력하고, 배송비가 있다면 별도로 적어야 한다. 일부 학교는 구매하고자 하는 물품의 사진이나 화면 캡처를 파일로 첨부하도록 요구하기도 한다. 학기 초 물품 구입 방법 관련한 행정실 안내를 살펴보고 작성하자.

개요 작성이 끝났다면 아래 '예산내역'에서 예산을 선택하고, '품목내역'에 품목을 하나씩 등록하면 된다. 예산 선택을 잘못하면 품의가 반려될 수 있기에 주의해야 한다. 마지막으로 결재경로를 설정하는데, 금액에 따라 필요한 결재자의 범위가 달라질 수 있다. 소액 품의는 부서 부장까지만 결재받기도 하지만, 일정 금액 이상이면 교장 결재가 필요할 수가 있다. 이 기준은 학교마다 다르므로 학기 초에 안내되는 결재경로를 확인해야 한다.

품의를 제출한 뒤 행정실에서 수정 연락이 오는 경우가 종종 있다. 배송비가 빠졌거나, 구매 물품 첨부파일을 넣지 않았거나, 예산 항목을 잘못 선택하면 등 수정이 필요한 상황이다. 이럴 때는 품의 결재의 완결 여부에 따라 처리 방법이 달라진다.

먼저, 결재가 아직 완결되지 않았다면 처리 방법은 비교적 간단하다. K-에듀파인의 업무관리 메뉴에서 '문서관리-재정기안'으로 들어가 해당 문서를 선택한 뒤 회수를 누르면 된다. 회수 사유에는 간단히 '수정'이라고 적으면 되고, 회수 후 필요한 부분을 고쳐 다시 제출하면 된다.

결재가 이미 완결되었다면 회수할 수 없다. 이때는 새로운 품의를 작성해 다시 상신해야 한다. 행정실에서는 이런 상황이 익숙할 테니 당황하거나 너무 죄송스러워하지 않아도 된다. 어떤 방식으로 다시 제출해야 하는지 안내해주는 경우가 많으므로 안내에 따라 재작성하면 된다. 같은 형식으로 품의를 작성하고, 제목 뒤에 '(수정)'이라고 표시하면 수정된 기안임을 명확히 알 수 있다.

가끔 작성 중에 화면이 멈추거나 브라우저가 꺼져 문서가 사라진 것처럼 보일 때가 있다. 이런 경우에는 당황하지 않고 '문서관리-재정기안'에 들어가 보면 임시 저장된 상태로 남아 있다.

품의 복사하기

품의를 처음부터 새로 작성할 수도 있지만, 실제 업무에서는 이전에 작성된 품의를 복사해 수정하는 방식을 훨씬 더 자주 사용한다. 반복되는 행사나 정기적으로 이루어지는 운영 업무는 큰 틀에서 비슷하므로 기존 문서를 활용하면 문서 작성 시간에 드는 시간을 크게 줄일 수 있다.

K-에듀파인의 학교회계 메뉴에서 '사업관리-품의목록'을 열고, 제목 검색창에 키워드를 입력하면 원하는 품의를 찾을 수 있다. 필요하면 회계연도를 전년도나 그 이전으로 변경해 검색 범위를 넓힐 수 있다. 제목이 기억나지 않는다면 작성자를 기준으로 찾는 방법도 있다. 전임자가 담당했다면 전임자의 이름으로 검색하면 된다. 원하는 품의를 찾았다면 상단 '품의복사'를 눌러 복사하면 된다.

기존 품의를 복사한 후에는 경우에 맞게 수정 작성하면 된다. 품목 내역에서 삭제한 항목은 화면에 붉은색 'D' 표시가 뜨고, 재작성하면서 새로 추가한 항목은 초록색 'N' 표시가 나타날 것이다. 화면에 계속 보이더라도 붉은 'D'가 붙은 행은 실제로는 삭제된 것이므로 걱정할 필요는 없다. 수정을 마친 뒤에는 반드시 저장을 눌러야 결재 요청이 가능해진다. 또 복사해 온 품의에 작년에 쓰인 첨부파일이 남아있을 수 있으므로 제출 전 파일을 교체하거나 삭제했는지 반드시 확인해야 한다.

★ 13장 ★

업무 꿀팁

13장. 업무 꿀팁

일과가 끝나갈 즈음, 신규교사 백 선생은 메신저 쪽지를 보고 잠시 손을 멈췄다. 부장님께서 행사 관련 자료를 오늘 안으로 전체 교직원들에게 전달해 달라는 내용이었다. 특별히 어려운 부탁은 아니었지만, 백 선생은 곧바로 답장을 보내지 못했다. 메시지 창을 열어둔 채 문장을 몇 번이나 고쳐쓰고 지우기를 반복했다. '네, 알겠습니다.'로 충분한지, '확인했습니다. 오늘 중으로 전달하겠습니다.'가 더 나은지, 혹시 너무 무성의해 보이거나 과해 보이지는 않을지 여러 생각이 들었다.

답장 하나에 이렇게까지 고민해야 하나 싶으면서도, 괜히 눈에 띄는 실수를 하고 싶지는 않았다. 학교에는 공식 업무 지침이 많지만, 막상 일하다 보면 어느 업무 지침서에서도 찾을 수 없는 현장 감각이 필요하다는 사실을 깨닫게 된다. 업무가 매년 비슷하게 흘러간다고 해도 막상 처음 맡아보면 어떻게 시작해야 할지 모르겠고, 동료 선생님들께 실수하지 않으려면 어떻게 소통하고 대응해야 할지도 매일 고민스럽다. 단체 채팅방에 메시지를 하나 보낼 때도 여러 번 표현을 고치며 눈치를 보게 되는 것이 신규교사의 현실이다.

학교 업무의 대부분은 거창한 전문 기술을 배운다기보다는 사소한 요령에 익숙해지는 것에 가깝다. 한 번 제대로 경험하면 다음부터는 훨씬 수월해지는 것들, 하지만 처음엔 공식 문서 어디에도 쓰여 있지 않아 헤매게 되는 것들 말이다.

옆자리 선배교사가 한 번쯤 알려줄 법한 교직 생활의 작은 요령을 모았다. 알고 있으면 일상이 훨씬 편해지는 이야기들이다. 행사를 처음 맡았을 때 어떤 흐름으로 준비하면 되는지, 선배교사에게 도움을 자연스럽게 요청하는 방법은 무엇인지 차근차근 담았다. 메신저와 전화 예절처럼 신규교사라면 누구나 한 번쯤 고민하는 장면도 빠뜨리지 않았다. 경조사 챙기는 법처럼 누구에게 물어보긴 애매하지만 실제로는 도움이 되는 내용도 함께 실었다. 이 밖에도 사소해 보여 묻기 망설여지는 고민이 있다면 신규백서 인스타그램으로 DM을 보내도 좋다.

아항.
이렇게 하면
되는구나.

꿀팁이네~

교내 행사 운영의 기본 패턴

신규교사 백 선생은 도서관 업무 담당자로서 학기 초부터 여러 공지를 작성해 왔다. 독서 프로그램 안내부터, 도서 대출 관련 알림, 행사 일정 공유까지 다양했다. 이제 업무가 조금 편안해지나 생각했는데, 백 선생에게 익숙하지 않은 업무 하나가 주어졌다.

'교내 독서토론대회 운영'

업무분장에 적혀 있던 행사를 해야 할 시점이 된 것이다. 막상 시작하려니 어디서부터 손을 대야 할지 선뜻 감이 오지 않았다. 먼저 실시계획 기안을 올려야 하는지, 작년 자료부터 찾아봐야 하는지, 필요한 물품은 언제 품의를 올려야 하는지도 헷갈렸다. 백 선생은 문서등록대장을 열어 작년 기안문을 찾아보기로 했다. 전임자가 남긴 문서를 하나씩 살펴보니 행사를 어떤 순서로 준비했고 마무리했는지 조금씩 보이기 시작했다. 기획이 있고, 실시가 있고, 그 뒤에 결과를 정리하는 단계가 있었다.

일 년 동안 교내에서는 크고 작은 행사와 대회가 열린다. 신규교사도 담당자로서 행사를 기획, 진행하고 결과를 보고해야 하는 일이 생길 수도 있다. 이때 동료교사의 협조를 구할 일이 많고, 생소한 업무도 많을 수 있다. 여기에서는 체육대회, 문예 대회, 과학대회 등 교내의 다양한 행사와 대회를 운영하는 기본 패턴을 살펴보고자 한다. 크게 기획, 실시, 결과 정리로 나누어 살펴보자.

행사 기획:
실시계획과 품의 기안하기

행사를 실시하기 전 기획 단계에서는 먼저 행사 실시계획 기안문을 상신하고, 필요한 물품을 구매해야 한다. 이를 위해 우선 K-에듀파인에 접속하여 문서등록대장에서 작년 행사 기안문을 찾아보자. 전임자 이름과 행사명을 입력하여 쉽게 찾을 수 있을 것이다. 혹시 전임자에게 인수인계를 받은 파일이 있다면 꼭 열어보아야 한다. 기안문에는 다 나와 있지 않은 행사 관련 파일들이 있기 때문이다.

작년 행사 실시계획 파일을 찾았다면 부장교사와 상의하여 올해 행사에서 수정할 부분이 있는지 상의해야 한다. 전임자에게 받은 파일을 그대로 쓰는 것이 아니라 올해 행사에서는 다르게 할 점이 있는지 고민하고 기획해서 반영해야 한다. 특히 교무부에 학교 일정을 문의하여 행사 날짜가 타 교과 및 부서 일정과 겹치지 않는지 확인해야 한다. 보통 전년도 행사와 크게 달라지는 점은 없어서 문서만 찾아봐도 일이 어떻게 시작되고 끝나는지 파악할 수 있다.

이제 올해 행사 실시계획 기안을 올려야 한다. 만약 생활기록부 수상기록에 반영이 되는 행사의 경우, 해당 연도 학교교육계획서를 참고하여 행사 명칭이 학기 초 계획과 오탈자 없이 일치하도록 주의해야 한다. 또한 행사 예산을 고려하여 종목별 시상자 수와 시상 금액을 미리 정해둬야 한다. 해마다 예산이 조금씩 달라질 수 있기에 시상비를 학년 초에 잘 분배할 필요가 있고 만약 부족하다면 추후 추경 예산을 받아서 예산을 늘릴 수 있다.[7] 실시계획 기안문 결재가 완료되면 행사 진행에 필요한 물품을 품의를 내고 구매하면 된다.

---

7) 연 4회 정도 학교 운영위원회 회의에 맞춰 이루어지는데, 사업 진행 후 잔액이 생겼다거나 더 필요할 경우 조정하는 것이다.

행사 실시:
협조 요청과 행사 진행하기

행사 실시계획 결재가 완료되면 학생에게 행사가 있음을 알리고, 관련 교사에게 협조 요청해야 한다. 학생들에게 행사를 안내하기 위해 협조 요청하는 대상은 주로 담임교사다. 담임교사에게 행사 일정과 상세내용, 협조 요청 내용을 담은 메시지를 보내면서 학생들에게 빠짐없이 전달될 수 있도록 요청해야 한다. 또한, 행사 당일 임장할 교과교사들에게도 진행 방법 메시지를 보내두어야 한다. 사전에 안내했더라도 대회 실시 전날에는 한 번 더 메시지를 보내고, 학생들에게 전체 방송하여 전달하는 것이 좋다.

당일에 행사가 시작되면 교과교사가 행사에 필요한 양식이나 준비물을 가지고 교실에 들어갔는지 확인해야 한다. 그리고 각 반을 돌며 행사 진행에 어려움은 없는지 확인한다. 행사가 마무리되면 담임교사를 통해 참가 학생 수를 조사해야 한다. 추후 나이스에서 수상 대장을 작성할 때 참가자가 몇 명인지를 입력해야 하기 때문이다. 더불어 '협조해주어 감사하다'는 내용의 메시지를 관련된 선생님에게 보내면 행사를 성공적으로 마무리할 수 있다.

결과 정리:
결과 보고와 수상 대장 상신하기

    행사가 마무리된 후에도 행사 담당 교사는 쉴 틈이 없다. 우선, 결과물을 취합하여 수상자를 선정하고, 결과 보고 기안을 작성해야 한다. 작년 기안문을 보고 작성하면 큰 무리 없이 작성할 수 있을 것이다. 결과 보고에는 반드시 수상 대상자의 학번, 이름이 포함되어야 하는데, 오탈자가 없도록 명단 작성 후 담임교사에게 오류가 없는지 확인을 부탁하면 된다.

    다음은 나이스에서 수상 대장을 작성한 후 결재받아야 한다. 수상 대장 결재가 완료되면 생활기록부에 수상 기록이 자동으로 입력되고, 상장을 출력할 수 있다. 상장은 교사가 하나하나 만드는 것이 아니라, 상장 용지를 프린트기에 넣고 나이스 수상 대장에서 인쇄하는 것이다. 인쇄가 완료된 상장에는 반드시 학교장 직인을 찍어야 한다. 학교장 직인이 없는 상장을 나눠주는 건 신규교사들이 흔히 하는 실수다. 상장은 각 반 담임교사에게 전달을 부탁하고, 상장을 나눠주고 해당 학생이 행사 담당 교사에게 와서 상품권을 수령하도록 방송하거나 담임교사에게 안내를 부탁한다. 이때 그냥 수상 대상자에게 상품권을 주는 것이 아니라 상품권 수령 명부에 학생의 서명을 꼭 받아야 한다. 상품권 수령 명부는 행정실에 제출해야 하므로 꼭 받아야 하는 필수 서류다.

    끝으로, 행사 운영 회고 메모를 남겨두자. 행사를 기획하고 운영하고 결과를 정리하는 과정에서 내년 행사에서 개선할 점과 아쉬웠던 점을 정리해두면 내년에 발전된 행사 및 대회를 운영하는 데 도움이 된다.

축하와 위로가 필요한 순간, 경조사 챙기기

신규교사 백 선생은 어느 날 교내 단체 채팅방에 올라온 메시지를 읽다가 한참 생각에 잠겼다. 얼굴과 이름은 알지만 딱히 대화를 나눠 본 적 없는 동료 선생님의 결혼 소식이었다. 축하 인사를 해야 할 것 같긴 한데, 어디까지가 예의인지 감이 오지 않았다. 결혼식에 참석하는 것이 좋을지, 축의금은 어느 정도가 적당한지, 단톡방에 남기는 한마디 축하는 너무 가벼워 보이지 않을지 고민이 되었다. 얼마 지나지 않아 또 다른 날에는 부고 소식이 올라왔다. 이번에는 축하가 아니라 위로였다. 백 선생은 더 조심스러워졌다. 어떤 말을 건네야 할지, 참석하지 못하면 어떻게 해야 할지, 혹시 실례가 되지는 않을지 고민만 늘어갔다.

학교에 있다 보면 다양한 경조사를 접하게 되는데, 사회 초년생인 신규교사는 이런 소식을 들었을 때 어떻게 대처해야 할지 난감한 때도 있다. 정해진 절차가 있는 것도 아니고, 누군가 먼저 알려주지도 않는다. 여기에서는 선배들에게서 입으로만 전해 내려오는 관례들을 정리해보고자 한다. 몰라서 실수하는 일이 없도록, 동료에게 축하와 위로의 마음을 전할 때 지켜야 할 예절에 대해 알아두자.

경사: 함께 축하하는 방법

교직에 있으면서 흔하게 마주하게 되는 경사는 동료 선생님의 결혼식이다. 보통 친목회를 통해 모바일 청첩장이 오거나, 직접 종이 청첩장을 전달받게 된다. 같은 부서 혹은 친한 선생님의 결혼식은 참석하는 것이 좋다. 참석하지 못할 불가피한 일정이 있다면, 사전에 이야기하고 축의금을 따로 전달하면 된다. 모바일 청첩장의 계좌번호로 보내도 좋지만, 예쁜 봉투에 담아 직접 전달하는 분들도 많다.

만약 타 부서 혹은 크게 친분이 없는 선생님의 결혼식이라면 꼭 참석할 의무는 없다. 청첩장은 친분에 상관없이 보통 모든 교직원에게 돌리는 경우가 많으므로, 청첩장을 받는다고 해서 부담스러워하지는 말자. 축의금이나 축하의 말을 전하는 것으로 충분하다.

선생님의 출산이나 자녀의 첫 돌 같은 경우에도 학교 전체 채팅방에 소식이 올라오는 경우가 있다. 다들 축하의 말을 한마디씩 건넬 때 함께 축하해 주면 된다. 메시지로도 좋지만, 대면했을 때도 직접 축하의 말을 건네보자.

학교에서는 전보나 전출, 승진 같은 인사이동도 하나의 경사로 여긴다. 학기 말이나 학년 초를 앞두고 인사 발령이 나면 관련 소식이 교직원들에게 공유되고, 새로운 역할과 출발을 응원하는 분위기가 자연스럽게 형성된다.

전보나 전출의 경우, 같은 부서에서 함께 근무했거나 평소 교류가 있었던 선생님이라면 간단한 인사와 응원의 말을 전하면 충분하다. 별도의 금액이나 선물을 정해 챙기기보다는 부서 단위로 소소한 송별 모임을 하거나 간단한 간식을 함께 나누는 정도로 마무리하는 경우가 많다.

새 학교로 발령받는 경우에는 전임 학교 동료들이 간단한 간식을 준비해 주는 문화도 있다. 새로운 근무지를 응원하는 의미로 떡이나 쿠키, 빵 등을 돌리며 잘 부탁한다는 인사를 전하는 것이다. 모든 학교에서 공통으로 이루어지는 것은 아니지만, 비교적 익숙한 풍경이다.

교감, 교장 승진이나 장학사 이동처럼 직위가 바뀔 때는 학교 차원의 축하 인사나 송별 자리가 마련되기도 한다. 개인적으로는 간단한 축하 인사를 전하거나 단체 채팅방에서 한마디 덧붙이는 정도면 무리가 없다. 별도의 선물이나 금액을 준비해야 하는 경우는 드물다. 인사이동과 관련된 경사는 학교마다 분위기와 관례에 차이가 있지만, 정답이 있는 것은 아니다. 주변 선생님들의 분위기에 맞추어 과하지 않게 마음을 전하면 충분하다.

조사: 위로를 건네는 방법

대표적인 조사로는 장례식이 있다. 부모상의 경우에는 같은 부서이거나 평소 교류가 있었다면 참석해 조의를 표하는 것이 일반적이며, 친분이 크지 않더라도 가능하다면 함께 위로의 뜻을 전하는 경우가 많다. 장례식장에는 여러 선생님이 함께 같은 차로 이동하는 때도 흔하다. 부득이한 사정으로 참석이 어려울 때는 참석하는 선생님께 조의금 전달을 부탁하거나, 온라인 부고장에 안내된 계좌로 조의금을 보내고 간단한 문자를 남기면 된다. 이후 학교에 복귀했을 때 위로의 말을 전하며 참석하지 못한 것에 대한 양해를 구하면 된다.

조부모상의 경우에는 장례식에 직접 참석하지 않는 경우도 많다. 조의금을 사양하는 때도 있지만, 온라인 부고장이 전달되었다면 이를 참고해 조의의 뜻을 전하면 된다. 이 역시 학교의 분위기에 따라 대응이 조금씩 다를 수 있다. 신규교사라면 이런 판단이 쉽지 않을 수 있지만, 학교마다 형성된 관례가 있다는 점만 기억해 두면 된다. 그러니 판단이 쉽지 않을 때는 옆자리 교사에게 어떻게 해야 할지 슬쩍 물어보는 것이 좋다.

나의 경조사 알리기

다른 교사의 경조사에 참석해야 하는 일도 있지만, 본인의 경조사를 학교에 알려야 하는 경우도 생길 수 있다. 특히 학교에 근무를 시작한 지 얼마 되지 않아, 다른 선생님들의 사례를 충분히 지켜볼 기회도 없이 본인의 경조사가 먼저 생겼다면 더욱 막막할 것이다. 본인에게 경조사가 발생했을 때 학교 구성원들에게 어떻게 소식을 전하면 좋을지 살펴보자.

만약 결혼식을 앞두고 있다면, 청첩장이 준비되고 난 후 친목회장에게 결혼 소식을 전하면 된다. 이때 청첩장을 함께 건네며 날짜만 간단히 알리면 충분하다. 그러면 결혼식이 가까워졌을 때 친목회에서 학교 단톡방이나 안내 메시지를 통해 결혼식 날짜와 장소 등 필요한 사항을 공유해준다. 친목회에 소식을 전한 뒤에는 교장, 교감 선생님께 먼저 청첩장을 드리고, 이후 본인 부서 선생님들과 다른 교직원들에게 차례로 전달하면 된다. 참석 여부와 관계없이 본인의 결혼 소식은 행정실, 급식실, 인쇄실 주무관님을 포함해 학교의 모든 교직원에게 알리는 것이 일반적이다. 다만 학교나 지역에 따라 청첩장을 전달하는 방식과 범위에 차이가 있을 수 있으므로, 최근에 결혼한 선생님의 사례를 참고해 결정하면 도움이 된다.

신혼여행을 학기 중에 다녀와야 한다면 본인 업무를 미리 정리해두는 것이 중요하다. 수업이 있는 경우에는 시간강사 선생님이 원활하게 수업을 진행할 수 있도록 수업 자료와 일정 등을 인수인계해 두어야 한다. 이미 준비된 학습지가 있다면 미리 전달해 수업에 차질이 생기지 않도록 한다. 신혼여행은 특별휴가 5일을 받을 수 있으며, 분할하여 사용할 수 없다.

결혼식과 신혼여행이 끝나고 학교로 복귀할 때는 간단한 답례품을 준비한다. 전 교원이 매달 납부하는 친목회비에서도 축의금을 전달하기 때문에 이에 대한 감사의 뜻을 전하는 것이다. 전체 교직원 수를 고려해 1인당 3천 원에서 5천 원 정도의 예산을 잡고, 간식, 꿀, 비누 등의 작은 선물을 준비하면 된다. 또한 결혼식에 참석해 준 분들에게는 학교에 복귀하기 전까지 개인적으로 감사 인사를 전해 두는 것이 좋다.

본인의 가족에게 조사가 발생해 장례식을 준비해야 하는 상황이라면 무엇보다 마음이 급하고 정신이 없을 수밖에 없다. 이럴 때는 누구에게 먼저 연락해야 할지부터 막막해지기 쉽다. 친목회장 연락처를 알고 있다면 바로 상황을 전달하면 되고, 부서 부장님이나 교감 선생님 중한 분께 먼저 전화로 알리면 된다. 이렇게 상황을 공유하면 부서 부장님이 특별휴가를 대신 상신해 주는 경우가 많다. 이후 학교에 복귀하게 되면 특별휴가 상신에 대한 증빙서류로 장례확인서를 제출하면 된다.

장례가 마무리되고 특별휴가를 마친 뒤 학교로 복귀할 때는 간단한 답례를 준비하는 경우가 많다. 이는 장례를 치르는 동안 학교 구성원들이 마음을 모아 위로를 전해 준 데 대한 감사의 뜻을 나누는 의미다. 모든 교직원이 함께 나눌 수 있도록 떡이나 쿠키, 호두과자처럼 부담 없는 간식을 준비해 복귀하는 날 아침에 맞춰 도착하도록 하면 된다.

또한 직접 장례식장까지 찾아와 준 분들에게는 복귀 전까지 개인적으로 감사 인사를 전하고, 학교 단체 채팅방에도 함께 위로해 준 데 대한 감사의 마음을 전하면 충분하다. 과하지 않게, 그러나 진심이 전해지도록 정리하는 것이 가장 중요하다.

신규교사의 커뮤니케이션 기술

이상하게도 교사로서 힘들게 느껴지는 순간들은 대부분 사람과의 소통과 관련되어 있었다. 이렇게 말해도 괜찮았을까, 실수한 것은 아닐까, 굳이 덧붙이지 않아도 될 말을 한 건 아니었을까. 신규교사 백 선생은 교사야말로 끊임없이 누군가와 소통해야 하는 직업임을 실감하고 있었다.

교사는 교실에서는 학생들과, 교실 밖에서는 학부모와 소통하고, 교무실에서는 동료교사, 부장교사, 관리자와 함께 일하며 관계를 맺는다. 그중에서도 신규교사에게 가장 조심스럽게 느껴지는 관계는 동료교사와의 관계다. 학생처럼 명확한 역할 구분이 있는 것도 아니고, 학부모처럼 공식적인 거리감이 있는 것도 아니다. 함께 일하는 동료이면서 동시에 업무를 부탁해야 하고, 때로는 판단을 받는 위치이기도 하다.

그래서 학교에서는 말 한마디, 태도 하나가 조심스러울 때가 있다. 인사, 질문, 전화 응대, 메시지 하나까지도 일하는 사람의 센스나 성품으로 받아들여지는 경우가 많다. 여기에서는 신규교사가 가장 자주 마주치게 되는 동료교사와의 관계를 중심으로, 일상에서 바로 써먹을 수 있는 커뮤니케이션의 기본을 정리했다. 거창한 화법이 아니라, 알고 있으면 불필요한 오해를 줄이고 관계를 훨씬 편하게 만들어주는 작은 기술들이다.

인사를 잘하자: 작은 행동이 만드는 첫인상

신규교사 백 선생은 인사만큼은 자신 있었다. 교사였던 어머니가 늘 "인사만 잘해도 절반은 먹고 들어간다"라고 말씀해주셨고, 그 말은 자연스럽게 생활 습관이 되었다. 그래서 아침마다 교무실을 지나며 또렷하게 "안녕하십니까?", "좋은 아침입니다."하고 인사를 건넸고, 복도에서 마주치는 선생님에게도 짧게라도 말을 붙였다. 그러던 어느 날, 늘 조용히 웃으며 인사를 받아주던 부장교사가 지나가며 이렇게 말했다.

"백 선생은 인사를 밝게 해주셔서 좋아요. 어떤 선생님들은 바빠서인지 인사를 놓칠 때도 있더라고요."

그 한마디가 백 선생의 마음에 오래 남았다. 복도에서 스쳐 지나가는 짧은 순간이 상대방을 바라보는 이미지를 만들기도 한다는 사실을 실감했기 때문이다. 교직 문화에서 인사는 생각보다 중요하다. 선생님들끼리는 친분이 없더라도 교내에서 마주치면 가볍게 목례를 하거나 웃으며 인사를 건네는 것이 자연스럽다. 같은 교무실이 아니거나 부서와 과목이 달라 접점이 거의 없는 경우에는, 그 짧은 인사만으로 상대방에 대한 인상이 만들어지기도 한다.

인사는 과하게 밝을 필요도 없고, 길게 말을 붙일 필요도 없다. 상대가 들을 수 있을 정도의 또렷한 목소리, 시선을 피하지 않고 가볍게 눈을 마주치는 정도면 충분하다. 아침에는 조금 더 활기 있게, 복도에서는 가벼운 목례로, 교무실에서는 짧은 눈맞춤과 한마디 정도로 톤을 조절하면 된다. 부담을 주지 않으면서도 존재를 자연스럽게 알리는 인사면 충분하다.

선배교사에게 도움 요청하기: 센스 있는 질문법

학교 업무를 하다 보면, 아무리 업무 요령을 찾아보고 작년 자료를 뒤져봐도 딱 해결되지 않는 순간이 반드시 생긴다. 학교마다 업무가 조금씩 다르고, 같은 일이라도 부서나 시기에 따라 처리 방식이 달라지기 때문이다. 결국 그런 순간에 가장 큰 도움이 되는 것은 가까운 선배교사에게 묻는 일이다.

다만 신규교사에게 질문은 늘 쉽지 않다. 바빠 보이는데 말을 걸어도 될지, 이런 것까지 물어보면 귀찮아하시지 않을지 괜히 실력 없어 보이지는 않을지 고민하게 된다. 그래서 질문을 해야 하는 상황에서도 혼자 끙끙대며 시간을 보내는 경우가 생긴다. 선배교사에게 도움을 요청할 때 중요한 것은 무엇을 묻느냐보다 어떻게 묻느냐다. 질문의 내용보다 태도가 먼저 전달되기 때문이다.

먼저, 질문을 하기 전에는 스스로 할 수 있는 만큼은 해보는 것이 좋다. 업무 매뉴얼을 찾아보거나, 전임자가 남긴 파일을 열어보거나, 문서등록대장에서 작년 기안문을 살펴보는 것만으로도 일을 어떻게 해야 하는지 가늠할 수 있는 경우가 많다. 이렇게 기본적인 시도를 거친 뒤 질문을 하면, 선배교사도 신규교사가 본인이 해보려고 노력한 뒤 물어보는 것을 알기에 도와주려고 한다. 선배교사가 질문을 받는 입장에서 가장 부담스러운 것은 아무것도 해보지 않은 상태에서 던져지는 두루뭉술한 질문이다. 어디까지 알려줘야 하는지 감이 잡히지 않기 때문이다. 반대로, 어떤 부분까지 시도해봤는지가 드러나는 질문은 도와주기 훨씬 수월하다.

그 다음은 질문하는 방식이다. 선배교사에게 갑자기 다가가 질문을 던지기보다, 먼저 상대의 상황을 살피는 것이 기본이다. 자리에 앉아 전화나 업무에 집중하고 있다면 잠시 기다리는 것이 좋고, 비교적 여유가 있어 보일 때 "선생님, 혹시 시간이 괜찮으시면 제가 하나만 여쭤봐도 괜찮을까요?" 이렇게 조심스럽게 말을 건네면 된다. 본인 일이 급하다고 상대방의 상황을 살피지 않고 질문하는 건 실례가 될 수 있다. 그러니 급해서 누군가의 도움이 필요한 상황이더라도 한 번 크게 숨을 들이쉬고 진정한 후 지금 도움을 줄 수 있는 선배교사가 누구인지 상황을 잘 살펴봐야 한다.

선배교사에게 질문하며 들은 내용은 바로 메모하는 편이 좋다. 신규교사에게는 용어나 절차가 낯설어, 방금 들은 설명도 쉽게 잊히기 때문이다. 기록이 남아 있으면 같은 질문을 되풀이하지 않아도 되고, 답을 해준 선배교사에게도 배운 내용을 성실히 정리하는 사람이라는 인상을 줄 수 있다.

마지막으로, 짧게라도 고마움을 표현하자. "덕분에 잘 해결됐습니다.", "말씀해주신 대로 해보니 이해가 됐어요." 정도의 한마디를 하는 것이 좋다. 이런 말은 도움을 준 사람의 시간을 존중하고, 함께 일하는 동료로서의 기본적인 예의를 지키는 방법이다.

교무실 전화 예절: 누구도 자세히 설명해주지 않는 기본

발령 첫 주, 교무실 전화벨이 유난히 크게 들린다. 전화가 울릴 때마다 '여보세요'는 아닌 것 같은데, 그렇다고 뭐라고 받아야 맞는지 선뜻 떠오르지 않는다. 누군가 지켜보고 있는 것도 아닌데 괜히 긴장되고, 수화기를 드는 손에 힘이 들어간다. 교무실 전화는 개인적인 통화가 아니라 학교를 대표하여 받는 업무 연락이다. 그래서 전화 한 통에도 기본적인 응대 방식이 있다. 어렵지는 않지만, 누가 자세히 알려주지 않아 신규교사들이 자주 헤매는 부분이기도 하다.

자신의 자리 전화가 울릴 때는 소속과 이름을 밝히며 받으면 된다. "네, 신백중학교 2학년부 백○○입니다." 정도면 충분하다. 외부 번호로 걸려 온 전화라면 학교를 대표해 받는 것이 자연스럽다. "안녕하세요, 신백중학교 2학년부입니다. 무엇을 도와드릴까요?"처럼 시작하면 무리가 없다.

교무실에서 다른 선생님의 전화가 울리는데 그 자리 선생님이 부재 중인 경우도 있다. 이때는 '당겨 받기'로 대신 받으면 된다. 대신 받을 때는 "대신 받았습니다. 백○○입니다."라고 먼저 알리고, 전화를 건 사람이 누구인지, 어떤 용건인지 간단히 메모해두면 된다. 전달할 내용이 있다면 메모지에 적어 해당 선생님 자리 위에 올려두거나, 업무 메신저로 요약해 전달하면 좋다.

전화를 다른 선생님께 돌려야 하는 상황에서는 먼저 "잠시만요, 연결해 드리겠습니다."라고 안내한 뒤 '돌리기' 버튼을 눌러 해당 내선 번호로 연결한다. 이렇게 전화를 돌려줄 일이 종종 생기기 때문에 선생님들의 내선 번호는 파티션이나 눈에 잘 띄는 곳에 붙여둬야 한다.

전화 응대에서 가장 중요한 것은 완벽한 말솜씨가 아니다. 상대가 누구인지, 무엇을 원하는지 차분하게 확인하고, 필요한 정보를 정확히 전달하는 것이다. 당장 답을 알 수 없는 내용이라면 "확인해서 다시 연락드리겠습니다."라고 말해도 된다. 무리하게 즉답하려다 오히려 혼선을 만드는 것보다 훨씬 안전한 대응이다.

업무 메시지 예절:
읽기 쉬운 메시지가 최고의 배려

학교에서는 하루에도 수많은 업무 메시지가 오간다. 협조 요청, 자료 제출 안내, 일정 공지, 확인 요청까지. 전화보다 메시지가 편한 상황도 많고, 기록이 남는다는 점에서 메시지가 더 적절한 경우도 많다.

업무 메시지를 쓸 때 가장 중요한 원칙은 받는 사람이 한눈에 이해할 수 있게 쓰는 것이다. 그래서 첫 문장에는 대상과 목적을 함께 적는 것이 좋다. "확인 부탁드립니다."라고 시작하기보다는 "2학년 담임 선생님들께 안내드립니다.", "도서관 행사 관련 협조 요청드립니다."처럼 누가, 무엇을 해야 하는지 먼저 드러내는 방식이 훨씬 읽기 편하다.

그 다음에는 해야 할 일과 마감 시점을 분명하게 적는다. 필요한 내용이 여러 가지라면 문장을 길게 이어 쓰기보다 줄을 나누는 것이 좋다. 날짜와 시간, 제출 방법처럼 중요한 정보는 문장 속에 묻히지 않도록 한다. 강조가 필요할 때는 글자 크기나 색깔, 굵기 같은 기능을 적절히 활용하면 바쁜 와중에도 중요한 정보가 눈에 들어온다.

메시지의 끝에는 짧은 인사말을 덧붙이자. "협조해주셔서 감사합니다", "좋은 하루 보내십시오" 정도면 충분하다. 상대에게 일을 시키는 것이 아니라, 함께 업무를 진행하고 있다는 인상을 주는 데 도움이 된

다. 자료를 제출받은 뒤에는 "확인했습니다. 감사합니다."처럼 간단한
회신을 남기는 것이 좋다.

　업무 메시지에서 피하면 좋은 표현도 있다. 개인적인 감정이 드러나
는 말투, 과도한 이모티콘, 필요 이상으로 친근한 표현은 상황에 따라
가볍게 보일 수 있다. 반대로 지나치게 딱딱한 명령형 문장은 받는 사
람을 불편하게 만들 수 있다. 메시지는 친절하면서도 담백한 정도가 가
장 안전하다. 메시지를 잘 쓴다는 것은 바쁜 학교 업무 생활 중 상대의
시간을 배려하는 것이다. 읽는 사람이 한 번에 이해하고 바로 행동할
수 있도록 쓰는 것, 그것이 학교에서 가장 신뢰받는 메시지 예절이다.

그리고, 우리는 여기까지 왔다.

이 책을 여기까지 읽었다면, 교사로서 애써온 자신의 신규 시절을 어느새 한 발짝 떨어져 바라보고 있을지도 모른다. 돌아보면 지우고 싶은 장면도 있고, 생각만 해도 숨고 싶어지는 순간도 있을 것이다. 그래도 그 시간은 모두 교사로서의 첫걸음을 버텨낸 기록이다. 무사히 건너왔다는 사실만으로도, 그때의 자신을 안아줄 이유는 충분하다.

이 책의 모든 내용을 다 기억하지 않아도 괜찮다. 이 책은 처음부터 끝까지 한 번에 읽어야 하는 숙제가 아니라, 필요할 때마다 다시 펼쳐볼 수 있는 안내서에 가깝다. 길을 잃은 것 같을 때, 누군가의 도움이 필요하다고 느껴질 때, 한 장쯤 넘겨보는 책이면 충분하다.

백 선생의 이야기가 누구에게나 꼭 맞지는 않을 것이다. 어떤 장면은 깊이 공감되었을 수도 있고, 어떤 부분은 자신에게는 별일 아니었다고 느껴졌을지도 모른다. 그 차이 또한 각자가 걸어온 교직의 모습이다. 우리는 각자의 자리에서, 각자의 속도로 교사로서의 길을 걸어가고 있었는지도 모른다.

에필로그

지금은 시간이 그저 바삐 흘러가기만 하는 것처럼 느껴질 때도 있겠지만, 시간이 조금 지나고 나면 알게 될 것이다. 서툴렀던 선택들, 혼자서 오래 고민하던 밤들, 마음이 자주 흔들리던 순간들이 결국은 하나의 흔적으로 남아 있다는 것을 말이다. 뒤돌아보면 조심스럽게 남겼던 발자국들이 더 성장한 교사로서의 길을 만들어 왔다는 사실을 비로소 깨닫게 될 것이다.

언젠가 혹시 이 책을 다시 펼치게 된다면, 그때는 지금과는 조금 다른 마음으로 이 글을 읽고 있을지도 모른다. 그 변화만으로도 충분하다. 이 책이 더 이상 꼭 필요하지 않게 느껴진다면, 그 또한 교사로서의 일상이 자리를 잡아가고 있다는 신호일 것이다. 신규교사 백 선생의 이야기는 여기서 멈춘다. 하지만 교사로서의 이야기는 이 지점에서 끝나지 않는다. 오늘 하루를 여기까지 살아낸 것만으로도, 이미 충분히 해냈다는 사실을 잊지 않았으면 한다.

신규교사
생활백서

초판 1쇄 발행 2026년 2월 10일

지은이 신규교사 생활백서 팀

발행인 김병주
편집위원회 방나희 김춘성
디자인 정진주 **마케팅** 진영숙
에듀니티교육연구소 이문주 백헌탁

펴낸 곳 (주)에듀니티교육연구소
도서문의 1644-5798
일원화 구입처 031-407-6368 (주)태양서적
출판사 신고번호 제 2025-000072
주소 서울특별시 중구 남대문로 117, 동아빌딩 11층
출판 관련 문의 book@eduniety.net
홈페이지 www.eduniety.net
페이스북 www.facebook.com/eduniety
인스타그램 www.instagram.com/eduniety

투고안내

ISBN 979-11-995055-8-2

값은 뒤표지에 있습니다.